はじめに

　複式簿記は，13～14世紀ごろイタリアの商人が考案し，その後ヨーロッパ各地に伝えられ，実務を通して改良が加えられました。特に，イギリスでは産業革命により経済が発展し，所有と経営が分離した株式会社の出現が，株式会社会計を生み出すことになります。こうして複式簿記は，18世紀後半～19世紀に急速に近代的な企業会計へと発展しました。

　イギリスからアメリカに伝えられた企業会計は，その後20世紀における株式会社の大規模化にともない，より進んだ株式会社会計となりました。近年では，会計基準を国際的に統一するために，国際会計基準を設定する試みがなされ，日本の会計基準も大幅に改正を進めている最中です。

　これから学習する「会計」は英語で「Accounts」といい，「Account for～」で「～説明する」という意味になります。つまり「簿記」で記録・計算・整理した内容を，「会計」で利害関係者に「説明する」という流れになり，記録・計算・整理が正しく行われないと，正確な説明をすることができません。ですから「簿記」と「会計」の関係は，自転車の両輪のように不可分なものと言えます。

　本書は，初版発行以来，日頃担当している「簿記」や「財務会計Ⅰ」の授業の経験をもとに，学習効果を上げる方法や，検定試験に合格できる方法を検討し，より使いやすく，学習効果の上がる問題集をめざして改訂を積み重ねてきました。頭を働かせて学習内容を理解するだけではなく，実際に問題に取り組み，頭と手を同時に働かせて，１問また１問と着実に実力がつくよう，いろいろと工夫をこらして編集してあります。また，企業会計は変化の最中ではありますが，最新かつ重要な会計基準の変更を反映するとともに，時代の変化や会計基準の改正に影響されない「不易不変」の部分も重視して問題を構成しています。

　最後にみなさんが，本書の解答欄をうめつくして実力をつけ，検定試験の取得のみにとどまらず，さらに高度な企業会計の学習に進まれることを期待しています。

検定簿記問題研究会会員一同

JN075344

1級会計勘定科目一覧表

以下の勘定科目は，全商１級簿記実務検定試験（会計）に出題されるものです。
該当ページは，本書の「学習のまとめ」や問題に初めて登場するページを表記しています。

〈凡 例〉

◀ 頻出!!…検定試験によく出題されている問題

もくじ

第1章　財務会計の概要

❶ 企業会計と財務会計の意義・役割

> ### 学習のまとめ
>
> #### ①株式会社制度の特徴
> 企業会計の対象となる企業には次のものがあり，もっとも数が多く発展しているのは**株式会社**である。
>
>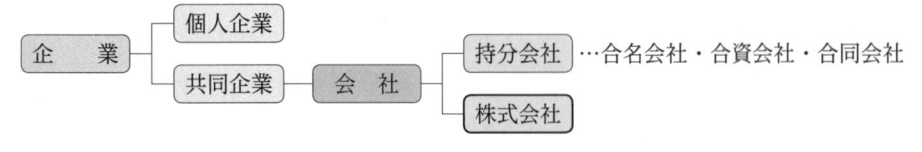
>
> 株式会社が発展した最大の理由は，株式による**資金調達**の利便性の高さである。細分化された株式をもとに広く出資を募るとともに，出資者の責任が有限責任であることから，多数の出資者を募ることができた。また，証券市場の発展が，株式による資金調達をさらに便利にしている。
>
> #### ②株式会社の企業会計
> (1)企 業 会 計　企業の経営活動を記録・計算・整理し，定期的に利害関係者に報告すること。
> (2)企 業 活 動　仕入・製造加工・販売・資金の貸借など企業のおこなう一切の活動。
> (3)利害関係者　株主・債権者・従業員・地方公共団体など，企業活動に関与する一切の人々のこと。多くの利害関係者が共通して必要とする情報は，企業の一定時点における財政状態や一定期間の経営成績などである。なお，企業は利益を追求するだけでなく，さまざまな利害関係者との調和を図るとともに，利害関係者からの要求に対して適正な意思決定をしなければならない。これを企業の社会的責任という。
>
> #### ③財務会計と管理会計
> (1)財 務 会 計　企業外部の利害関係者に対し，財政状態や経営成績などの会計情報を報告すること。
> (2)管 理 会 計　企業内部の経営者などに対し，経営管理に役立つ会計情報を提供すること。
>
> #### ④財務会計の前提
> (1)会計単位の前提　出資者と区別された企業自体を，会計計算の範囲であると考えること。
> (2)会計期間の前提　経営活動を一定期間に区切った会計期間を単位として会計計算をおこなうこと。
> (3)貨幣表示の前提　会計における記録・計算・報告のすべてを，貨幣額によりおこなうこと。
>
> #### ⑤財務会計のおもな機能
> 財務会計には次の2つの重要な機能がある。
> (1)利害調整機能　企業の情報を提供することにより，企業の利害関係者である株主・債権者・経営者などの利害を調整する。
> (2)情報提供機能　投資家の意思決定に役立つ情報を提供することにより，証券市場を円滑に機能させ国民経済を発展させる。

練習問題
解答 ▶ p.2

1-1 次のうち，正しいものには○印を，誤っているものには×印を（　）のなかに記入しなさい。

(1)（　×　）　仕入や販売のほか製造も，企業活動の一つであるが，売買目的有価証券を取得するなどのような余剰資金の一時的な投資は企業活動ではない。

(2)（　○　）　企業会計は，企業の経営活動は永続的におこなわれるものであるとする継続企業を前提としている。そのため企業では，永続する経営活動を1月1日から12月31日までというように区切った会計期間を定める必要がある。そして，財政状態や経営成績などを明らかにするために，決算をおこない，その結果を株主や債権者などの利害関係者に報告している。

1-2　次の各文の（　　　）にあてはまるもっとも適当な語を，下記の語群のなかから選び，その番号を（　　　）のなかに記入しなさい。

(1)①一定期間の（a　10　）を明らかにするために（b　2　）が，一定時点の（c　8　）を明らかにするために（d　7　）が作成される。

②企業の経営活動を記録・計算・整理し，定期的に（e　3　）に報告する手続きを（f　11　）という。

語群
1. 株 式 会 社	2. 損 益 計 算 書	3. 利 害 関 係 者	4. 経　　 営　　 者
5. 管 理 会 計	6. 個 人 企 業	7. 貸 借 対 照 表	8. 財 政 状 態
9. 経 営 管 理	10. 経 営 成 績	11. 企 業 会 計	12. 損 益 計 算

(2)企業会計を適正におこなうためには，その基礎的前提となるものが必要であり，次の3つのものがある。

①出資者と区別された企業それ自体を，会計計算の範囲と考える前提のことで，（g　8　）の前提という。

②経営活動を一定の期間に人為的に区切り，会計計算をおこなうという前提のことで，（h　1　）の前提という。

③会計における記録・計算・報告のすべてを，貨幣額によっておこなうという前提のことで，（i　6　）の前提という。

(3)財務会計のおもな機能として，株主・債権者・経営者などの利害調整をする（j　7　）機能と，投資家の意思決定に役立つ情報を提供する（k　3　）機能がある。

(4)企業外部の利害関係者に対し，財政状態および経営成績を報告することを目的とした会計を（l　9　）といい，企業内部の経営者などに対し，経営管理に役立つ会計情報を提供することを目的とした会計を（m　4　）という。

語群
1. 会 計 期 間	2. 経 営 方 針	3. 情 報 提 供	4. 管 理 会 計
5. 資 金 調 達	6. 貨 幣 表 示	7. 利 害 調 整	8. 会 計 単 位
9. 財 務 会 計	10. 経 営 管 理	11. 経 営 状 況	12. 意 思 決 定

1-3　次の高松商店の資料によって，勘定式の貸借対照表と損益計算書を作成しなさい。

1. 現金¥1,000,000商品¥300,000備品¥200,000を元入れして営業を開始した。
2. 銀行から現金¥800,000を借り入れた。
3. 商品¥1,400,000を仕入れた。
　（現金¥900,000掛け¥500,000）
4. 備品¥300,000を現金で購入した。
5. 商品¥1,200,000を販売した。
　（現金¥700,000掛け¥500,000）
6. 売掛金¥400,000を現金で回収した。
7. 買掛金¥300,000を現金で支払った。
8. 消耗品費¥100,000を現金で支払った。
9. 広告料¥70,000を現金で支払った。
10. 利息¥40,000を現金で支払った。
11. 期末商品棚卸高¥980,000
12. 備品減価償却高（直接法）¥50,000

貸 借 対 照 表

資　　　産	金　　額	負債及び純資産	金　　額
現　　　　金	1,190,000	買　掛　金	200,000
売　掛　金	100,000	借　入　金	800,000
商　　　　品	980,000	資　本　金	1,500,000
備　　　　品	450,000	当期純利益	220,000
	2,720,000		2,720,000

損 益 計 算 書

費　　　用	金　　額	収　　益	金　　額
売 上 原 価	720,000	売　上　高	1,200,000
広 告 料	70,000		
減価償却費	50,000		
消 耗 品 費	100,000		
支 払 利 息	40,000		
当期純利益	220,000		
	1,200,000		1,200,000

② 会計法規と会計基準

①会計法規の概要

財務会計は，法律の規制にしたがいおこなわれる**制度会計**と，法律の規制を受けない**非制度会計**に分類される。

```
                        財務会計
           ┌───────────────┴───────────────┐
        制度会計                          非制度会計
     ┌──────┼──────────┐
   会社法    金融商品取引法    法人税法
```

②会計基準の必要性

財務諸表を作成するには，多くの見積もりや判断が必要とされるため，経営者が会計処理によって意図的に利益操作することが可能となってしまう。そこで，会計基準を設定し，一定の規制を加えることによって，適正な財務諸表を完成させることができるようになる。

③会計基準の動向

1949年に企業会計原則が制定された。その後，企業会計審議会（金融庁）が企業会計原則の改訂や，新しい会計基準を設定してきたが，2001年に企業会計基準委員会（ASBJ）が発足し，会計基準の策定については企業会計審議会から企業会計基準委員会に移管された。また，国際会計基準委員会（IASC）より活動を承継した国際会計基準審議会（IASB）によって，世界共通の会計基準である国際財務報告基準（IFRS）が設定され，わが国においてもその適用のあり方が検討されている。

④企業会計制度の特徴

(1)会社法と法務省令

　①**会 社 法**　企業に関する基本的な事項を規定している。計算に関する取り扱いは，法務省令の「会社法施行規則」や「会社計算規則」などにより定められている。

　②**法務省令**　会社法の規定にもとづき財産評価の規定ならびに財務諸表（計算書類等）の記載方法や会社の計算に関する事項などを定めている。株式会社が作成する財務諸表（計算書類等）は，これらの規定により作成される。

会 社 法	金融商品取引法
①貸借対照表	①貸借対照表
②損益計算書	②損益計算書
③株主資本等変動計算書	③キャッシュ・フロー計算書
④注記表	④株主資本等変動計算書
⑤事業報告	⑤附属明細表
⑥附属明細書	

(2)金融商品取引法と財務諸表等規則

　①**金融商品取引法**　投資家の保護のために制定されたもので，有価証券の公正な取引，円滑な流通を目的としている。

　②**財務諸表等規則**　金融商品取引法の適用対象企業が，内閣総理大臣へ提出する有価証券報告書に掲載する財務諸表については，この規則によって作成しなければならない。

(3)**法人税法**　課税所得の計算および課税額の算出を目的としており，独自の会計処理方法を定めている。

(4)企業会計原則と企業会計原則注解

　①**企業会計原則**　企業会計の実務の中に発達した会計慣行の中から，一般に公正妥当と認められる会計処理の基準を要約したもので，法令ではないがすべての企業が会計処理をするにあたって守らなければならない基準である。また，公認会計士が財務諸表を監査するさいに，その会計処理が適正か否かを判断する基準でもある。

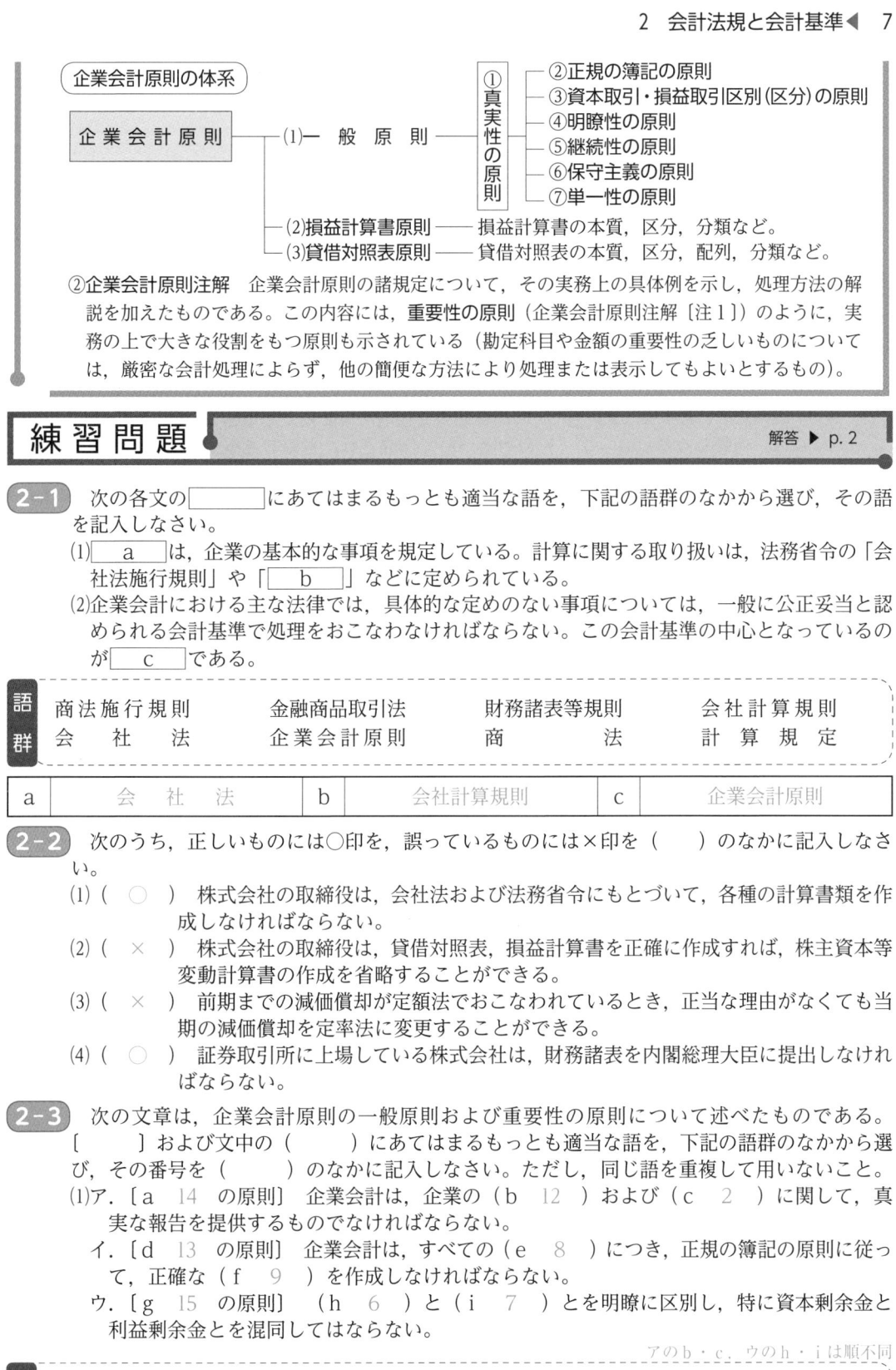

②**企業会計原則注解** 企業会計原則の諸規定について，その実務上の具体例を示し，処理方法の解
　説を加えたものである。この内容には，**重要性の原則**（企業会計原則注解〔注1〕）のように，実
　務の上で大きな役割をもつ原則も示されている（勘定科目や金額の重要性の乏しいものについて
　は，厳密な会計処理によらず，他の簡便な方法により処理または表示してもよいとするもの）。

練習問題

解答 ▶ p. 2

2-1 次の各文の□□□にあてはまるもっとも適当な語を，下記の語群のなかから選び，その語
を記入しなさい。
(1)　 a 　は，企業の基本的な事項を規定している。計算に関する取り扱いは，法務省令の「会
　社法施行規則」や「　 b 　」などに定められている。
(2)企業会計における主な法律では，具体的な定めのない事項については，一般に公正妥当と認
　められる会計基準で処理をおこなわなければならない。この会計基準の中心となっているの
　が　 c 　である。

語群			
商法施行規則	金融商品取引法	財務諸表等規則	会社計算規則
会社法	企業会計原則	商法	計算規定

a	会社法	b	会社計算規則	c	企業会計原則

2-2 次のうち，正しいものには○印を，誤っているものには×印を（　）のなかに記入しなさ
い。
(1)（　○　）　株式会社の取締役は，会社法および法務省令にもとづいて，各種の計算書類を作
　　　成しなければならない。
(2)（　×　）　株式会社の取締役は，貸借対照表，損益計算書を正確に作成すれば，株主資本等
　　　変動計算書の作成を省略することができる。
(3)（　×　）　前期までの減価償却が定額法でおこなわれているとき，正当な理由がなくても当
　　　期の減価償却を定率法に変更することができる。
(4)（　○　）　証券取引所に上場している株式会社は，財務諸表を内閣総理大臣に提出しなけれ
　　　ばならない。

2-3 次の文章は，企業会計原則の一般原則および重要性の原則について述べたものである。
〔　　〕および文中の（　　　）にあてはまるもっとも適当な語を，下記の語群のなかから選
び，その番号を（　　　）のなかに記入しなさい。ただし，同じ語を重複して用いないこと。
(1)ア．〔a 14 の原則〕 企業会計は，企業の（b 12 ）および（c 2 ）に関して，真
　　実な報告を提供するものでなければならない。
　　イ．〔d 13 の原則〕 企業会計は，すべての（e 8 ）につき，正規の簿記の原則に従っ
　　て，正確な（f 9 ）を作成しなければならない。
　　ウ．〔g 15 の原則〕 （h 6 ）と（i 7 ）とを明瞭に区別し，特に資本剰余金と
　　利益剰余金とを混同してはならない。

アのb・c，ウのh・iは順不同

語群			
1．報告書	2．経営成績	3．損益法	4．財産法
5．簿記上の取引	6．資本取引	7．損益取引	8．取引
9．会計帳簿	10．会計処理	11．記録・計算	12．財政状態
13．正規の簿記	14．真実性	15．資本取引・損益取引区別（区分）	

(2)ア．〔j　3　の原則〕　企業会計は，財務諸表によって，（k　6　）に対し必要な会計事実を明瞭に表示し，企業の状況に関する（l　8　）を誤らせないようにしなければならない。

イ．〔m　1　の原則〕　企業会計は，その処理の原則および手続きを毎期（n　4　）して適用し，みだりにこれを（o　9　）してはならない。

ウ．〔p　2　の原則〕　企業の財政に不利な影響をおよぼす可能性がある場合には，これに備えて適当に（q　5　）な会計処理をしなければならない。

語群
1．継続性　　2．保守主義　　3．明瞭性　　4．継　続　　5．健　全
6．利害関係者　7．経営者　　8．判　断　　9．変　更　10．手　続

(3)ア．〔r　3　の原則〕　株主総会提出のため，信用目的のため，租税目的のため等種々の目的のために異なる（s　9　）の財務諸表を作成する必要がある場合，それらの（t　10　）は，信頼しうる（u　7　）にもとづいて作成されたものであって，政策の考慮のために事実の真実な表示をゆがめてはならない。

イ．〔重要性の原則〕　企業会計は，定められた（v　8　）の方法に従って正確な計算をおこなうべきものであるが，企業会計が目的とするところは，企業の（w　4　）を明らかにし，企業の状況に関する利害関係者の判断を誤らせないようにすることにあるから，重要性の乏しいものについては，本来の厳密な会計処理によらないで他の（x　5　）な方法によることも（y　1　）の原則に従った処理として認められる。

語群
1．正規の簿記　2．重　要　性　3．単　一　性　4．財務内容　5．簡　便
6．厳　密　　7．会計記録　　8．会計処理　　9．形　式　10．内　容

2-4　次の各文は企業会計原則に示されている一般原則のうちどの原則にあたるか，もっとも適切な原則名を記入しなさい。

(1)企業会計は，財務諸表によって，利害関係者に対し必要な会計事実を明瞭に表示し，企業の状況に関する判断を誤らせないようにしなければならない。

(2)企業会計は，企業の財政状態および経営成績に関して，真実な報告を提供するものでなければならない。

(3)様々な目的のために異なる形式の財務諸表を作成する必要がある場合，それらの内容は，信頼しうる会計記録にもとづいて作成されたものであって，政策の考慮のために事実の真実な表示をゆがめてはならない。

(4)企業会計は，すべての取引につき，正確な会計帳簿を作成しなければならない。

(5)企業の財政に不利な影響をおよぼす可能性がある場合には，これに備えて適当に健全な会計処理をしなければならない。

(6)企業会計は，その処理の原則および手続きを毎期継続して適用し，みだりにこれを変更してはならない。

(7)資本取引と損益取引とを明瞭に区別し，特に資本剰余金と利益剰余金とを混同してはならない。

(1)	明瞭性の原則	(2)	真実性の原則	(3)	単一性の原則	(4)	正規の簿記の原則
(5)	保守主義の原則	(6)	継続性の原則	(7)	資本取引・損益取引区別（区分）の原則		

2-5 次の会計処理に関連する企業会計原則の一般原則（ただし，真実性の原則を除く）の名称を記入しなさい。また，その処理が該当する原則の規定に適合しているときは○印を，反しているときは×印を書きなさい。

(1)商品売買業を営む会社が，前期までは先入先出法によっていた商品の受け払いの記帳を，正当な理由もないのに，今期から移動平均法に変更した。

(2)新株式の発行によって株式払込剰余金が生じたので，その剰余金からすでに支出した新株式の発行費用を控除した。

(3)貸借対照表を，正確な会計帳簿にもとづかず，資産・負債について実地棚卸をすることによって作成した。

(4)財務諸表の作成に際し，利害関係者が企業の内容について正しい判断ができるように配慮して，法律や規則の定めるとおり科目の区分・配列・分類をおこなった。

(5)株主総会に提出する計算書類と，税務署に提出する財務諸表とは，その形式は異なっているが，その基礎となる数値は，同一の会計記録にもとづくものでなければならない。

(6)商品陳列ケースを買い入れ，減価償却費を定率法により計算することにした。

(1)	継　続　性　　　の原則	×	(2)	資本取引・損益取引区別(区分)の原則	×
(3)	正規の簿記　　　の原則	×	(4)	明　瞭　性　　　の原則	○
(5)	単　一　性　　　の原則	○	(6)	保　守　主　義　　　の原則	○

2-6 次の各文の下線を引いてある語が正しいときは○印を，誤っているときは正しい語を記入しなさい。

(1)企業会計原則に示されている貸借対照表原則は７つの原則でできており，このうち単一性の
　　　　　　　　　　　　　　　　　　　ア　　　　　　　　　　　　　　　　　イ
原則は，会計処理と会計報告について，他の原則を総括するもっとも基本的な原則である。

(2)企業会計原則注解は，企業会計原則の各規定について説明を加えるほかに，継続性の原則の
　　　　　　　　　　　　ウ　　　　　　　　　　　　　　　　　　　　　　　　エ
ように，実務に関し大きな役割を果たす原則も示されている。

(3)正規の簿記の原則は，企業がその財政状態と経営成績に関して，真実な報告を提供すること
　　オ　　　　　　　　　　　　　　　　　　カ
を要請するもので，いわば企業会計の全体的な指標を示したものといえる。

ア	一般原則	イ	真　実　性	ウ	○
エ	重　要　性	オ	真　実　性	カ	○

2-7 次の語群のうち，会社法が定める株式会社が作成しなければならない計算書類はどれか，適切なものをすべて番号で選びなさい。

語群
1．損　益　計　算　書　　　2．附　属　明　細　書　　　3．キャッシュ・フロー計算書
4．貸　借　対　照　表　　　5．附　属　明　細　表　　　6．注　　記　　表
7．事　業　報　告　　　　8．株主資本等変動計算書

1，2，4，6，7，8

検定問題

解答 ▶ p.2

2-8 次の各文の（　　　）にあてはまるもっとも適当な語を，下記の語群のなかから選び，その番号を（　　）のなかに記入しなさい。

(1)ア．企業会計原則に示されている（a　8　）は７つの原則から成り立っており，このうち（b　7　）の原則は，会計処理と会計報告について，他の原則を総括するもっとも基本的な原則である。 (第40回一部修正)

イ．株主総会提出のため，信用目的のため，租税目的のため等種々の目的のために異なる形式の財務諸表を作成する必要がある場合，それらの内容は，信頼しうる（c　1　）に基づいて作成されたものであって，政策の考慮のために事実の真実な表示をゆがめてはならない。これを（d　10　）の原則という。 (第95回)

語群
1．会　計　記　録　　2．損益計算書原則　　3．重　　要　　性　　4．保　守　主　義
5．買　　掛　　金　　6．販　売　基　準　　7．真　　実　　性　　8．一　般　原　則
9．貸借対照表原則　　10．単　　一　　性　　11．正　規　の　簿　記

(2)ア．企業会計は，すべての取引につき，（g　1　）の原則にしたがって，正確な会計帳簿を作成しなければならない。しかし，勘定科目の性質や金額の大きさなどから判断して，財務諸表の表示に関して大きな影響がない場合は，本来の厳密な会計処理をしないで他の簡便な方法をとることも認められている。これは，（h　9　）の原則の適用によるものである。 (第89回)

イ．事業拡大にあたり，新株式の払込価額のうちで，会社法の規定により資本金に組み入れなかった金額は（i　12　）として処理し，この金額から株式発行に要した諸費用を控除してはならない。これは，（j　11　）の原則の適用例である。 (第55回一部修正)

ウ．企業会計では，財務諸表によって，利害関係者に必要な会計事実をわかりやすく表示し，企業の状況に関する判断を誤らせないようにしなければならない。これを（k　5　）の原則といい，勘定の分類や配列に一定の基準を設けたり，重要な会計方針を（l　3　）することなどがこの原則の適用例である。 (第72回，類題第68回)

語群
1．正　規　の　簿　記　　2．慣　　　　習　　3．注　　　　記　　4．法　務　省　令
5．明　　瞭　　性　　6．保　守　主　義　　7．財　務　諸　表　　8．企業会計原則
9．重　　要　　性　　10．損　益　取　引　　11．資本取引・損益取引区別(区分)　　12．資本準備金

(3)ア．国民経済の健全な発展と投資者の保護を目的として，財務諸表の作成や監査についての規定を設け，証券取引所に株式が上場されている会社などが適用対象となる法律を（m　9　）という。この規定では有価証券報告書や有価証券届出書の提出を求められているが，それらに含まれる貸借対照表や損益計算書などは（n　7　）に定められた項目の分類・配列・区分表示にしたがって作成する。 (第86回)

イ．企業会計において，いったん採用した会計処理の原則および手続きは，正当な理由により変更を行う場合を除き，みだりに変更してはならない。これを（o　11　）という。これにより，財務諸表の期間比較が可能になり，（p　5　）を防止することができる。 (第96回一部修正)

ウ．企業会計は，すべての取引につき（q　12　）の原則にしたがって，正確な会計帳簿を作成しなければならない。この原則は，整然と組織的にすべての取引を記帳することを求めており，この原則にそった記帳には（r　8　）がもっとも適している。 (第85回)

語群
1．単　式　簿　記　　2．単一性の原則　　3．重　　要　　性　　4．明瞭性の原則
5．利　益　操　作　　6．会　　　　社　　法　　7．財務諸表等規則　　8．複　式　簿　記
9．金融商品取引法　　10．保　守　主　義　　11．継続性の原則　　12．正　規　の　簿　記

第2章　資　　産

❸ 資産の分類と評価

①資産の意味

企業の営業活動に役立つ財貨や債権などを総称して**資産**という。過去の取引または事象の結果として，企業などが支配している経済的資源であり，キャッシュを獲得する能力が資産の本質である。
資産は**貨幣性資産**と**非貨幣性資産**に分けられ，さらに非貨幣性資産は**費用性資産**と，その他に分けられる。

貨幣性資産		貨幣のように支払手段として役立つ資産 例　現金・預金・受取手形・売掛金など
非貨幣性資産	費用性資産	販売や使用・消費によって資産としての価値が失われ，費用になっていく資産　例　商品・製品・建物・備品など
	その他	販売や使用・消費によって費用化しない資産 例　土地・建設仮勘定など

②資産の分類基準

資産は，流動資産と固定資産に大別され，この流動資産と固定資産とを区分する基準には次の2つがある。
(1)**営業循環基準**　通常の営業取引によって生じた受取手形・売掛金などの債権および商品・製品などの棚卸資産を流動資産とし，企業が使用する目的で所有する建物・備品などを固定資産とする基準である。
(2)**1年基準（ワン・イヤー・ルール）**
　　　　上記以外の資産で，決算日の翌日から1年以内に現金化または費用化するものを流動資産とし，1年を超えて現金化または費用化するものを固定資産とする基準である。

1年基準の考え方	期首　　　　　1年　　　　　　決算日

流動資産
例　短期貸付金，前払費用など

固定資産
例　長期貸付金，長期前払費用など

③資産の分類

分　　　類			勘定科目・項目例
資産	流動資産	当座資産	現金・当座預金・受取手形・売掛金・売買目的有価証券など
		棚卸資産	商品・製品・消耗品・材料など
		その他の流動資産	短期貸付金・未収金・前払金・前払費用・未収収益など
	固定資産	有形固定資産	建物・構築物・機械装置・車両運搬具・土地など
		無形固定資産	特許権・鉱業権・のれんなど
		投資その他の資産	投資有価証券・長期貸付金・長期前払費用など

④評価の意味

貸借対照表に記載する資産，負債，純資産のそれぞれの項目について，適正な価額を決定することを評価という。
負債は，契約によってその価額が決定しており，また，純資産は資産の総額から負債の総額を差し引いた額としてとらえられるので，負債と純資産については原則として評価の問題は起きない。したがって，評価といえばふつうは，資産の評価を意味している。

5 資産評価の重要性

(1)期末商品（資産）を適正に評価することは，売上原価（費用）を適正に計上することになり，当期の売上総利益（利益）も適正に計上される。

　適正な資産の評価　→　適正な費用の計上　→　適正な利益の計上

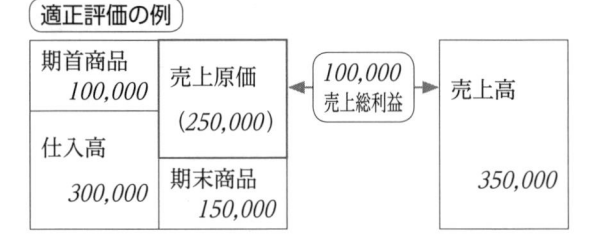

(2)資産をその実質の価額以上に評価することを過大評価という。期末商品を適正な評価額¥150,000よりも¥50,000過大に評価すると，売上原価は¥50,000過小に計上され，売上総利益は¥50,000過大に計上される。

　資産の過大評価　→　費用の過小計上　→　利益の過大計上

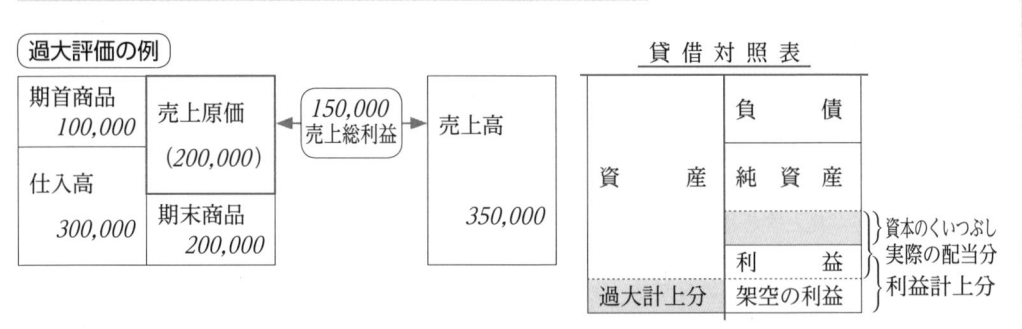

　資産を過大に評価すると，期末純資産が過大に表示されることになる。この実質をともなわない利益を配当すれば，実際には純資産が現金・預金の形で社外に流出することになる。これを**資本のくいつぶし**という。

(3)資産をその実質の価額以下に評価することを過小評価という。期末商品を適正な評価額¥150,000よりも¥50,000過小に評価すると，売上原価は¥50,000過大に計上され，売上総利益は¥50,000過小に計上される。

　資産の過小評価　→　費用の過大計上　→　利益の過小計上

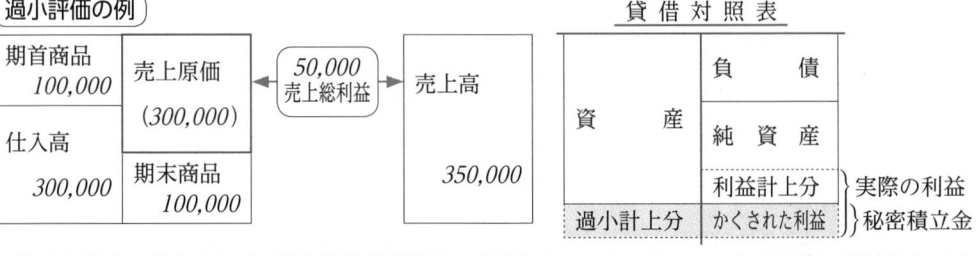

　資産を過小に計上すれば，期末純資産が過小に表示されることになる。これは現実の利益をかくすことになる。このかくされた利益を**秘密積立金**という。

6 資産の評価基準

原 価 基 準	取得原価によって資産を評価する方法である。この方法によれば評価益も評価損も計上されない。会社法や企業会計原則などでは，原価基準を原則としている。
時 価 基 準	時価によって資産を評価する方法である。この方法によれば，時価が取得原価より高い場合には評価益が，反対に低い場合には評価損が計上される。資産の現在価額を示すことから，売買目的有価証券など一部の資産に適用される。なお，企業の解散や合併などの場合にも適用される。

練習問題

解答 ▶ p. 2

3-1 次の文の □ にあてはまるもっとも適当な語を，下記の語群のなかから選び，その番号を記入しなさい。

企業の営業活動に役立つ財貨や債権などを総称して ア という。このなかには貨幣の性質をもつ イ と，それ以外の ウ に分けられる。

さらに ウ は，将来費用となる性質をもつ エ と，その他に分けられる。

語群	1. 貨幣性資産	2. 非貨幣性資産	3. 資　　産
	4. 費用性資産	5. 純　資　産	6. 運用資金

ア	3	イ	1	ウ	2	エ	4

3-2 次の各文の □ にあてはまるもっとも適当な語を，下記の語群のなかから選び，その番号を記入しなさい。ただし，同じ番号を重複して用いてもよい。

(1)企業の通常の ア によって生じた資産を流動資産とする基準を イ という。この基準により， ウ はその在庫期間に関係なく，また， エ はその支払期日の長短に関係なく流動資産とされる。

(2) オ が適用されない資産について，決算日の翌日から1年以内に現金化または費用化する資産を流動資産とし，それ以外を固定資産とする基準を カ という。

語群	1. 1 年 基 準	2. 営業循環基準	3. 原 価 基 準	4. 商　　　品
	5. 受 取 手 形	6. 売 掛 金	7. 営 業 活 動	8. 損 益 取 引
	9. 資 本 取 引	10. 固　　　定	11. 貸 付 金	12. 流　　　動

ア	7	イ	2	ウ	4	エ	5	オ	2	カ	1

3-3 次のうち，正しいものには○印を，誤っているものには×印を（　）のなかに記入しなさい。

(1)（　×　） 貸付金はその返済期限が決算日の翌日から1年を超える場合でも，営業循環基準により流動資産に分類される。

(2)（　×　） 時価の変動により利益を得ることを目的として保有する株式を2年間所有している場合，その株式は固定資産である。

3-4 次の文の □ にあてはまるもっとも適当な語を，下記の語群のなかから選び，その番号を記入しなさい。ただし，同じ番号を重複して用いてもよい。

資産の評価基準には， a ・ b がある。 c は取得原価を基準に資産を評価する方法であり，企業会計上，原則的な資産評価の基準とされている。

時価基準は d を基準に資産を評価する方法である。これによると，時価が原価より高い場合には e が計上され，時価が原価よりも低い場合には， f が計上される。

語群	1. 時　　　　価	2. 原 価 基 準	3. 評 価 益	4. 原　　　　価
	5. 時 価 基 準	6. 評 価 損	7. 帳 簿 価 額	

a	2 (5)	b	5 (2)	c	2
d	1	e	3	f	6

3-5 次の各文は，資産の評価基準をまとめて示したものである。 　　　　 にあてはまるもっとも適当な語を，下記の語群のなかから選び，その番号を記入しなさい。ただし，同じ番号を重複して用いてもよい。

(1)商品・製品などの 　a　 は，原則として 　b　 によって評価するが，その正味売却価額が取得原価よりも下落している場合は， 　c　 をもって貸借対照表価額としなければならない。

(2)売買目的で保有する有価証券は， 　d　 が適用される。したがって，時価が帳簿価額より低い場合にはその差額を 　e　 勘定で，反対に高い場合にはその差額を 　f　 勘定で処理する。また，満期保有目的の債券は原則として 　g　 によって取得原価で評価する。ただし，時価が著しく下落し回復の見込みがあると認められる場合を除き， 　h　 によって評価しなければならない。

(3)受取手形， 　i　 その他の債権の貸借対照表価額は，債権金額から正常な 　j　 を控除した金額とする。

(4)有形固定資産については，その 　k　 から減価償却累計額を控除した価額をもって貸借対照表価額とする。無形固定資産については，帳簿価額から 　l　 を控除した価額をもって貸借対照表価額とする。

語群
1．取 得 原 価	2．貸 倒 見 積 額	3．棚 卸 資 産	4．原 価 基 準
5．正 味 売 却 価 額	6．保 守 主 義 の 原 則	7．償 却 額	8．売 掛 金
9．有 価 証 券 評 価 益	10．時 価 基 準	11．時 価	12．有 価 証 券 評 価 損

a	3	b	1	c	5	d	10
e	12	f	9	g	4	h	11
i	8	j	2	k	1	l	7

3-6 次の各文の 　　　　 にあてはまるもっとも適当な語を，下記の語群のなかから選び，その番号を記入しなさい。

a．売買目的で保有する株式の期末評価を，時価基準によっておこなった場合，時価が帳簿価額より下落しているときには 　ア　 を計上し，反対に上昇しているときには 　イ　 を計上することになる。

b．期末商品棚卸高を過小に評価すれば，売上総利益は 　ウ　 に表示される。この場合利益の一部がかくされて 　エ　 が生じることになる。

語群
1．原 価 基 準	2．過 大	3．評 価 益	4．過 小
5．資 本 の く い つ ぶ し	6．評 価 損	7．秘 密 積 立 金	8．適 正

ア	6	イ	3	ウ	4	エ	7

3-7 次の各文の□□□にあてはまるもっとも適当な語を，下記の語群のなかから選び，その語を記入しなさい。ただし，同じ語を重複して用いてもよい。

(1)資産を過大に評価すれば，費用は│ a │に表示され，その結果，当期純利益は│ b │に計上される。

(2)会社法や企業会計原則などにおける資産評価の原則は│ c │であるが，資産の種類によって評価の基準は異なる。たとえば，売買目的で保有している有価証券については，│ d │が適用される。

語群	時価基準　　　過小　　　原価基準　　　適正　　　過大

a	過　小	b	過　大	c	原価基準	d	時価基準

3-8 次の表の□□□にあてはまる語を記入しなさい。

```
                        ┌─────── b
          ┌─── a ───────┤─────── c
資　産 ───┤              └─────── その他の流動資産
          │              ┌─────── d
          └─ 固定資産 ───┤─────── e
                         └─────── f
```

a	流　動　資　産	b	当　座　資　産	c	棚　卸　資　産
d	有形固定資産	e	無形固定資産	f	投資その他の資産

3-9 次の各資産は，右の表のどの区分に属するか，番号を該当する欄に記入しなさい。

1. 売買目的有価証券
2. 短期貸付金
3. 売　掛　金
4. 定期預金(2か年)
5. 材　　　料
6. 機　械　装　置
7. 備　　　品
8. 車両運搬具
9. 未　収　利　息
10. 土　　　地
11. 前　払　金
12. 受　取　手　形
13. 特　許　権
14. 長期前払地代
15. 建　　　物
16. 現　　　金
17. の　れ　ん
18. 商　　　品
19. 満期保有目的債券
20. 前払家賃(半年分)
21. 鉱　業　権
22. 消　耗　品
23. 未　収　金
24. 製　　　品

流動資産	当　座　資　産	1，3，12，16
	棚　卸　資　産	5，18，22，24
	その他の流動資産	2，9，11，20，23
固定資産	有形固定資産	6，7，8，10，15
	無形固定資産	13，17，21
	投資その他の資産	4，14，19

3-10　次の各文の下線を引いてある語が正しいときは○印を，誤っているときは正しい語を記入しなさい。

(1)長期貸付金を<u>無形固定資産</u>に記載した。

(2)預金や貸付金などは<u>1年基準（ワン・イヤー・ルール）</u>によって流動資産と固定資産に区別した。

(3)企業が使用している土地を<u>投資その他の資産</u>に記載した。

(4)定期預金（2か年）を<u>流動資産</u>に記載した。

(5)特許権を<u>投資その他の資産</u>に記載した。

(6)商品を<u>営業循環基準</u>によって流動資産とした。

(1)	投 資 そ の 他 の 資 産	(2)	○
(3)	有 形 固 定 資 産	(4)	投 資 そ の 他 の 資 産
(5)	無 形 固 定 資 産	(6)	○

3-11　取得原価￥650,000の資産の決算日における時価がそれぞれ次のような場合，原価基準・時価基準による評価額，評価損益を求めなさい。ただし，評価損益がないときは"0"，評価益がでるときは"＋"，評価損がでるときは"−"で示すこと。

評価基準 時価	原　価　基　準		時　価　基　準	
	評 価 額	評 価 損 益	評 価 額	評 価 損 益
￥580,000	ア　￥650,000	イ　　　　0	ウ　￥580,000	エ　−￥70,000
￥650,000	オ　￥650,000	カ　　　　0	キ　￥650,000	ク　　　　0
￥700,000	ケ　￥650,000	コ　　　　0	サ　￥700,000	シ　＋￥50,000

3-12　次の取引の仕訳を示しなさい。

(1)売買目的で保有する東京商事株式会社の株式10株を1株につき￥58,000で買い入れ，代金は小切手を振り出して支払った。

(2)決算にさいし，上記の株式の時価が1株につき￥65,000であったので，時価基準によって評価する。

(1)	売 買 目 的 有 価 証 券	580,000	当 　 座 　 預 　 金	580,000
(2)	売 買 目 的 有 価 証 券	70,000	有 価 証 券 評 価 益	70,000

3-13　次の各場合について，秘密積立金が生じる場合にはA，資本のくいつぶしが生じる場合にはBを記入しなさい。

(1)保険料を2か月分前払いしたが，全額を当期の費用として処理した。

(2)期末の商品を過小に評価した。

(3)減価償却費を過小に計上した。

(4)取り立ての困難な不良債権について，貸倒引当金を設けなかった。

(5)計上すべき未払い費用を計上しなかった。

(1)	A	(2)	A	(3)	B	(4)	B	(5)	B

検定問題

解答 ▶ p.3

3-14 次の文の {　　} のなかの語から，もっとも適当なものを選び，その番号を記入しなさい。

(第18回一部修正)

会社計算規則および企業会計原則では，長期前払費用は a $\left\{\begin{array}{l}1．無形固定資産 \\ 2．投資その他の資産\end{array}\right\}$ に含め，

短期の前払費用は b $\left\{\begin{array}{l}3．流　動　資　産 \\ 4．有形固定資産\end{array}\right\}$ に含める。

a	2	b	3

3-15 次の各文の　　　　にあてはまるもっとも適当な語を，下記の語群のなかから選び，その番号を記入しなさい。

(1)一定の契約に従い，継続して役務の提供を受ける場合，まだ提供されていない役務に対し支払われた対価を　ア　という。これらのうち，決算日の翌日から１年以内に　イ　となるものは，貸借対照表の流動資産の区分に記載する。

(第26回一部修正)

(2)取引先との通常の商取引によって生じた受取手形・売掛金などの債権，商品・製品などの　ウ　および期限が決算日の翌日から　エ　到来する貸付金などの債権は，流動資産に属する。

(第26回一部修正)

◀頻出!!(3)通常の営業活動の過程にある受取手形・売掛金などの債権や商品などを　オ　とする基準を　カ　という。

(第76回，類題第73回)

語群
1．流　動　資　産	2．固　定　資　産	3．当　座　資　産	4．棚　卸　資　産
5．１年を超えて	6．１ 年 以 内 に	7．営業循環基準	8．１　年　基　準
9．前　払　費　用	10．未　払　費　用	11．収　　　　　益	12．費　　　　　用

ア	9	イ	12	ウ	4	エ	6	オ	1	カ	7

3-16 次の文の {　　} のなかの語から，もっとも適当なものを選び，その番号を記入しなさい。

資産を過小に評価すれば，利益の $\left\{\begin{array}{l}1．過小計上 \\ 2．過大計上\end{array}\right\}$ となり，その結果 $\left\{\begin{array}{l}3．資本のくいつぶし \\ 4．秘密積立金\end{array}\right\}$ を

生ずる。

(第17回一部修正)

1	4

3-17 次の文の　　　　にあてはまるもっとも適当な語を，下記の語群のなかから選び，その番号を記入しなさい。

費用として計上すべきものを　ア　として計上すれば，損益計算書の費用は過小となり，その結果，純利益は　イ　となる。

(第23回)

語群
1．負　　　　　債	2．過　　　　　小	3．資　　　　　産	4．過　　　　　大

ア	3	イ	4

❹ 現金・預金と売上債権

① 当座資産の意味

　現金・預金・受取手形・電子記録債権・売掛金・クレジット売掛金・売買目的で保有する有価証券など，即時に現金化でき，企業の支払資金にあてることができる資産を当座資産という。

② 現金預金

(1) 通貨のほか，他人振り出しの小切手・送金小切手・配当金領収証および期限が到来した公社債の利札などを現金として処理する。

(2) 預金は，一年基準によって当座資産と固定資産の投資その他の資産に分類する。

(3) 預金，とくに当座預金については，決算日の当座預金出納帳残高と銀行が発行する当座勘定残高証明書の残高が一致しているかを確かめる必要がある。もし一致していないときは銀行勘定調整表を作成して残高の不一致の原因を確認する。

銀 行 勘 定 調 整 表
令和○年3月31日

摘　　　　　　　　　要	当座勘定残高証明書	当座預金出納帳残高
残　　　　　高	587,000	601,000
加　　算：(当座振込未記入)		20,000
減　　算：(未取付小切手)	90,000	
(約手＃6未記入)		70,000
(誤　記　入)		54,000
調　整　残　高	497,000	497,000

〈不一致の原因〉
(1) 当社振り出し小切手の銀行未記入　　A社渡し　¥90,000
(2) 振込額の当社未記入　　　　　　　　B社より当座振込　¥20,000
(3) 手形代金引き落とし分の当社未記入　C社渡しの約手＃6引き落とし分　¥70,000
(4) 誤記入　　　　　　　　　　　　　　F社の小切手¥239,000を受け入れ，ただちに預け入れたが，そのさい¥293,000と誤って記入していた。

③ 受取手形

(1) 通常の営業取引によって生じた手形債権を受取手形という。

(2) 期末には貸し倒れを見積もり，貸借対照表には受取手形から貸倒引当金を控除する形式で記載する。

(3) 裏書譲渡した手形や，割り引いた手形が不渡りとなった場合には，支払人にかわり手形代金の支払いをしなければならない。これを手形の二次的責任という。

　不渡りとなった手形（裏書譲渡または割り引きのさいに保証債務を計上している）の手形代金を，小切手を振り出して支払った場合は次のように仕訳する。

(借) 不 渡 手 形	×××	(貸) 当 座 預 金	×××
保 証 債 務	×××	保証債務取崩益	×××

④ 電子記録債権

(1) 紙の手形に代わる決済手段として，通常の営業取引によって生じた債権を電子化したものを電子記録債権という。

(2) 受取手形と同様に貸し倒れを見積もる。貸借対照表への記載方法は受取手形の場合と同様である。

⑤ 売 掛 金

(1) 通常の営業取引によって生じた商品・製品などの売上代金の未収分を売掛金という。

(2) 売掛金も受取手形と同様に貸し倒れを見積もる。貸借対照表への記載方法は受取手形の場合と同様である。

6 クレジット売掛金

(1)通常の営業取引のさいに，クレジットカード払いによって生じた債権をクレジット売掛金という。得意先に対するものではなくクレジットカード会社に対するものなので，通常の売掛金とは区別する。

(2)貸借対照表への記載方法は，通常の売掛金に含めて表示する。

(3)クレジットカード決済の手続
　①商品の引き渡し，またはサービスの提供
　②顧客がクレジットカードを呈示
　③顧客の情報を照会・確認
　④クレジットカード会社が代金を立替払い
　⑤顧客がクレジットカード会社へ代金を後払い

(4)受取手形～クレジット売掛金をあわせて**売上債権**という。また，売上債権と貸付金などの債権をあわせて**金銭債権**といい，債務者の財政状態や経営成績などにより分類を示すと次のようになる。

金銭債権の区分	内　　容	貸倒見積高の計算方法
一　般　債　権	経営状態に重大な問題が生じていない債務者に対する債権	貸倒実績率
貸 倒 懸 念 債 権	経営破綻の状態ではないが，債務の弁済に重大な問題が生じているか，生じる可能性が高い債務者に対する債権	財務内容評価法　または　キャッシュ・フロー見積法*
破産更生債権等	経営破綻，あるいは実質的に経営破綻している債務者に対する債権	財務内容評価法

＊キャッシュ・フロー見積法は，本書では取り扱わない。

7 貸倒懸念債権と破産更生債権等の貸倒見積高

(1)貸倒懸念債権
　　貸倒見積高＝(債権金額－担保処分見込額など)×貸倒見積率
　例　貸倒懸念債権に区分された売掛金¥800,000について，貸倒見積高を計算しなさい。なお，受け入れた担保の処分見込額は¥300,000である。また，貸し倒れの可能性を30%と見積もった。
　　　貸倒見積高　(¥800,000－¥300,000)×30%＝¥150,000

(2)破産更生債権等
　　貸倒見積高＝債権金額－担保処分見込額など
　例　破産更生債権等に区分された売掛金¥500,000について，貸倒見積高を計算しなさい。なお，担保の処分見込額は¥200,000である。
　　　貸倒見積高　¥500,000－¥200,000＝¥300,000

練 習 問 題

解答 ▶ p.3

4-1 次の各文の[　　　]にあてはまるもっとも適当な語を，記入しなさい。

(1)現金および即時に現金化でき，企業の支払手段にあてることができる資産を[　ア　]という。

(2)通常の営業取引によって生じた手形債権は[　イ　]勘定で処理するが，金銭の貸し付けにより生じた手形債権は[　ウ　]勘定で処理する。

ア	当　座　資　産	イ	受　取　手　形	ウ	手　形　貸　付　金

4-2 3月31日の松山商会の当座預金出納帳の残高は¥910,000で，当座勘定残高証明書の金額は¥857,000であった。不一致の原因は次のとおりである。銀行勘定調整表を完成しなさい。

(1)振り出していた小切手のうち，伊予商会渡し¥95,000が銀行で未払いである。

(2)今治商店あてに振り出していた約束手形#8¥200,000は，期日に支払済みであったが，当社で未記入である。

(3)3月30日に得意先中村商店より¥79,000の振り込みがあったが，これが記帳されていない。

(4)3月20日に得意先鳴門商店より小切手¥247,000を受け入れ，ただちに預け入れたが，そのさいに当方で¥274,000と誤って記入していたことが判明した。

銀 行 勘 定 調 整 表
令和○年3月31日

摘 要	当 座 勘 定 残 高 証 明 書	当 座 預 金 出 納 帳 残 高
残 高	857,000	910,000
加 算：(当 座 振 込 未 記 入)		79,000
減 算：(未 取 付 小 切 手)	95,000	
(約 手 # 8 未 記 入)		200,000
(誤 記 入)		27,000
調 整 残 高	762,000	762,000

4-3 8月31日の当座預金出納帳の残高は¥500,000で，当座勘定残高証明書の金額は¥800,000であった。そこで，不一致の原因を調査したところ，次の資料を得た。

ⅰ かねて振り出していた小切手のうち，次のものが銀行で未払いであった。
　香川商店渡し　¥95,000　　　　　和歌山商店渡し　¥105,000

ⅱ 愛媛商会から商品注文の内金として，当座振込¥100,000があったが，記帳されていなかった。

以上の資料により，銀行勘定調整表を完成しなさい。

銀 行 勘 定 調 整 表
令和○年8月31日

	当座勘定残高証明書	当座預金出納帳残高
8月31日現在残高	¥ 800,000	¥ 500,000
加算：当 座 振 込		(¥ 100,000)
	(¥ 800,000)	(¥ 600,000)
減算：未取付小切手		
香川商店渡し　(¥ 95,000)		
和歌山商店渡し　(¥ 105,000)	(¥ 200,000)	
調 整 残 高	(¥ 600,000)	(¥ 600,000)

4-4 銀行勘定調整表を作成して，当座預金出納帳残高¥455,000と当座勘定残高証明書残高¥469,000の不一致の原因を調査したところ，次のことが判明した。よって，修正に必要な仕訳を示しなさい。なお，当店で修正する必要のないものは「仕訳なし」と記入すること。

(1)埼玉商店あてに振り出していた約束手形¥118,000は，期日に当店の当座預金口座から支払い済みであったが，当店で記帳されていなかった。

支 払 手 形	118,000	当 座 預 金	118,000

(2)得意先群馬商店から売掛金の回収として当座預金への振り込み¥64,000があったが，これが記帳されていなかった。

当 座 預 金	64,000	売 掛 金	64,000

(3)買掛金支払いのため仕入先福島商店あてに振り出した小切手¥69,000が銀行で未払いであった。

仕　訳　な　し			

(4)水道光熱費¥11,800が当座預金口座から引き落とされていたが，当店で誤って¥10,800と記録されていることがわかった。

水 道 光 熱 費	1,000	当 座 預 金	1,000

4-5 次の総勘定元帳勘定残高（一部）と付記事項および決算整理事項によって，報告式の貸借対照表（一部）を完成しなさい。

元帳勘定残高（一部）

現　　　金　¥380,000　　当座預金　¥1,670,000　　受取手形　¥2,500,000
売　掛　金　¥3,300,000

付記事項

3月31日の当座勘定残高証明書の金額は¥2,070,000で，不一致の原因を調査したところ，次のことが判明した。

①買掛金支払いのために，小切手¥70,000を作成したが，まだ仕入先に渡していなかった。

②仕入先に振り出していた小切手¥150,000が，銀行で未払いであった。

③得意先から売掛金の回収として当座預金への振り込み¥200,000があったが，そのさい当社で誤って¥20,000と記入していた。

決算整理事項

a．受取手形と売掛金の期末残高に対し，それぞれ2％と見積もり，貸倒引当金を設定する。

貸　借　対　照　表（一部）

山形物産株式会社　　　　　　　令和○年3月31日

資　産　の　部

I　流　動　資　産

1.(現　金　預　金)　　　　　　　　　　　(　2,300,000)

2.受　取　手　形　　(　2,500,000)
　(貸 倒 引 当 金)　　(　　　50,000)　(　2,450,000)

3.(売　　掛　　金)　　(　3,120,000)
　(貸 倒 引 当 金)　　(　　　62,400)　(　3,057,600)

4-6 次の取引の仕訳を示しなさい。

(1)石川商店は，福井商店に対する売掛金¥260,000の回収のため，取引銀行を通じて発生記録の請求をおこない，福井商店の承諾を得て電子記録債権が発生した。

電 子 記 録 債 権	260,000	売 　 掛 　 金	260,000

(2)電子記録債権¥323,000を取引銀行で割り引くために電子債権記録機関に譲渡記録の請求をおこない，割引料を差し引かれた手取金¥316,000が当社の当座預金口座に振り込まれた。

当 　 座 　 預 　 金	316,000	電 子 記 録 債 権	323,000
電子記録債権売却損	7,000		

(3)京都百貨店は，商品¥405,000をクレジットカード払いの条件で販売した。なお，クレジット会社への手数料（販売代金の4％）を計上した。

クレジット売掛金	388,800	売 　 　 　 上	405,000
支 払 手 数 料	16,200		

4-7 次の各文の　　　　　にあてはまるもっとも適当な語を，下記の語群のなかから選び，その番号を記入しなさい。

　金銭債権は，債務者の財政状態や経営成績などによって分類され，貸倒見積高の計算は，それぞれの区分ごとに定められた方法によりおこなう。

(1)経営状態に重大な問題が生じていない債務者に対する債権は　ア　に分類され，　イ　などによって貸倒見積高を計算する。

(2)経営破綻の状態ではないが，債務の弁済に重大な問題が生じているか，生じる可能性が高い債務者に対する債権は　ウ　に分類され，　エ　などによって評価する。

(3)経営破綻，あるいは実質的に経営破綻している債務者に対する債権は　オ　に分類され，　エ　によって評価する。

語群
1．財務内容評価法　　　2．貸倒実績率　　　3．一般債権
4．破産更生債権等　　　5．貸倒懸念債権　　　6．売上債権

ア	3	イ	2	ウ	5	エ	1	オ	4

検定問題

解答 ▶ p.4

4-8 滋賀商事株式会社の決算日における当座預金出納帳の残高は¥510,000であり，銀行が発行した当座勘定残高証明書の金額は¥1,220,000であった。そこで，不一致の原因を調査したところ，次の資料を得た。よって，当座預金出納帳の次月繰越高を求めなさい。　　　　　(第94回)

資　料

　i　仕入代金の支払いのために小切手¥200,000を作成して記帳していたが，まだ仕入先に渡していなかった。

　ii　三重商店あてに買掛金の支払いとして振り出した小切手¥250,000が，銀行でまだ支払われていなかった。なお，この小切手を振り出したさいに会計係が誤って¥520,000と記帳していた。

　iii　当月分の電話代¥10,000が当座預金口座から引き落とされていたが，当社ではまだ記帳していなかった。

当座預金出納帳の次月繰越高	¥	970,000

4-9 大分商事株式会社の決算日における当座預金出納帳の残高は¥1,563,000であり，銀行が発行した当座勘定残高証明書の金額は¥1,873,000であった。そこで，不一致の原因を調査したところ，次の資料を得た。よって，当座預金出納帳の次月繰越高を求めなさい。　　　　　(第80回)

資　料

　i　かねて宮崎商店あてに振り出していた小切手¥280,000が，銀行でまだ支払われていなかった。

　ii　買掛金支払いのために小切手¥120,000を作成して記帳していたが，仕入先に未渡しであった。

　iii　新聞代¥3,000が当座預金口座から引き落とされていたが，当社ではまだ記帳していなかった。

　iv　決算日に預け入れた現金¥87,000が，営業時間外のため銀行では翌日付けの入金として扱われていた。

当座預金出納帳の次月繰越高	¥	1,680,000

⑤ 有 価 証 券

①有価証券の分類

有価証券には株式・社債・公債などがあり，保有目的によって分類される。

分　類 （評価基準）	内　容		表示科目	表示場所
売買目的有価証券 （時価基準）	時価の変動により利益を得ることを目的として保有する有価証券		有 価 証 券	流　動　資　産
満期保有目的債券 （原価基準または 償却原価法）	満期まで保有する意図をもって保有する社債・公債など	１年以内に満期到来	有 価 証 券	
		１年を超えて満期到来	投資有価証券	
子 会 社 株 式 （原価基準）	ほかの企業を支配する目的で保有する株式		関係会社株式	投資その他の資産
関 連 会 社 株 式 （原価基準）	ほかの企業の意思決定機関に対して重要な影響を与える目的で保有する子会社株式以外の株式			
その他有価証券 （時価基準） なお，市場価格のない株式等は取得原価	上記以外の有価証券	１年以内に満期が到来する債券	有 価 証 券	流　動　資　産
		株式および１年を超えて満期が到来する債券	投資有価証券	投資その他の資産

買い入れたさいには，**取得原価**（購入代価に買入手数料などの付随費用を加算した額）をもって，それぞれの勘定科目（資産）で処理する。

②売買目的有価証券

売買目的で社債や公債を購入した場合には，売買時に直前の利払日から購入日までの経過利息（端数利息）を支払い，この利息は**有価証券利息勘定**（収益）で処理する。

期末には，帳簿価額を時価に修正（有価証券の評価替え）し，時価が帳簿価額よりも高い場合には**有価証券評価益勘定**（収益），帳簿価額よりも低い場合には**有価証券評価損勘定**（費用）で処理する。

例1　買い入れたとき

　　　（借）売買目的有価証券　　×××　　　（貸）当座預金など　　×××
　　　　　有 価 証 券 利 息　　××

例2　利息を受け取ったとき

　　　（借）現 金 な ど　　××　　　（貸）有 価 証 券 利 息　　××

例3　売却したとき（売却益が発生）

　　　（借）当座預金など　　×××　　　（貸）売買目的有価証券　　×××
　　　　　　　　　　　　　　　　　　　　　有価証券売却益　　××
　　　　　　　　　　　　　　　　　　　　　有 価 証 券 利 息　　××

例4　期末評価（評価損が発生）

　　　（借）有価証券評価損　　××　　　（貸）売買目的有価証券　　××

③満期保有目的債券

取得原価が額面金額より低いまたは高い場合において，その差額が金利の調整と認められるときは，取得原価と債券金額の差額を償還期日までの各年度に有価証券利息として配分して，帳簿価額を増額または減額する。このような方法を**償却原価法**という。

例1　買い入れたとき

　　　（借）満期保有目的債券　　×××　　　（貸）当座預金など　　×××

例2　利息を受け取ったとき

　　　（借）現 金 な ど　　××　　　（貸）有 価 証 券 利 息　　××

例3　期末評価（帳簿価額を増額）
　　　　（借）満期保有目的債券　　　××　　　　　（貸）有価証券利息　　　××

④子会社株式・関連会社株式

期末評価においては，原則として取得原価で評価するが，時価が著しく低下したときは，回復する見込みがあると認められる場合を除いて時価で評価する。また，市場価格のない株式の実質価額が著しく低下し，回復の見込みがない場合は，帳簿価額を実質価額まで引き下げる。なお，計上した評価損は，損益計算書では**関係会社株式評価損**として表示する。

$$株式の実質価額 = \frac{その会社の純資産額}{その会社の発行済株式総数} \times 持株数$$

例　期末評価（子会社株式：市場価格のない株式であり，支配している会社の財政状態が悪化）
　　　　　　（関連会社株式：時価が著しく下落し，回復する見込みがないと判断）
子会社株式　　（借）子会社株式評価損　　×××　　　　（貸）子 会 社 株 式　　×××
関連会社株式　（借）関連会社株式評価損　×××　　　　（貸）関 連 会 社 株 式　×××

⑤その他有価証券

期末評価においては時価で評価するが，取得原価と時価の評価差額は短期的に投資のリスクから解放されるとは限らないため，原則として当期の損益にはせず，**その他有価証券評価差額金勘定（純資産）**に計上する。評価差額の合計額をすべて純資産の部に計上する方法を**全部純資産直入法**という。
例　期末評価
　　　　（借）その他有価証券　　　××　　　　（貸）その他有価証券評価差額金　　××

練習問題

解答 ▶ p.4

5-1　次の各文の　　　にあてはまるもっとも適当な語を，下記の語群のなかから選び，その語を記入しなさい。

(1)子会社株式や関連会社株式は，他企業支配目的や影響力行使目的で保有する株式であり，貸借対照表の　ア　に属し，　イ　として表示する。

(2)満期保有目的の債券や子会社株式などは，原則として　ウ　で評価する。ただし，満期保有目的の債券を額面金額と異なる価額で取得した場合は，その差額を償還期日までの各期間に　エ　として割り当て，帳簿価額を増減しなければならない。

語群

| 取得原価 | 有価証券利息 | 関係会社株式 | 時価 | 投資その他の資産 |

| ア | 投資その他の資産 | イ | 関 係 会 社 株 式 | ウ | 取 　 得 　 原 　 価 | エ | 有 価 証 券 利 息 |

5-2　次の連続した取引の仕訳を示しなさい。

(1)売買目的で額面￥1,000,000の社債を額面￥100につき￥95で買い入れ，代金は買入手数料￥4,000および端数利息￥8,000とともに現金で支払った。

(2)上記の社債の半年分の利息￥20,000を現金で受け取った。

(3)上記の社債を額面￥100につき￥94で売却し，代金は端数利息￥16,000とともに小切手で受け取り，ただちに当座預金に預け入れた。

(1)	売 買 目 的 有 価 証 券 有 価 証 券 利 息	954,000 8,000	現　　　　　　　　金	962,000
(2)	現　　　　　　　　金	20,000	有 価 証 券 利 息	20,000
(3)	当 　 座 　 預 　 金 有 価 証 券 売 却 損	956,000 14,000	売 買 目 的 有 価 証 券 有 価 証 券 利 息	954,000 16,000

5-3 次の総勘定元帳勘定残高（一部）と決算整理事項によって，報告式の貸借対照表（一部）を完成しなさい。

元帳勘定残高（一部）

　現　　　金 ¥ *210,000*　当 座 預 金 ¥ *1,650,000*　受 取 手 形 ¥ *4,400,000*
　売　掛　金 ¥ *3,500,000*　売買目的有価証券 ¥ *1,800,000*

決算整理事項

　a．受取手形と売掛金の期末残高に対し，それぞれ１％と見積もり，貸倒引当金を設定する。
　b．売買目的で保有する株式の時価が次のとおりであったので，評価替えする。

　　　A社株式　300株　　帳簿価額　１株 ¥*6,000*　　時　　　価　１株 ¥*5,500*

貸 借 対 照 表（一部）

長野商事株式会社　　　　　　　　令和○年12月31日
資 産 の 部

Ⅰ 流 動 資 産
　1．現 金 預 金　　　　　　　　　　　　　　　（　　*1,860,000*）
　2．受 取 手 形　　　（　*4,400,000*）
　　　貸 倒 引 当 金　　（　　　*44,000*）　（　　*4,356,000*）
　3．売　　掛　　金　　（　*3,500,000*）
　　　貸 倒 引 当 金　　（　　　*35,000*）　（　　*3,465,000*）
　4．有 価 証 券　　　　　　　　　　　　　　　（　　*1,650,000*）

5-4 次の取引の仕訳を示しなさい。

(1)決算にあたり，その他有価証券として保有する次の株式を時価によって評価した。

　　南西商事株式会社　　300株　　帳簿価額　１株 ¥*80,000*　　時　価　１株 ¥*78,000*
　　福井商事株式会社　　200株　　帳簿価額　１株 ¥*60,000*　　時　価　１株 ¥*70,000*

その 他 有 価 証 券	*1,400,000*	その他有価証券評価差額金	*1,400,000*

(2)決算にあたり，その他有価証券として保有する次の株式を時価によって評価した。

　　山形商事株式会社　　 50株　　帳簿価額　１株 ¥*65,000*　　時　価　１株 ¥*70,000*
　　北東商事株式会社　　100株　　帳簿価額　１株 ¥*58,000*　　時　価　１株 ¥*55,000*

その他有価証券評価差額金	*50,000*	その 他 有 価 証 券	*50,000*

5-5 次の取引の仕訳を示しなさい。

(1)満期まで保有する目的で，次の鳥取商事株式会社の社債を発行時に額面 ¥*100*につき ¥*95*で買い入れ，代金は小切手を振り出して支払った。

　　額面総額　¥*2,000,000*　　償還期限　　10年
　　利　　率　年２％　　利 払 い　年２回

満 期 保 有 目 的 債 券	*1,900,000*	当 座 預 金	*1,900,000*

(2)上記の社債について，半年分の利息を現金で受け取った。

現　　　　　金	*20,000*	有 価 証 券 利 息	*20,000*

(3)決算にあたり，上記の社債の額面金額と取得原価との差額について，帳簿価額に加算する方法を用いて，帳簿価額を修正した。

満 期 保 有 目 的 債 券	*10,000*	有 価 証 券 利 息	*10,000*

5-6 次の取引の仕訳を示しなさい。

(1)期首に満期保有の目的で，社債額面¥2,000,000を額面¥100につき¥97.50で買い入れ，代金は小切手を振り出して支払った。ただし，償還期限は5年　利率年7.5%　利払いは年2回である。

(2)上記社債の2回目の利息を現金で受け取るとともに，決算にあたり同社債について，償却原価法により評価替えをおこなった。

(3)期首に満期保有の目的で，額面¥30,000,000　年利率2%（利払い年2回）償還期限5年の社債を発行と同時に額面¥100につき¥98で買い入れていたが，2回目の利息¥300,000を現金で受け取った。また，決算にあたり額面金額と取得原価の差額については，帳簿価額に加算する方法を用いて，帳簿価額を修正した。

(4)支配・統制する目的で，新設会社の発行株式総数1,500株　発行価額1株につき¥60,000のうち，1,000株を引き受け，払込金を小切手を振り出して支払った。

(5)影響力を行使する目的で，沖縄商事株式会社（発行済株式数1,000株）の株式400株を¥24,000,000で買い入れ，この代金は買入手数料¥260,000とともに小切手を振り出して支払った。

(1)	満 期 保 有 目 的 債 券	1,950,000	当 座 預 金	1,950,000
(2)	現　　　　　金 満 期 保 有 目 的 債 券	75,000 10,000	有 価 証 券 利 息	85,000
(3)	現　　　　　金 満 期 保 有 目 的 債 券	300,000 120,000	有 価 証 券 利 息	420,000
(4)	子 会 社 株 式	60,000,000	当 座 預 金	60,000,000
(5)	関 連 会 社 株 式	24,260,000	当 座 預 金	24,260,000

5-7 岐阜商事株式会社は，子会社である愛知商会（資本金¥10,000,000　発行済株式数200株）の株式120株（1株の帳簿価額　¥100,000）を保有している。決算にさいし，同商会の財政状態を調査したところ，諸資産¥17,000,000　諸負債¥8,000,000であった。よって，次の問いに答えなさい。

(1)保有株式の1株あたりの実質価額と保有株式の評価額を計算式を示して答えなさい。

(2)岐阜商事株式会社が，実質価額によって保有株式を評価替えしたときの仕訳を示しなさい。

	〈計算〉			1株あたりの実質価額	
(1)	$\dfrac{¥17,000,000 - ¥8,000,000}{200株} = ¥45,000$			¥	45,000
				保 有 株 式 の 評 価 額	
	¥45,000×120株＝¥5,400,000			¥	5,400,000
(2)	子 会 社 株 式 評 価 損	6,600,000	子 会 社 株 式		6,600,000

5-8 次の取引の仕訳を示しなさい。

支配を目的として保有している市場価格のない新潟商事株式会社（発行済株式数　300株）の株式250株（1株の帳簿価額　¥120,000）について，同社の財政状態が次のように悪化したので，実質価額によって評価替えした。

貸 借 対 照 表

新潟商事株式会社　　　　　　　　令和○年3月31日

諸　資　産	27,600,000	諸　負　債	12,000,000
繰越利益剰余金	400,000	資　本　金	16,000,000
	28,000,000		28,000,000

子 会 社 株 式 評 価 損	17,000,000	子 会 社 株 式	17,000,000

5-9　次の取引の仕訳を示しなさい。

(1)山陰商事株式会社は，実質的に支配している北西産業株式会社の財政状態が著しく悪化したので，保有する同社の株式320株（１株の帳簿価額　¥94,000）を実質価額によって評価替えした。なお北西産業株式会社の資産総額は¥64,400,000　負債総額は¥47,600,000で，発行済株式数は400株（市場価格のない株式）である。

子会社株式評価損	16,640,000	子 会 社 株 式	16,640,000

(2)鳥取商事株式会社は，実質的に支配している南東産業株式会社の財政状態が著しく悪化したので，保有する同社の株式200株（１株の帳簿価額　¥186,000）を実質価額によって評価替えした。なお，南東産業株式会社の資産総額は¥53,700,000　負債総額は¥38,200,000で，発行済株式数は250株（市場価格のない株式）である。

子会社株式評価損	24,800,000	子 会 社 株 式	24,800,000

(3)決算にあたり，関連会社株式として保有する東北商事株式会社（発行済株式数1,500株）の株式の時価が著しく下落し，回復する見込みがないと判断されるため，保有する600株（１株の帳簿価額¥75,000）を１株につき¥30,000（時価）に評価替えした。

関連会社株式評価損	27,000,000	関 連 会 社 株 式	27,000,000

(4)千葉商事株式会社は，子会社である関東物産株式会社の財政状態が次のように著しく悪化したので，保有する同社の株式300株　１株の帳簿価額¥56,000を実質価額によって評価替えした。なお，子会社の発行済株式数は400株（市場価格のない株式）である。

関東物産株式会社	貸　借　対　照　表		
資　産　総　額	31,800,000	負　債　総　額	22,600,000
繰越利益剰余金	2,700,000	資　本　金	11,000,000
		利　益　準　備　金	900,000
	34,500,000		34,500,000

子会社株式評価損	9,900,000	子 会 社 株 式	9,900,000

5-10　株式会社島根商事は，南東商事株式会社（発行済株式数700株）の株式500株（帳簿価額¥14,500,000）を保有し，実質的に支配している。同社の株式は市場価格のない株式のため，決算にあたり，同社の財政状態を確認したところ次のとおりであった。よって，１株あたりの実質価額を求め，評価替えをするか評価替えをしないかを該当する欄に○印を付けなさい。

貸　借　対　照　表
南東商事株式会社　　令和○年３月31日

現 金 預 金	1,870,000	支 払 手 形	5,280,000
受 取 手 形	3,950,000	買 掛 金	4,310,000
売 掛 金	6,430,000	長期借入金	20,790,000
商 品	5,260,000	資 本 金	15,600,000
建 物	25,100,000	繰越利益剰余金	4,000,000
備 品	7,370,000		
	49,980,000		49,980,000

１株あたりの実質価額　¥	28,000
評価替えをする　　　　（　　　）	
評価替えをしない　　　（　○　）	

5-11 石川商事株式会社の令和○年3月31日（決算年1回）における総勘定元帳勘定残高（一部）および決算整理事項によって，報告式の貸借対照表（一部）を完成しなさい。

元帳勘定残高（一部）

その他有価証券 ¥6,600,000　　子会社株式 ¥4,200,000　　関連会社株式 ¥3,500,000

決算整理事項

その他有価証券評価高　　その他有価証券は，東西商事株式会社の株式600株（時価のある株式）であり，時価によって評価する。

帳簿価額　1株 ¥11,000　　時　価　1株 ¥10,200

貸　借　対　照　表（一部）

石川商事株式会社　　　　　　　　令和○年3月31日

資　産　の　部

Ⅰ　流　動　資　産
　　　　　　　　　:

Ⅱ　固　定　資　産
　　　　　　　　　:

（3）投資その他の資産

　　1.（投 資 有 価 証 券）　　　　　　　　　　　（　　6,120,000）
　　2.（関 係 会 社 株 式）　　　　　　　　　　　（　　7,700,000）
　　　　投資その他の資産合計　　　　　　　　　　（　　13,820,000）
　　　　　　　　　:

検 定 問 題

解答 ▶ p.6

5-12 次の取引の仕訳を示しなさい。

◀頻出!!(1)売買目的で山形物産株式会社の額面 ¥5,000,000の社債を額面 ¥100につき ¥98.50で買い入れ，代金は買入手数料 ¥19,000および端数利息 ¥24,000とともに小切手を振り出して支払った。

（第95回，類題第87・89回）

売買目的有価証券	4,944,000	当　座　預　金	4,968,000
有 価 証 券 利 息	24,000		

◀頻出!!(2)売買目的で額面 ¥8,000,000の社債を額面 ¥100につき ¥97.20で買い入れ，代金は買入手数料および端数利息とともに小切手 ¥7,846,000を振り出して支払った。なお，端数利息は ¥32,000であった。

（第80回）

売買目的有価証券	7,814,000	当　座　預　金	7,846,000
有 価 証 券 利 息	32,000		

◀頻出!!(3)売買目的で保有している茨城商事株式会社の社債　額面 ¥7,000,000のうち ¥5,000,000を売却し，代金は端数利息 ¥32,000を含めた小切手 ¥4,982,000で受け取り，ただちに当座預金とした。ただし，この額面 ¥7,000,000の社債は，当期に額面 ¥100につき ¥98.40で買い入れたものであり，同時に買入手数料 ¥35,000および端数利息 ¥28,000を支払っている。

（第96回）

当　座　預　金	4,982,000	売買目的有価証券	4,945,000
		有 価 証 券 売 却 益	5,000
		有 価 証 券 利 息	32,000

▶頻出!!(4)売買目的で保有している西北物産株式会社の社債　額面¥10,000,000のうち¥6,000,000を額面¥100につき¥97.50で売却し，代金は端数利息¥138,000とともに小切手で受け取り，ただちに当座預金とした。ただし，この額面¥10,000,000の社債は，当期に額面¥100につき¥97.40で買い入れたものであり，同時に買入手数料¥20,000および端数利息¥50,000を支払っている。 (第88回)

| 当 座 預 金 | 5,988,000 | 売買目的有価証券 | 5,856,000 |
| 有価証券売却損 | 6,000 | 有 価 証 券 利 息 | 138,000 |

(5)満期まで保有する目的で，奈良商事株式会社の額面¥3,000,000の社債を発行時に額面¥100につき¥98.50で買い入れ，代金は小切手を振り出して支払った。なお，この社債の償還期限は5年　利率は年2%　利払いは年2回である。 (第79回)

| 満期保有目的債券 | 2,955,000 | 当 座 預 金 | 2,955,000 |

(6)満期まで保有する目的で，富山物産株式会社の額面¥8,000,000の社債を，額面¥100につき¥96.50で買い入れ，代金は買入手数料¥16,000および端数利息¥20,000とともに小切手を振り出して支払った。 (第94回，類題第83・91回)

| 満期保有目的債券 | 7,736,000 | 当 座 預 金 | 7,756,000 |
| 有 価 証 券 利 息 | 20,000 | | |

(7)満期まで保有する目的で，当期首に山梨商事株式会社が発行した額面¥80,000,000の社債を，発行と同時に額面¥100につき¥98.60で買い入れていたが，決算にあたり償却原価法（定額法）によって評価した。なお，この社債の償還期限は10年である。 (第86回)

| 満期保有目的債券 | 112,000 | 有 価 証 券 利 息 | 112,000 |

▶頻出!!(8)石川商事株式会社は，実質的に支配している東西商事株式会社の財政状態が悪化したので，保有する同社の株式400株（帳簿価額¥18,400,000）を実質価額によって評価替えした。なお，東西商事株式会社の資産総額は¥69,000,000　負債総額は¥57,000,000で，発行済株式数は600株であり，市場価格のない株式である。 (第94回)

| 子会社株式評価損 | 10,400,000 | 子 会 社 株 式 | 10,400,000 |

(9)大阪商事株式会社は，子会社である関西物産株式会社の財政状態が次のように著しく悪化したので，保有する同社の株式160株　1株の帳簿価額¥73,000を実質価額によって評価替えした。なお，子会社の発行済株式数は300株（市場価格のない株式）である。 (第43回一部修正)

関西物産株式会社	貸 借 対 照 表		
資 産 総 額	37,600,000	負 債 総 額	26,800,000
繰越利益剰余金	5,400,000	資 本 金	15,000,000
		利 益 準 備 金	1,200,000
	43,000,000		43,000,000

| 子会社株式評価損 | 5,920,000 | 子 会 社 株 式 | 5,920,000 |

▶頻出!!(10)東西商事株式会社は，実質的に支配している北商事株式会社の財政状態が悪化したので，保有する同社の株式220株（1株の帳簿価額　¥55,000）を実質価額によって評価替えした。なお，北商事株式会社の資産総額は¥35,000,000　負債総額は¥26,000,000で，発行済株式数は400株（市場価格のない株式）である。 (第85回一部修正)

| 子会社株式評価損 | 7,150,000 | 子 会 社 株 式 | 7,150,000 |

❻ 棚卸資産

①棚卸資産の意味

棚卸資産とは，販売または消費を目的として保有する資産で，期末に実地棚卸によって実際の有高を確かめる資産である。

商品売買業――商品・消耗品など

製 造 業――製品・半製品・材料・仕掛品・副産物など

②棚卸資産の取得原価

棚卸資産の取得原価＝購入代価＋付随費用（引取運賃・購入手数料・関税・荷役費・組立費など）

＊自社で製造した場合には，その製造原価が取得原価となる。

③棚卸資産の費用配分

棚卸資産の取得原価は，正しい期間損益計算のため，販売・消費という事実にもとづいて，1会計期間に払い出された当期の費用とまだ払い出されていない次期以降の費用とに配分する必要がある。これを費用配分の原則という。

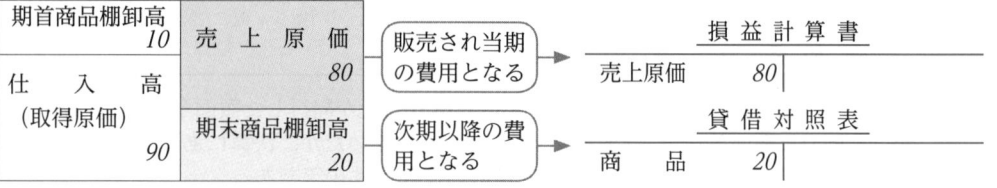

④数量の計算方法

継続記録法　受け入れ・払い出しのつど，数量を継続的に帳簿に記録する方法

棚卸計算法　期末などに棚卸をして，下の式によって払出数量を間接的に算出する方法

当期払出数量＝前期繰越数量＋当期受入数量－期末実地棚卸数量

なお，正確な払出数量を知るためには，継続記録法と棚卸計算法を併用することが望ましい。

⑤単価の計算方法

払出単価と期末の単価の計算方法には，次のようなものがある。

①先入先出法　②移動平均法　③総平均法　　総平均単価＝$\dfrac{前月繰越金額＋当月受入金額}{前月繰越数量＋当月受入数量}$

どの方法も取得原価によって単価を決定する方法なので，原価法という。

⑥棚卸資産の期末評価

棚卸資産は，原則として取得原価によって評価する。ただし，保管中に破損・紛失・盗難などによって，実地棚卸数量が帳簿棚卸数量より少なくなった場合には棚卸減耗損を計上し，数量を修正する。また，品質の低下，陳腐化，市場の需給変化などによって正味売却価額が取得原価よりも下落した場合には，その差額を商品評価損として計上し，単価を修正する。

(1)棚卸減耗損・商品評価損の求め方

例　期首商品棚卸高　¥950　期末商品棚卸高 $\begin{cases} 帳簿棚卸数量 & 100個 & 原　　価 & @¥10 \\ 実地棚卸数量 & 90個 & 正味売却価額 & @¥8 \end{cases}$

棚卸減耗損＝原価×（帳簿棚卸数量－実地棚卸数量）

→@¥10×（100個－90個）＝¥100

商品評価損＝（原価－正味売却価額）×実地棚卸数量

→（@¥10－@¥8）×90個＝¥180

(2)棚卸減耗損および商品評価損の処理

①棚卸減耗損

　i　原価性がある場合……売上原価の内訳項目または販売費

　ii　原価性がない場合……営業外費用または特別損失

　＊原価性があるとは，通常発生の範囲内の金額のことをいう。

②商品評価損……売上原価の内訳項目または特別損失

　＊特別損失として処理するのは，商品評価損の発生が臨時的かつ多額な場合である。

7 売価還元法

百貨店やスーパー・マーケットなどのように，商品の取扱品種が多く，原価法による受払記録が困難な場合に，売価による期末棚卸高に，次に示す原価率を掛けて，原価による期末棚卸高を求める方法である。

$$原価率 = \frac{（期首商品棚卸高＋当期商品仕入高）……（原　価）}{（期首商品棚卸高＋当期商品仕入高）……（売　価）}$$

期末商品棚卸高（原価）＝期末商品棚卸高（売価）×原価率

例

	原価	売価	[原価率]
期首商品棚卸高	20	30	$\frac{20+40}{30+70} = \frac{60}{100} = 0.6$
当期商品仕入高	40	70	
期末商品棚卸高	☐	25	[期末商品棚卸高（原価）]

$25 \times 0.6 = 15$

練習問題

解答 ▶ p. 7

6-1 次のA品についての取引を，先入先出法と総平均法によって，商品有高帳に記入して締め切りなさい。また，払出価額および期末商品棚卸高を求めなさい。

3/1 前月繰越 450個 @¥ 800　　9 売り上げ 250個 @¥1,000
17 仕 入 れ 300〃 〃〃 840　　25 売り上げ 350〃 〃〃1,000

商 品 有 高 帳

（先入先出法）　　　　品名　A　品　　　　　単位：個

令和 ○年		摘　要	受	入		払	出		残	高	
			数量	単価	金　額	数量	単価	金　額	数量	単価	金　額
3	1	前 月 繰 越	450	800	360,000				450	800	360,000
	9	売 り 上 げ				250	800	200,000	200	800	160,000
	17	仕 入 れ	300	840	252,000				200	800	160,000
									300	840	252,000
	25	売 り 上 げ				200	800	160,000			
						150	840	126,000	150	840	126,000
	31	次 月 繰 越				150	840	126,000			
			750		612,000	750		612,000			

払 出 価 額 ¥　　486,000　　期末商品棚卸高 ¥　　126,000

商 品 有 高 帳

（総平均法）　　　　品名　A　品　　　　　単位：個

令和 ○年		摘　要	受	入		払	出		残	高	
			数量	単価	金　額	数量	単価	金　額	数量	単価	金　額
3	1	前 月 繰 越	450	800	360,000				450	800	360,000
	9	売 り 上 げ				250	816	204,000	200		
	17	仕 入 れ	300	840	252,000				500		
	25	売 り 上 げ				350	816	285,600	150	816	122,400
	31	次 月 繰 越				150	816	122,400			
			750		612,000	750		612,000			

払 出 価 額 ¥　　489,600　　期末商品棚卸高 ¥　　122,400

6-2 下記の期末商品に関する資料から，次の各問いに答えなさい。

(1)棚卸減耗損を計算しなさい。

資　　料	帳簿棚卸数量	800個	原　　　　価	@¥300
	実地棚卸数量	780〃	正味売却価額	〃〃300

(2)商品評価損を計算しなさい。

資　　料	帳簿棚卸数量	900個	原　　　　価	@¥500
	実地棚卸数量	900〃	正味売却価額	〃〃470

(3)棚卸減耗損および商品評価損を計算しなさい。

資　　料	帳簿棚卸数量	640個	原　　　　価	@¥260
	実地棚卸数量	600〃	正味売却価額	〃〃240

(1)	棚 卸 減 耗 損	¥	6,000		(2)	商 品 評 価 損	¥	27,000

(3)	棚 卸 減 耗 損	¥	10,400	商 品 評 価 損	¥	12,000

6-3 唐津商店の商品に関する資料は，次のとおりであった。よって，売上総利益を計算するのに必要な仕訳を示しなさい。ただし，商品評価損は売上原価の内訳項目として表示する方法による。

資　料

当期純仕入高　¥860,000	当期純売上高　¥1,200,000
期首商品棚卸高　¥250,000	
期末商品棚卸高　取得原価　¥290,000	正味売却価額　¥265,000

決算整理仕訳	仕　　　　　　入	250,000	繰 越 商 品	250,000
	繰 越 商 品	290,000	仕　　　　　　入	290,000
	商 品 評 価 損	25,000	繰 越 商 品	25,000
	仕　　　　　　入	25,000	商 品 評 価 損	25,000
決算振替仕訳	売　　　　　　上	1,200,000	損　　　　　　益	1,200,000
	損　　　　　　益	845,000	仕　　　　　　入	845,000

6-4 次の山梨商事株式会社の商品に関する資料によって，

(1)決算に必要な仕訳を示し，各勘定に転記して損益勘定以外は締め切りなさい。

(2)報告式の損益計算書（一部）を完成しなさい。

(3)営業外費用とする棚卸減耗損の金額を求めなさい。

　　　ただし， i 　棚卸減耗損のうち，60個分は原価性が認められる。棚卸減耗損に原価性が認められる場合には，売上原価の内訳項目とし，残りは営業外費用とすること。

　　　　　　　 ii 　商品評価損は売上原価の内訳項目とすること。

　　　　　　　 iii 　勘定記入は，日付・相手科目・金額を示し，決算日は9月30日とする。

資　　料

期首商品棚卸高　¥530,000	当期仕入高　¥2,960,000	当期売上高　¥3,850,000
期末商品棚卸高　帳簿棚卸数量　1,800個	原　　　　価　@¥350	
実地棚卸数量　1,700〃	正味売却価額　〃〃330	

(1)

仕　　　　　入	530,000	繰　越　商　品	530,000
繰　越　商　品	630,000	仕　　　　　入	630,000
棚　卸　減　耗　損	35,000	繰　越　商　品	35,000
商　品　評　価　損	34,000	繰　越　商　品	34,000
仕　　　　　入	21,000	棚　卸　減　耗　損	21,000
仕　　　　　入	34,000	商　品　評　価　損	34,000
売　　　　　上	3,850,000	損　　　　　益	3,850,000
損　　　　　益	2,929,000	仕　　　　　入	2,915,000
		棚　卸　減　耗　損	14,000

繰　越　商　品			
10/1 前期繰越	530,000	9/30 仕　　入	530,000
9/30 仕　　入	630,000	〃 棚卸減耗損	35,000
		〃 商品評価損	34,000
		〃 次期繰越	561,000
	1,160,000		1,160,000

仕　　入			
	2,960,000	9/30 繰越商品	630,000
9/30 繰越商品	530,000	〃 損　益	2,915,000
〃 棚卸減耗損	21,000		
〃 商品評価損	34,000		
	3,545,000		3,545,000

売　　上			
9/30 損　益	3,850,000		3,850,000

棚　卸　減　耗　損			
9/30 繰越商品	35,000	9/30 仕　入	21,000
		〃 損　益	14,000
	35,000		35,000

商　品　評　価　損			
9/30 繰越商品	34,000	9/30 仕　入	34,000

損　　益			
9/30 仕　入	2,915,000	9/30 売　上	3,850,000
〃 棚卸減耗損	14,000		

(2)

損　益　計　算　書（一部）

山梨商事株式会社　　　　令和○1年10月1日から令和○2年9月30日まで

Ⅰ 売　　上　　高			(	3,850,000)
Ⅱ 売　　上　　原　　価				
1. 期 首 商 品 棚 卸 高	(	530,000)		
2. 当 期 商 品 仕 入 高	(	2,960,000)		
合　　　計	(	3,490,000)		
3. 期 末 商 品 棚 卸 高	(	630,000)		
	(	2,860,000)		
4. 棚　卸　減　耗　損	(	21,000)		
5. 商　品　評　価　損	(	34,000)	(	2,915,000)
売　上　総　利　益			(	935,000)

(3)

営業外費用とする棚卸減耗損の金額　¥	14,000

6-5 熊本商会の商品に関する次の資料によって，期末商品棚卸高（原価）を計算しなさい。ただし，同商会は売価還元法を採用している。

資　　料

期首商品棚卸高	〈原価〉¥ 227,500	〈売価〉¥	350,000
当期純仕入高	〃 2,502,500	〃	3,850,000
当期純売上高		〃	3,800,000
期末商品棚卸高		〃	400,000

$$原価率 = \frac{¥227,500 + ¥2,502,500}{¥350,000 + ¥3,850,000} = 0.65$$

期末商品棚卸高 ＝　¥400,000×0.65＝¥260,000

期末商品棚卸高（原価）
¥　　　260,000

6-6 次の資料から売価還元法によって，(1)原価率，(2)期末商品棚卸高（原価），(3)売上総利益を求めなさい。

資　　料

	原　　価	売　　価
期首商品棚卸高	¥　325,000	¥　425,000
当期純仕入高	1,430,000	1,915,000
期末商品棚卸高		300,000
当期純売上高		2,040,000

(1)	原価率	0.75	(2)	期末商品棚卸高（原　価）	¥　225,000	(3)	売上総利益	¥　510,000

検定問題

解答 ▶ p.8

6-7 次の各文の［　　　］にあてはまるもっとも適当な語を，下記の語群のなかから選び，その番号を記入しなさい。

◀頻出!!

(1)商品の受け入れ，払い出しのつど商品有高帳などに記入して，受入数量・払出数量・残高数量を明らかにする方法を［　ア　］という。なお，払出単価を決定するさい［　イ　］を用いれば，商品の価格上昇期においては，売上原価がもっとも低くなる。　　　　　　　（第43回）

(2)取扱商品の種類が多い百貨店などでは，期末に取得原価を個別に調査することが困難なので，売価による期末商品棚卸高に［　ウ　］を掛けて期末商品の評価額を算出することがある。この方法を［　エ　］という。　　　　　　　（第48回一部修正）

(3)正しい期間損益計算をおこなうため，資産の取得原価は［　オ　］の原則によって当期の費用となる部分と，次期以降の費用とするために資産として繰り越す部分とに分けられる。たとえば，商品の取得原価は，当期に販売されて［　カ　］となる部分と，当期に販売されずに期末商品棚卸高として繰り越す部分とに分けられる。　　　　　　　（第75回）

語群

1．棚卸計算法	2．原　価　率	3．売上原価	4．費用収益対応
5．継続記録法	6．売価還元法	7．費用配分	8．総平均法
9．売　上　高	10．移動平均法	11．先入先出法	12．仕　入　高

ア	イ	ウ	エ	オ	カ
5	11	2	6	7	3

6-8 次の各文の { } のなかの語から，もっとも適当なものを選び，その番号を記入しなさい。

(1)商品・製品などの棚卸資産の評価は，原則として { 1. 原価基準 2. 時価基準 3. 販売基準 } による。

ただし，正味売却価額が取得原価より下落したときは，正味売却価額で評価しなければならない。

この場合に生じる評価損は，{ 4. 販売費または特別損失 5. 営業外費用または特別損失 6. 売上原価の内訳項目または特別損失 } として，損益計算書に表示する。 (第25回一部修正)

(2)商品の受け入れ・払い出しのつど商品有高帳に記録して，払出数量・残高数量を明らかにする方法を { 1. 財 産 法 2. 継続記録法 3. 棚卸計算法 } といい，払出単価を決定するのに，{ 4. 総 平 均 法 5. 先入先出法 6. 移動平均法 } を用いれば，商品の価格下降期においては，売上原価がもっとも高くなる。 (第24回一部修正)

(3)商品の払出単価を決定する方法で，売上原価がいちばん市場価格から遠くなるのは，{ 1. 総 平 均 法 2. 移動平均法 3. 先入先出法 } である。この方法によると，残高が4月10日仕入分400個 @¥600

4月15日仕入分600個 @¥650のとき，700個払い出すと

その払出価額は { 4. ¥435,000 5. ¥441,000 6. ¥450,000 } となる。 (第27回一部修正)

(1)	1		6	(2)	2		5	(3)	3		4

6-9 次の資料から，売価還元法によって期末商品棚卸高（原価）を求めなさい。 (第89回)

◀頻出!! 資　　料

		原　価	売　価
i	期首商品棚卸高	¥ 8,190,000	¥12,600,000
ii	当期純仕入高	47,610,000	77,400,000
iii	期末商品棚卸高		13,300,000

期末商品棚卸高（原価）

¥　　8,246,000

6-10 大分物産株式会社の次の勘定記録と資料から，（ ア ）と（ イ ）に入る金額と，（ ウ ）に入る勘定科目を記入しなさい。 (第74回一部修正)

繰　越　商　品

4/ 1 前期繰越	3,859,000	3/31 仕　　入	3,859,000
3/31 仕　　入（ ア ）		〃 棚卸減耗損	182,000
		〃 （　　）（ イ ）	
		〃 次期繰越（　　）	
	（　　　　）		（　　　　）

棚　卸　減　耗　損

3/31 繰越商品	182,000	3/31 （ ウ ）	182,000

資　　料

期末商品棚卸高	帳簿棚卸数量	実地棚卸数量	原　　価	正味売却価額
A 品	1,200個	1,160個	@¥2,800	@¥3,000
B 品	1,000〃	950〃	〃〃1,400	〃〃1,300

ただし，棚卸減耗損および商品評価損は，売上原価の内訳項目とする。

ア	¥	4,760,000	イ	¥	95,000	ウ	仕　　入

6-11　山口商事株式会社（決算は年1回　12月31日）の商品に関する資料は，次のとおりであった。よって，

(1)繰越商品勘定と棚卸減耗損勘定を完成しなさい。なお，勘定には，相手科目・金額を記入すること。

(2)報告式の損益計算書（一部）を完成しなさい。ただし，商品評価損は売上原価の内訳項目とする。また，棚卸減耗損のうち10個分は売上原価の内訳項目とし，残りは営業外費用とする。

(第43回一部修正)

資　　　料

i　商品に関する勘定記録（売上勘定・仕入勘定の記録は，1年間の合計金額で示してある。）

繰　越　商　品		売	上
1/1 前期繰越 3,800,000		270,000	34,870,000

仕	入
25,540,000	140,000

ii　期末商品棚卸高

	帳簿棚卸数量	実地棚卸数量	原　　価	正味売却価額
A　品	800個	760個	@¥1,900	@¥2,100
B　品	580〃	580〃	〃 〃4,500	〃 〃4,400

(1)

繰　越　商　品

1/1 前 期 繰 越	3,800,000	12/31 仕　　入 (	3,800,000)
12/31 （仕　　入） (	4,130,000)	〃 棚 卸 減 耗 損 (	76,000)
		〃 （商 品 評 価 損） (	58,000)
		〃 （次 期 繰 越） (	3,996,000)
(	7,930,000)	(	7,930,000)

棚　卸　減　耗　損

12/31 （繰 越 商 品） (	76,000)	12/31 仕　　入 (	19,000)
		〃 （損　　益） (	57,000)
(	76,000)	(	76,000)

(2)

損　益　計　算　書(一部)

山口商事株式会社　　　　　令和○年1月1日から令和○年12月31日まで

I 売　　上　　高			(	34,600,000)
II 売　上　原　価				
1. 期首商品棚卸高	(	3,800,000)		
2. 当期商品仕入高	(	25,400,000)		
合　　　計	(	29,200,000)		
3.（期末商品棚卸高）	(	4,130,000)		
	(	25,070,000)		
4. 棚　卸　減　耗　損	(	19,000)		
5.（商 品 評 価 損）	(	58,000)	(	25,147,000)
売　上　総　利　益			(	9,453,000)

6-12 福岡商店の次の資料から，a．売上原価　b．次期に繰り越される商品の価額を求めなさい。ただし，棚卸減耗損は原価性がないため営業外費用として処理し，商品評価損は，売上原価に算入する。　　　　　　　　　　　　　　　　　　　　　　　　　　　　（第23回一部修正）

資　　料
　　期首商品棚卸高　　¥ 4,580,000
　　当期商品仕入高　　¥16,720,000
　　期末商品棚卸高
　　　帳簿棚卸高　A品　3,600個　@¥480　　B品　5,000個　@¥630
　　　実地棚卸高　A品　3,600〃　〃〃470　　B品　4,860〃　〃〃630

a	売　上　原　価　¥	16,458,000	b	次期に繰り越される商品の価額　¥	4,753,800

6-13 売価還元法を採用している神奈川商店の下記の資料によって，次の金額を求めなさい。
　　　　　　　a．期末商品棚卸高（原価）　　b．売　　上　　高　　　　（第72回一部修正）

資　　料

		原　価	売　価
i	期首商品棚卸高	¥ 245,000	¥ 350,000
ii	当期純仕入高	2,887,000	4,000,000
iii	期末商品棚卸高		425,000

a	期末商品棚卸高(原価)　¥	306,000	b	売　上　高　¥	3,925,000

6-14 長岡商事株式会社の総勘定元帳勘定残高（一部）と決算整理事項によって，報告式の損益計算書（一部）を完成しなさい。　　　　　　　　　　　　　　　　　　　　　（第35回一部修正）

損　益　計　算　書（一部）
　　　：

Ⅱ　売　上　原　価
　1．期首商品棚卸高　　（　4,640,000）
　2．当期商品仕入高　　（　37,200,000）
　　　　合　　　計　　（　41,840,000）
　3．期末商品棚卸高　　（　4,880,000）
　　　　　　　　　　　　（　36,960,000）
　4．(商品評価損)　　　（　120,000）　　（　37,080,000）

元帳勘定残高（一部）
　　繰　越　商　品　¥ 4,640,000
　　仕　　　入　¥37,200,000
決算整理事項
　　期末商品棚卸高
　　帳簿棚卸数量　6,100個
　　　　　　　原　　価　@¥800
　　実地棚卸数量　6,000個
　　　　　　正味売却価額　@¥780
　　ただし，棚卸減耗損は営業外費用とする。また，商品評価損は売上原価の内訳項目とする。

6-15 商品の価格上昇のときにおける先入先出法について，正しく述べたものはどれか番号で答えなさい。　　　　　　　　　　　　　　　　　　　　　　　　　　　　　　（第21回一部修正）

　①商品の価格上昇のとき，先入先出法によれば，移動平均法に比較して売上原価が低くなり，売上総利益は減少する。
　②商品の価格上昇のとき，先入先出法によれば，移動平均法に比較して売上原価が高くなり，売上総利益は増加する。
　③商品の価格上昇のとき，先入先出法によれば，移動平均法に比較して売上原価が低くなり，売上総利益は増加する。

③

7 その他の流動資産

①その他の流動資産の意味

その他の流動資産とは，流動資産のうち，当座資産および棚卸資産以外のものである。これには次のようなものがある。

②短期貸付金

決算日の翌日から1年以内に返済期限が到来する貸付金を短期貸付金という。

株主・役員・従業員あるいは親会社または子会社などに対する短期貸付金は，役員短期貸付金・子会社短期貸付金などのように，一般の短期貸付金と区別して処理する。また手形貸付金は，短期貸付金に含めて，貸借対照表に表示する。

決算日の翌日から1年以内に返済期限が到来　する→ 短期貸付金（その他の流動資産）

しない→ 長期貸付金（投資その他の資産）

③未　収　金

通常の営業取引以外の取引によって生じた債権，たとえば固定資産や有価証券などの売却代金の未収分を未収金という。

④前　払　金

原材料や商品などの仕入れのさい，仕入代金の一部または全部を前もって支払ったときに生じる債権を前払金という。

⑤前　払　費　用

一定の契約に従って，継続して役務の提供を受ける場合，いまだ提供されていない役務に対し支払われた金額のうち，次期に繰り延べられ，決算日の翌日から1年以内に費用となるものを前払費用という。これには，前払保険料・前払地代・前払家賃・前払利息・前払手数料などがある。貸借対照表では，これらを一括して前払費用として記載する。

⑥未　収　収　益

一定の契約に従って，継続して役務の提供をおこなう場合，すでに提供した役務に対して，いまだ，その対価の支払いを受けていない金額を未収収益という。これには，未収地代・未収家賃・未収利息・未収手数料などがある。貸借対照表では，これらを一括して未収収益として記載する。

練習問題

解答 ▶ p.10

7-1 次の各文の下線を引いてある語が正しいときは○印を，誤っているときは正しい語を記入しなさい。

(1)商品以外の物品を売却した場合の代金の未収額は未収収益勘定〔ア〕で処理し，通常の商取引の商品代金の未収額を示す未収金〔イ〕とは区別しなければならない。また，一定の契約による継続的な役務の提供にもとづいて，時の経過とともに決算日までに発生したとみられる前払金〔ウ〕とも区別される。

(2)手形貸付金は短期貸付金〔エ〕に含めて，貸借対照表に計上する。

(3)商品代金の一部を，商品を受け取る以前に支払った場合は，前払金勘定〔オ〕の貸方〔カ〕に記入し，後日，商品を受け取ったときにその借方〔キ〕に記入する。

ア	イ	ウ	エ	オ	カ	キ
未 収 金	売 掛 金	未収収益	○	○	借　方	貸　方

7-2 兵庫商事株式会社の令和○年3月31日（決算年1回）における総勘定元帳勘定残高（一部）と付記事項および決算整理事項によって，報告式の貸借対照表（一部）を完成しなさい。

元帳勘定残高（一部）

　貸 付 金　¥1,000,000　　仮 払 金　¥150,000
　受 取 利 息　　12,000　　保 険 料　　96,000

付 記 事 項

　①貸付金のうち¥600,000は，決算日の翌日から4か月後に，残額は16か月後に返済日が到来することが判明した。
　②仮払金は，全額商品注文の内金として支払ったものであることが判明した。

決算整理事項

　a．保険料前払高　¥24,000　　b．利息未収高　¥8,000

貸 借 対 照 表（一部）

兵庫商事株式会社　　　　　　　令和○年3月31日
資 産 の 部

Ⅰ 流 動 資 産
　　　　⋮
　　7.(短 期 貸 付 金)　　　　　(　　600,000)
　　8.(前 払 金)　　　　　　　(　　150,000)
　　9.(前 払 費 用)　　　　　　(　　 24,000)
　　10.(未 収 収 益)　　　　　 (　　　8,000)
　　　　⋮

Ⅱ 固 定 資 産
　　　　⋮
　　2.(長 期 貸 付 金)　　　　　(　　400,000)

検定問題
解答 ▶ p.10

7-3 大阪商事株式会社の次の資料から，貸借対照表の流動資産の一部の記入を示しなさい。ただし，決算日は12月31日とする。　　　　　（第36回一部修正）

貸 借 対 照 表（一部）
令和○年12月31日
資 産 の 部

Ⅰ 流 動 資 産
　1．現 金 預 金　　　　××××
　　　　⋮
　4.(有 価 証 券)　　(　　920,000)
　5．商　　　品　　　　××××
　6.(前 払 費 用)　　(　　　6,000)

元帳勘定残高（一部）
　売買目的有価証券　¥950,000
　保 険 料　¥41,000

決算整理事項
a．売買目的有価証券評価高　売買を目的として保有する奈良商事株式会社の株式10株
　帳簿価額　1株　¥95,000
　時 価　1株　¥92,000
　ただし，時価基準によって評価する。
b．保 険 料 前 払 高
　保険料勘定のうち¥36,000は，本年3月1日から1年分の保険料として支払ったものであり，前払高を次期に繰り延べる。

⑧ 有形固定資産

①有形固定資産の意味と種類

有形固定資産とは，長期にわたって使用する目的で所有する有形（具体的な形をもつ）の資産のことである。

(1)建　　　物

店舗・事務所・工場・倉庫・社宅などで，これに付属している冷暖房設備・照明設備・通風設備および防火設備を含む。

(2)構　築　物

へい・広告塔・橋・上下水道など，建物以外で土地に定着している土木設備および工作物。

(3)機 械 装 置

各種動力機械および化学装置，ボイラー装置などで，コンベア・クレーンなどを含む。

(4)車両運搬具

鉄道車両・自動車・その他の陸上運搬具など。

(5)船　　　舶

客船・貨物船などの水上運搬具。

(6)航　空　機

旅客機・ヘリコプターなど人や物を乗せる空中運搬具。

(7)工具器具備品

製造用小型器具・計器類・事務用機械・器具・机・いすなどで，容器を含む。耐用年数が1年以上で，金額が相当額（税法では¥100,000）以上のものをこの科目で処理し，それ未満のものは消耗品または消耗品費として処理する。

(8)土　　　地

工場および事務所などの営業用の土地のほか，社宅敷地・運動場などを含む。

(9)建設仮勘定

営業用の固定資産の建設のための支出額を，その固定資産が完成して建物勘定などに振り替えるまで，一時的に処理しておく勘定。

　[例1]　営業用の建物の建築を依頼し，その代金の一部として¥1,000を小切手を振り出して支払った。

　　　　　（借）建 設 仮 勘 定　　1,000　　　（貸）当 座 預 金　　1,000

　[例2]　建物が完成し引き渡しを受け，代金¥3,000のうち支払い済みの¥1,000を差し引き，残額を小切手を振り出して支払った。

　　　　　（借）建　　　　　物　　3,000　　　（貸）建 設 仮 勘 定　　1,000

　　　　　　　　　　　　　　　　　　　　　　　　　当 座 預 金　　2,000

②有形固定資産の評価

(1)　有形固定資産の取得原価＝購入代価＋付随費用

付随費用の内容	建　　　　物……購入手数料・使用前の修繕費など
	機械装置……引取運賃・試運転費・据付費など
	土　　　　地……整地費・登記料・購入手数料など

(2)土地と建設仮勘定以外の有形固定資産は，その取得原価を固定資産の耐用年数にわたり，一定の減価償却方法によって各会計期間に費用として配分しなければならない。

(3)　貸借対照表価額（期末評価額）＝取得原価－減価償却累計額

③資本的支出と収益的支出

有形固定資産について生じる支出は，次の2つに分類する。

(1)資本的支出　固定資産の価値が増加した，耐用年数が延長したなどと判断される場合の支出をいう。改造費・土木費用などの支出が，通常これである。→固定資産の取得原価に加算

　　[例]　（借）建　　　　物 ×××　　　（貸）現　　　　金 ×××

(2)収益的支出　原状を維持するにすぎない支出をいう。修繕費がこの代表的な支出である。→費用の勘定で処理

　　[例]　（借）修　繕　費 ×××　　　（貸）現　　　　金 ×××

④減価償却の意味

減価償却とは，固定資産の取得原価を，それを使用する各会計期間に，費用として配分するための会計手続きである。減価償却は**費用配分の原則**の一例であり，適正な期間損益計算をするためにおこなわれる。なお，土地・建設仮勘定については，減価償却はおこなわない。

⑤減価の発生原因

減価の発生原因 $\begin{cases} \text{経常的減価} \begin{cases} \text{物質的減価}\cdots\cdots\cdots\cdots\text{使用・時の経過などによる。} \\ \text{機能的減価}\cdots\cdots\cdots\cdots\text{陳腐化・不適応化などによる。} \end{cases} \\ \text{偶発的減価}\cdots\cdots\cdots\cdots\cdots\cdots\cdots\cdots\cdots\text{天災・事故などによる。} \end{cases}$

このうち，減価償却の対象となるのは経常的減価のみであり，偶発的減価は減価償却の対象外である。

⑥減価償却費の計算方法

(1)**定　額　法**　毎期一定額（均等額）の償却額を計算する方法である。建物・構築物など，機能的減価の発生が比較的少ない固定資産の償却に適している。

$$\text{毎期の減価償却費}=\frac{\text{取得原価}-\text{残存価額}}{\text{耐用年数}}$$

(2)**定　率　法**　固定資産の未償却残高（取得原価−減価償却累計額）に一定率を乗じて償却額を計算する方法である。機械装置のように機能的減価の発生するおそれの多い固定資産の償却に適している。

$$\text{毎期の減価償却費}=\text{未償却残高}\times\text{償却率}$$

(3)**生産高比例法**　固定資産の生産量あるいは利用の程度に比例して償却額を計算する方法で，鉱山・油田などは生産量，航空機などは利用時間数を用いる。

$$\text{毎期の減価償却費}=(\text{取得原価}-\text{残存価額})\times\frac{\text{各期実際生産量（利用時間数）}}{\text{予測総生産量（利用時間数）}}$$

例　鉱業用の機械装置について，生産高比例法により当期の償却額を計算する。

取　得　原　価　¥2,500,000　　　残存価額は零（0）
予　測　採　掘　量　500,000トン　　　当期の採掘量　70,000トン
償却額　　（¥2,500,000−¥0）× $\dfrac{70,000\text{トン}}{500,000\text{トン}}$ ＝¥350,000

⑦減価償却費の記帳方法

(1)減価償却費の記帳方法には，**直接法**と**間接法**がある。

〈直接法〉　（借）減　価　償　却　費　×××　　建　　　　物　×××
〈間接法〉　（借）減　価　償　却　費　×××　　建物減価償却累計額　×××

(2)有形固定資産にはふつう間接法を用い，貸借対照表における減価償却累計額の表示方法は，原則として①固定資産の取得原価から控除する形式（**控除形式**）で表示する。表示方法として②固定資産の取得原価から累計額を控除した残額を記載し，欄外に減価償却累計額を注記する形式（**脚注表示**）もある。

①

貸　借　対　照　表

資　　　　　産	金　額	負債及び純資産	金　額
建　　　　　物　500			
減価償却累計額　90	410		
備　　　　　品　100			
減価償却累計額　27	73		

②

貸　借　対　照　表

資　　　　　産	金　額	負債及び純資産	金　額
建　　　　　物	410		
備　　　　　品	73		

（注）有形固定資産の減価償却累計額　¥117

⑧固定資産の除却と売却

固定資産を除却・廃棄処分したときは，帳簿価額を固定資産除却損勘定（費用）に振り替える。また，売却したときは帳簿価額と売却価額との差額を固定資産売却損勘定（費用）または固定資産売却益勘定（収益）で処理する。なお，固定資産を買い換えたときの売却損益は，古い固定資産の下取価額と帳簿価額との差額である。

　売却損益＝下取価額－帳簿価額

⑨固定資産の滅失

火災や風水害などで固定資産を失ってしまった（滅失した）場合，保険の契約の有無によって次の2つの処理方法がある。

(1)保険を掛けていない場合

　例　期首に火災により，取得原価￥2,000,000　減価償却累計額￥1,200,000の倉庫が焼失した。

　　　（借）建物減価償却累計額　1,200,000　　　（貸）建　　　　　物　2,000,000
　　　　　　災　害　損　失*　　 800,000

(2)保険を掛けている場合

　例1　期首に火災により，取得原価￥2,000,000　減価償却累計額￥1,200,000の倉庫が焼失した。なお，この倉庫には火災保険の契約をしているため，ただちに保険会社に連絡をした。

　　　（借）建物減価償却累計額　1,200,000　　　（貸）建　　　　　物　2,000,000
　　　　　　未　　決　　算　　　 800,000

　例2　保険会社より保険金の支払いの連絡があった。（未決算￥800,000 ＞ 保険金￥600,000）

　　　（借）未　　収　　金　　 600,000　　　（貸）未　　決　　算　　　800,000
　　　　　　災　害　損　失*　　200,000

　例3　保険会社より保険金の支払いの連絡があった。（未決算￥800,000 ＜ 保険金￥1,000,000）

　　　（借）未　　収　　金　 1,000,000　　　（貸）未　　決　　算　　　800,000
　　　　　　　　　　　　　　　　　　　　　　　　保　険　差　益　　　200,000

＊火災による損失の場合，火災損失勘定を用いることもある。

練習問題
解答 ▶ p.10

8-1　次のものは，有形固定資産のどの勘定で処理するか答えなさい。
(1)自動車，トラック
(2)建設工事における完成前の支出額
(3)店舗，事務所，倉庫
(4)へい，広告塔
(5)各種動力機械および化学装置，ボイラー装置

(1)	車両運搬具	(2)	建設仮勘定	(3)	建　　物	(4)	構築物	(5)	機械装置

8-2　次の支出を資本的支出と収益的支出とに区別し，その番号を記入しなさい。
1．生産用機械を据え付けるために要した費用の支払い
2．発電機を購入し，その試運転に要した費用の支払い
3．故障した機械の修繕に要した費用の支払い
4．営業用自動車の点検整備に要した費用の支払い
5．営業用の土地を購入し，その整地に要した費用の支払い
6．建物を購入するさいに支払った仲介手数料
7．備品を購入するさいに支払った引取費用

資本的支出	1，2，5，6，7	収益的支出	3，4

8-3 次の文の□□□にあてはまるもっとも適当な語を，下記の語群のなかから選び，その番号を記入しなさい。ただし，同じ番号を重複して用いてもよい。

資本的支出とすべきものを収益的支出としたときは，当期の費用は ア に，純利益は イ に示され，それだけ期末の資産は ウ に評価されて エ が生じる。また，収益的支出とすべきものを資本的支出としたときは，当期の費用は オ に，純利益は カ に示され，それだけ期末の資産は キ に評価され，結果的に ク が生じる。

語群
1．資本のくいつぶし　　2．過　　　大　　3．過　　　小　　4．秘密積立金

ア	イ	ウ	エ	オ	カ	キ	ク
2	3	3	4	3	2	2	1

8-4 次の各文の□□□にあてはまるもっとも適当な語を，下記の語群のなかから選び，その番号を記入しなさい。

(1)有形固定資産は，いろいろな原因によって，その ア がしだいに減少し，経営活動に イ できなくなれば除却し，廃棄処分される。したがって，有形固定資産の ウ は，結局は費用となる。

(2)減価償却とは，固定資産の取得原価をそれを使用する各会計期間に エ として配分するための会計手続きである。ただし， オ と建設仮勘定は，減価償却はしない。

(3)有形固定資産の通常の減価には，使用や時の経過による減価と陳腐化や不適応化の原因による減価とがある。後者を カ といい，この減価は技術革新が著しい キ などの固定資産に発生しやすい。

語群
1．費用配分　　2．取得原価　　3．土　　地　　4．価　　値　　5．使　　用
6．費　　用　　7．機能的減価　　8．機械装置　　9．物質的減価　　10．資　　産

ア	イ	ウ	エ	オ	カ	キ
4	5	2	6	3	7	8

8-5 次の取引の仕訳を示しなさい。

(1)店舗拡張のため土地を購入し，代金¥8,000,000のうち半額と，買入手数料など¥400,000をともに小切手を振り出して支払い，残額は翌月末払いとした。

土　　　　　地	8,400,000	当 座 預 金	4,400,000
		未　払　金	4,000,000

(2)機械装置¥2,000,000を買い入れ，代金のうち¥800,000は小切手を振り出して支払い，残額は2か月後に支払うことにした。なお，機械装置の据付費¥250,000を現金で支払った。

機 械 装 置	2,250,000	当 座 預 金	800,000
		未　払　金	1,200,000
		現　　金	250,000

(3)新型の製油装置の試運転をおこない，試運転費¥350,000を小切手を振り出して支払った。

機 械 装 置	350,000	当 座 預 金	350,000

8-6 次の取引の仕訳を示しなさい。

(1)建設会社に営業用建物の建築を発注し，その請負代金¥6,000,000の一部¥2,000,000を小切手を振り出して支払った。

建 設 仮 勘 定	2,000,000	当 座 預 金	2,000,000

(2)営業用倉庫が完成しその引き渡しを受けた。代金¥9,300,000のうち，すでに前渡ししてある¥6,200,000を差し引いた残額を小切手を振り出して支払った。

建　　　　　　物	9,300,000	建 設 仮 勘 定	6,200,000
		当 座 預 金	3,100,000

(3)仮払金¥2,500,000は建設中の店舗に対する工事代金の支払額であった。ただし，期間中この店舗は未完成である。

建 設 仮 勘 定	2,500,000	仮 　 払 　 金	2,500,000

(4)広告塔の全面的な改修をおこなって，その費用¥850,000を小切手を振り出して支払った。なお，このうち¥340,000は修繕費として処理することにした。

構　　築　　物	510,000	当 座 預 金	850,000
修　　繕　　費	340,000		

(5)建物の改造をおこない，その代金¥1,600,000を小切手を振り出して支払った。このうち¥1,000,000を資本的支出とした。

建　　　　　　物	1,000,000	当 座 預 金	1,600,000
修　　繕　　費	600,000		

(6)建物の修繕および改良をおこない，工事費用¥1,200,000を小切手を振り出して支払ったさいに全額を修繕費として処理していたが，このうち3分の1は資本的支出と判明したため，本日これを修正した。

建　　　　　　物	400,000	修 　 繕 　 費	400,000

8-7 ある機械装置の減価償却の計算要素は次のとおりである。よって，下記の各問いに答えなさい。ただし，間接法で記帳しているものとする。

　　a．取得原価　¥1,200,000　　　b．残存価額　取得原価の10%　　　c．耐用年数　8年

(1)第2期末における定額法，定率法のそれぞれの場合の減価償却累計額はいくらか。ただし，決算は年1回で定率法の償却率は，耐用年数8年のとき25%である。なお，算出過程も示すこと。

(1)	定額法	〈計算〉 毎期償却額…$\dfrac{¥1,200,000-¥1,200,000×0.1}{8年}=¥135,000$ 償却累計額…¥135,000×2年＝¥270,000	減価償却累計額 ¥　　270,000
	定率法	〈計算〉 第1期末償却額…¥1,200,000×0.25＝¥300,000 第2期末償却額…（¥1,200,000−¥300,000）×0.25＝¥225,000 償却累計額…¥300,000＋¥225,000＝¥525,000	減価償却累計額 ¥　　525,000

(2)第3期初頭に，この機械装置を¥540,000で売却し小切手を受け取ったときの仕訳を示しなさい。ただし，この機械装置については定額法により減価償却をおこなっている。

(3)同じく第3期初頭に，この機械装置を除却し，廃棄処分したとすればその仕訳はどのようになるか。ただし，定率法で減価償却をしていたものとする。

(4)この機械装置について，第1期末に生産高比例法によって減価償却をおこなった場合の仕訳を示しなさい。ただし，機械装置の予測総利用時間数を45,000時間　同会計期間の利用時間数を3,000時間とする。

	借方		貸方	
(2)	機械装置減価償却累計額	270,000	機　械　装　置	1,200,000
	現　　　　　金	540,000		
	固 定 資 産 売 却 損	390,000		
(3)	機械装置減価償却累計額	525,000	機　械　装　置	1,200,000
	固 定 資 産 除 却 損	675,000		
(4)	減 価 償 却 費	72,000	機械装置減価償却累計額	72,000

8-8 次の資料によって，横浜製造株式会社の機械装置の第1期から第3期までの減価償却額を，定額法と定率法で計算し，下記の表に記入しなさい。

資　　料
取得原価　¥1,600,000　　残存価額は零（0）
耐用年数　10年　　　　　定率法による償却率　0.200

期間 方法	第　1　期	第　2　期	第　3　期
定　額　法	¥　160,000	¥　160,000	¥　160,000
定　率　法	¥　320,000	¥　256,000	¥　204,800

8-9 次の取引の仕訳を示しなさい。

(1)宮崎商事株式会社（決算年1回）は，第31期初頭に備品を¥845,000で買い入れ，この代金はこれまで使用してきた備品を¥220,000で引き取らせ，新しい備品の代金との差額は月末に支払うことにした。ただし，この古い備品は第28期初頭に¥650,000で買い入れたもので，定率法により毎期の償却率を20％として減価償却費を計算し，間接法で記帳してきた。

備　　　　　品	845,000	備　　　　　品	650,000
備品減価償却累計額	317,200	未　払　金	625,000
固 定 資 産 売 却 損	112,800		

(2)岡山鉱業株式会社（決算年1回）は，当期首に機械装置を¥4,170,000で買い入れ，この代金は，これまで使用してきた機械装置を¥330,000で引き取らせ，新しい機械装置の代金との差額は小切手を振り出して支払った。ただし，これまで使用してきた機械装置は¥3,200,000で買い入れたもので，残存価額は零（0）　予定総利用時間数は8,000時間　前期末までの実際利用時間数は5,900時間であり，生産高比例法によって減価償却費を計算し，間接法で記帳してきた。

機　械　装　置	4,170,000	機　械　装　置	3,200,000
機械装置減価償却累計額	2,360,000	当　座　預　金	3,840,000
固 定 資 産 売 却 損	510,000		

8-10 次の取引の仕訳を示しなさい。

(1)岩手商事株式会社（決算年1回）は，取得原価¥*5,260,000*の備品を第19期初頭に除却し，廃棄処分した。ただし，この備品は，第11期初頭に買い入れたもので，定額法により，残存価額は零（0）　耐用年数は10年として減価償却費を計算し，間接法で記帳してきた。

備品減価償却累計額	4,208,000	備　　　　品	5,260,000
固 定 資 産 除 却 損	1,052,000		

(2)山形鉱業株式会社は，期首にこれまで使用してきた採掘用機械装置を除却し，廃棄処分した。ただし，取得原価は¥*6,480,000*　残存価額は零（0）　予定総利用時間数は18,000時間　前期末までの実際利用時間数は17,200時間であり，生産高比例法によって減価償却費を計算し，間接法で記帳してきた。なお，この機械装置の評価額は零（0）である。

機械装置減価償却累計額	6,192,000	機 　械 　装 　置	6,480,000
固 定 資 産 除 却 損	288,000		

(3)期首に，火災により営業用倉庫（取得原価¥*2,700,000*　減価償却累計額¥*1,620,000*）が焼失した。

建物減価償却累計額	1,620,000	建　　　　物	2,700,000
災害損失（火災損失）	1,080,000		

(4)期首に，火災により倉庫（取得原価¥*3,500,000*　減価償却累計額¥*1,925,000*）が焼失した。なお，この倉庫には火災保険の契約をしているため，ただちに保険会社に連絡をした。

建物減価償却累計額	1,925,000	建　　　　物	3,500,000
未 　決 　算	1,575,000		

(5)上記(4)の倉庫について，保険会社に保険金の支払いを請求していたが，査定の結果，保険金¥*1,800,000*を支払うとの連絡があった。

未 　収 　金	1,800,000	未 　決 　算	1,575,000
		保 　険 　差 　益	225,000

(6)上記(4)の倉庫について，保険会社に保険金の支払いを請求していたが，査定の結果，保険金¥*1,400,000*を支払うとの連絡があった。

未 　収 　金	1,400,000	未 　決 　算	1,575,000
災害損失（火災損失）	175,000		

検定問題

8-11 次の取引の仕訳を示しなさい。

(1)徳島商事株式会社は建物の改良と修繕をおこない，その代金¥*3,680,000*を小切手を振り出して支払った。ただし，代金のうち¥*3,000,000*は建物の使用可能期間を延長させる支出と認められ，資本的支出とした。　(第91回)

建　　　　物	3,000,000	当 　座 　預 　金	3,680,000
修 　繕 　費	680,000		

◀頻出!!(2)かねて建設を依頼していた機械装置が完成し, 引き渡しを受けたので, 建設代金¥75,000,000のうち, すでに支払ってある¥50,000,000を差し引いて, 残額は小切手を振り出して支払った。なお, この機械装置の試運転費¥130,000は現金で支払った。 (第79回, 類題第71回)

機 械 装 置	75,130,000	建 設 仮 勘 定	50,000,000
		当 座 預 金	25,000,000
		現 金	130,000

(3)鹿児島商事株式会社は, かねて自社の敷地内に広告塔の建設を依頼していたが, 本日完成したため, 引き渡しを受けたので, 建設代金¥2,500,000のうち, すでに支払ってある¥1,500,000を差し引いて, 残額を小切手を振り出して支払った。 (第86回)

| 構 築 物 | 2,500,000 | 建 設 仮 勘 定 | 1,500,000 |
| | | 当 座 預 金 | 1,000,000 |

(4)高知商事株式会社は建物の改良および修繕をおこない, その代金¥7,800,000を小切手を振り出して支払ったさい, 全額を資本的支出として処理していたが, その代金のうち¥1,300,000は建物の通常の維持・管理のために支出していたことが判明したため, 本日, これを訂正した。 (第74回)

| 修 繕 費 | 1,300,000 | 建 物 | 1,300,000 |

8-12 次の各文の☐☐☐☐にあてはまるもっとも適当な語を, 下記の語群のなかから選び, その番号を記入しなさい。

(1)有形固定資産を修繕および改良するために生じた支出のうち, 有形固定資産の価値を高めたり, 耐用年数を延長させたりする支出を ア という。この支出を資産に計上せずに, 当期の費用として処理した場合には, 純利益は イ に計上される。 (第83回)

(2)固定資産の通常の維持・管理および原状を回復させるための支出を ウ という。この支出を費用として計上せずに, 資産として処理した場合には, 純利益は エ に計上される。 (第90回)

語群 1. 収 益 的 支 出 2. 資 本 的 支 出 3. 過 小 4. 過 大

ア	イ	ウ	エ
2	3	1	4

8-13 次の各文の下線を引いてある語が正しいときは○印を, 誤っているときは正しい語を記入しなさい。

(1)固定資産の通常の維持・管理および原状を回復させるための支出では, その支出が生じた会計期間の費用として修繕費勘定に計上する。これを資本的支出という。例えば, 修繕費として
ア
計上すべき支出額を, 建物として計上するなど, その区分を誤ると一会計期間における正しい損益計算をおこなうことができなくなるため, 非常に重要である。 (第94回一部改正)
イ

(2)有形固定資産の価値を増加させたり, 耐用年数を延長させたりするための支出を収益的支出
ウ
といい, その支出は有形固定資産の取得原価に加算する。これに対し, 有形固定資産の通常の維持・管理および原状を回復させるための支出は, 当期の費用として計上する。 (第51回)
エ

ア	イ	ウ	エ
収益的支出	○	資本的支出	○

8-14 次の各文の{ }のなかの語から,もっとも適当なものを選び,その番号を記入しなさい。

(1)有形固定資産の減価の原因には,使用や時の経過にともなう{1.物質的減価 2.機能的減価}と,陳腐化・不適応化にともなう{3.物質的減価 4.機能的減価}がある。建物のように,機能的減価の発生が比較的少ない固定資産の減価償却の計算方法は{5.定額法 6.定率法}が適している。 (第47回一部修正)

(2)定率法は固定資産の{1.取得原価 2.未償却残高}に,毎期一定率を掛けて償却額を計算する方法である。定率を0.25とすると取得原価¥1,200,000の機械の第2回目の償却額は,{3.¥300,000 4.¥225,000}である。 (第16回)

(1)	1	4	5	(2)	2	4

8-15 次の文の□□□にあてはまるもっとも適当な語を,下記の語群のなかから選び,その番号を記入しなさい。

固定資産の減価償却の方法を定額法から定率法に変更すると,異なる利益が算出され,財務諸表の ア が困難になるので,一度採用した減価償却の方法はみだりに変更してはならない。これは イ の原則によるものである。 (第71回)

語群 1.継 続 性 2.単 一 性 3.会 計 期 間 4.期 間 比 較

ア	4	イ	1

8-16 次の文の下線を引いてある語が正しいときは○印を,誤っているときは正しい語を記入しなさい。

期間損益計算を正しくおこなうためには,建物や車両運搬具などの有形固定資産の取得原価
                                        ア
を,一定の減価償却の方法で,当期の費用とする額と次期に繰り越す額とに分ける必要がある。これを明瞭性の原則という。 (第68回一部修正)
      イ

ア	○	イ	費 用 配 分

8-17 次の取引の仕訳を示しなさい。

◀頻出!!(1)新潟商事株式会社(決算年1回)は,取得原価¥1,250,000の備品を第21期初頭に除却し,廃棄処分した。ただし,この備品は第18期初頭に買い入れたもので,定率法により毎期の償却率を40%として減価償却費を計算し,間接法で記帳してきた。なお,この備品の評価額は零(0)である。 (第94回,類題第82・89回)

備品減価償却累計額	980,000	備 品	1,250,000
固 定 資 産 除 却 損	270,000		

◀頻出!!(2)愛媛商事株式会社(決算年1回)は,第12期初頭に備品を¥920,000で買い入れ,この代金はこれまで使用してきた備品を¥400,000で引き取らせ,新しい備品の代金との差額は現金で支払った。ただし,この古い備品は第10期初頭に¥800,000で買い入れたもので,定率法により毎期の償却率を20%として減価償却費を計算し,間接法で記帳してきた。 (第85回)

備 品	920,000	備 品	800,000
備品減価償却累計額	288,000	現 金	520,000
固 定 資 産 売 却 損	112,000		

(3)浜松商事株式会社（決算年1回）は，第7期初頭に営業用の金庫を¥600,000で買い入れ，この代金はこれまで使用してきた営業用の金庫を¥300,000で引き取らせ，新しい金庫の代金との差額は小切手を振り出して支払った。ただし，この古い金庫は第1期初頭に¥400,000で買い入れたもので，耐用年数20年　残存価額は取得原価の10%として，定額法によって毎期の減価償却費を計算し，間接法で記帳してきた。 (第40回，類題第32回)

備　　　　　　　品	600,000	備　　　　　　　品	400,000
備品減価償却累計額	108,000	当　座　預　金	300,000
		固 定 資 産 売 却 益	8,000

◀頻出!!(4)秋田鉱業株式会社（決算年1回）は，第22期初頭に鉱業用の機械装置を¥2,940,000で買い入れ，この代金はこれまで使用してきた機械装置を¥1,080,000で引き取らせ，新しい機械装置の代金との差額は翌月末に支払うことにした。ただし，この古い機械装置は第19期に¥2,750,000で買い入れたもので，残存価額は零（0）予定総利用時間数は25,000時間　前期末までの実際総利用時間数は14,000時間であり，生産高比例法により減価償却費を計算し，間接法で記帳してきた。 (第95回)

機　械　装　置	2,940,000	機　械　装　置	2,750,000
機械装置減価償却累計額	1,540,000	未　　払　　金	1,860,000
固 定 資 産 売 却 損	130,000		

(5)香川商事株式会社（決算年1回）は，第8期初頭に営業用自動車を¥3,000,000で買い入れ，この代金はこれまで使用してきた営業用自動車を¥500,000で引き取らせ，新車の代金との差額は月末に支払うことにした。ただし，この旧車は第6期初頭に¥2,000,000で買い入れたもので，定率法により毎期の償却率を0.417として減価償却費を計算し，間接法で記帳してきた。 (第60回一部修正)

車　両　運　搬　具	3,000,000	車　両　運　搬　具	2,000,000
車両運搬具減価償却累計額	1,320,222	未　　払　　金	2,500,000
固 定 資 産 売 却 損	179,778		

◀頻出!!(6)宮崎商事株式会社（決算年1回）は，取得原価¥3,640,000の備品を第29期初頭に除却し，廃棄処分した。ただし，この備品は，第23期初頭に買い入れたもので，定額法により，残存価額は零（0）耐用年数は8年として減価償却費を計算し，間接法で記帳してきた。なお，この備品の評価額は零（0）である。 (第84回，類題第77回)

備品減価償却累計額	2,730,000	備　　　　　　　品	3,640,000
固 定 資 産 除 却 損	910,000		

(7)長野鉱業株式会社は，期首にこれまで使用してきた取得原価¥4,800,000の採掘用機械装置を除却し，廃棄処分した。ただし，残存価額は取得原価の10%　予定総利用時間数は27,000時間　前期末までの実際利用時間数は21,000時間であり，生産高比例法によって減価償却費を計算し，間接法で記帳してきた。なお，この機械装置の評価額は零（0）である。 (第66回)

機械装置減価償却累計額	3,360,000	機　械　装　置	4,800,000
固 定 資 産 除 却 損	1,440,000		

⑨ リース会計

①リース取引の概要

固定資産（リース物件）を，あらかじめ決められた期間（リース期間）にわたって借りる契約を結び，その使用料（リース料）を支払う取引をリース取引という。

リース取引は次の2つに分類される。

ファイナンス・リース取引	リース期間の途中で解約することができない。 リース物件の使用のために生じるコストは借手が負担する。
オペレーティング・リース取引	ファイナンス・リース取引以外のリース取引。

②ファイナンス・リース取引

固定資産を購入し，代金を分割で支払う場合と同様の処理を行うが，通常の備品や車両などと区別するためにリース資産勘定（資産），リース債務勘定（負債）で処理する。

計上する額は，リース料に含まれる利息相当額をどのように処理するかによって，次の2つの処理方法がある。

(1)利子抜き法

①リース料総額から利息相当額を差し引いた金額をリース資産およびリース債務とし，リース期間中の各期に定額で配分する。

（年間リース料 ¥100,000　見積現金購入価額 ¥450,000　リース期間 5年）

例　（借）リ ー ス 資 産　450,000　　（貸）リ ー ス 債 務　450,000

②リース料を支払ったときは，支払ったリース料の分だけリース債務を減少させ，利息相当額は支払利息勘定で処理する。

例　（借）リ ー ス 債 務　90,000　　（貸）現 金 な ど　100,000
　　　　　支 払 利 息　10,000

③決算において，リース資産の減価償却をおこなう。耐用年数はリース期間，残存価額は零（0）で計上する。

例　（借）減 価 償 却 費　90,000　　（貸）リ ー ス 資 産 減価償却累計額　90,000

(2)利子込み法

①利息相当額を含むリース料総額をリース資産およびリース債務とする。

例　（借）リ ー ス 資 産　500,000　　（貸）リ ー ス 債 務　500,000

②リース料を支払ったときは，支払ったリース料の分だけリース債務を減少させる。

例　（借）リ ー ス 債 務　100,000　　（貸）現 金 な ど　100,000

③決算において，リース資産の減価償却をおこなう。耐用年数はリース期間，残存価額は零（0）で計上する。

例　（借）減 価 償 却 費　100,000　　（貸）リ ー ス 資 産 減価償却累計額　100,000

③オペレーティング・リース取引

通常の賃貸借取引と同様の処理をおこなう。

①リース取引開始時には，特に仕訳をおこなう必要はない。

②リース料を支払ったときは，支払リース料勘定（費用）で処理する。

例　（借）支 払 リ ー ス 料　100,000　　（貸）現 金 な ど　100,000

練習問題

解答 ▶ p.12

9-1 次の取引について，利子抜き法および利子込み法の仕訳を示しなさい。

(1)令和○2年4月1日（期首）に備品のリース契約（ファイナンス・リース取引）を次の条件で締結した。

年間リース料　¥　150,000（毎年3月末支払い）
見積現金購入価額　¥　660,000
リース期間　5年

利子抜き法	リ　ー　ス　資　産	660,000	リ　ー　ス　債　務	660,000
利子込み法	リ　ー　ス　資　産	750,000	リ　ー　ス　債　務	750,000

(2)(1)のリース取引について，令和○3年3月31日にリース料を現金で支払った。なお，利息相当額については，リース期間中の各期に定額で配分する。

利子抜き法	リ　ー　ス　債　務 支　払　利　息	132,000 18,000	現　　　　　金	150,000
利子込み法	リ　ー　ス　債　務	150,000	現　　　　　金	150,000

(3)(1)のリース取引について，令和○3年3月31日（決算日）に定額法で減価償却費を計上した。なお，耐用年数はリース期間，残存価額は零（0）とし，間接法で記帳している。

利子抜き法	減　価　償　却　費	132,000	リース資産減価 償　却　累　計　額	132,000
利子込み法	減　価　償　却　費	150,000	リース資産減価 償　却　累　計　額	150,000

9-2 次の取引の仕訳を示しなさい。

(1)期首に備品のリース契約（オペレーティング・リース取引）を次の条件で締結していたが，本日，支払リース料¥145,000を現金で支払った。

年間リース料　¥　145,000（毎年3月末支払い）
リース期間　4年

支　払　リ　ー　ス　料	145,000	現　　　　　金	145,000

(2)決算日にあたり，次の条件で締結しているリース資産¥1,320,000について，残存価額は零（0）　耐用年数は6年として，定額法により減価償却費を計上した。なお，間接法で記帳している。

年間リース料　¥　230,000（毎年3月末支払い）
見積現金購入額　¥1,320,000
リース期間　6年

減　価　償　却　費	220,000	リース資産減価 償　却　累　計　額	220,000

9-3 次の一連の取引の仕訳を示しなさい。

(1)静岡商事株式会社は，令和○3年4月1日（期首）に事務用コピー機のリース契約（ファイナンス・リース取引）を次の条件で締結した。なお，利息相当額の処理は利子抜き法（利息相当額を控除する方法）による。

　　　年間リース料　　　¥180,000（毎年3月末支払い）
　　　見積現金購入価額　¥830,000
　　　リース期間　　5年

(2)静岡商事株式会社は，令和○4年3月31日にリース料を現金で支払った。なお，利息相当額については，リース期間中の各期に定額で配分する。

(3)静岡商事株式会社は，令和○4年3月31日（決算日）にリース資産の減価償却費を定額法で計上した。なお，残存価額は零（0）耐用年数はリース期間とし，間接法で記帳している。

(1)	リ ー ス 資 産	830,000	リ ー ス 債 務	830,000
(2)	リ ー ス 債 務 支 払 利 息	166,000 14,000	現　　　　　　金	180,000
(3)	減 価 償 却 費	166,000	リース資産減価 償 却 累 計 額	166,000

9-4 次の一連の取引の仕訳を示しなさい。

(1)岐阜食品株式会社は，令和○2年4月1日（期首）に業務用冷蔵庫のリース契約（ファイナンス・リース取引）を次の条件で締結した。なお，利息相当額の処理は利子込み法（利息相当額を控除しない方法）による。

　　　年間リース料　　　¥ 78,000（毎年3月末支払い）
　　　見積現金購入価額　¥265,000
　　　リース期間　　4年

(2)岐阜食品株式会社は，令和○3年3月31日にリース料を現金で支払った。

(3)岐阜食品株式会社は，令和○3年3月31日（決算日）にリース資産の減価償却費を定額法で計上した。なお，残存価額は（0）耐用年数はリース期間とし，間接法で記帳している。

(1)	リ ー ス 資 産	312,000	リ ー ス 債 務	312,000
(2)	リ ー ス 債 務	78,000	現　　　　　　金	78,000
(3)	減 価 償 却 費	78,000	リース資産減価 償 却 累 計 額	78,000

9-5 次の一連の取引の仕訳を示しなさい。なお，仕訳をおこなう必要のないものについては「仕訳なし」と記入すること。

(1)福井観光株式会社は，令和○4年4月1日（期首）に事務用書庫のリース契約（オペレーティング・リース取引）を次の条件で締結した。

年間リース料　¥126,000（毎年3月末支払い）

リース期間　3年

(2)福井観光株式会社は，令和○5年3月31日にリース料を現金で支払った。

(1)	仕　訳　な　し			
(2)	支 払 リ ー ス 料	126,000	現　　　　　　金	126,000

9-6 滋賀物産株式会社の総勘定元帳勘定残高（一部）と付記事項および決算整理事項は，次のとおりであった。よって，報告式の貸借対照表（一部）を完成しなさい。

ただし，i　会社計算規則によること。

ⅱ　会計期間は令和○3年4月1日から令和○4年3月31日までとする。

元帳勘定残高（一部）

リース資産　¥240,000　　　　リース資産減価償却累計額　¥96,000

リース債務　¥96,000

付記事項

①リース債務¥96,000は令和○6年3月31日までリース契約をしている事務用のパーソナルコンピュータに対するものであり，決算日の翌日から1年以内に支払期限が到来する部分は流動負債として表示する。

決算整理事項

a. 減価償却高　リース資産：見積現金購入価額¥240,000　残存価額は零（0）　耐用年数は5年（リース期間）とし，定額法により計算している。

貸　借　対　照　表

滋賀物産株式会社　　　　　　令和○4年3月31日　　　　　　　　（単位：円）

資　産　の　部

⋮

Ⅱ 固　定　資　産

(1) 有 形 固 定 資 産

⋮

3. リ ー ス 資 産　　　　　　（　　　240,000）

　（減価償却累計額）　　　△（　　　144,000）　　（　　　96,000）

⋮

負　債　の　部

Ⅰ 流　動　負　債

⋮

3. リ ー ス 債 務　　　　　　　　　　　　　　　（　　　48,000）

⋮

Ⅱ 固　定　負　債

⋮

2. リ ー ス 債 務　　　　　　　　　　　　　　　（　　　48,000）

⑩ 無形固定資産・投資その他の資産

①無形固定資産の意味と種類

無形固定資産とは，固定資産のうち，具体的な形をもたないものである。

法 律 上 の 権 利	特許権・実用新案権・商標権・意匠権・鉱業権・借地権など
超過収益力を評価したもの	のれん
コンピュータを動かすプログラム	ソフトウェア

②法律上の権利

(1)**取得原価**　その権利を取得するまでに要した支出額を取得原価とする。たとえば，特許権を有償で譲り受けた場合はその対価を，自己創設の場合は権利を取得するまでに要した支出額を，取得原価とする。

(2)**償却期間**　民法と各特別法に存続期間が定められているほか，税法にも耐用年数が定められており，これら法定の期間と利用期間・契約期間を考慮して，償却期間を決定する。

(3)**償却方法**　残存価額を零（0）とし，定額法で償却額を計算する。ただし，鉱業権は生産高比例法によって償却することも認められている。

　　　例　東西商事株式会社は，決算にあたり¥80,000で買い入れた特許権について¥10,000を償却した。

　　　　　（借）特 許 権 償 却　　10,000　　　　（貸）特　　許　　権　　10,000

(4)**記帳方法**　記帳は直接法により，貸借対照表には帳簿価額から償却額を控除した残額を記載する。

③の れ ん

(1)**のれんの内容**　のれんは，事業の譲り受けまたは合併など，ある企業がほかの企業を取得した場合のみ，資産に計上することができる。

(2)**のれんの金額**　計算方法はいろいろあるが，一般的にはその企業の収益力を，他の同種企業の平均収益力と比較して決定する方法がとられる。

　　　その企業の収益還元価値＝その企業の平均利益額／同種企業の平均利益率

　　　のれんの金額＝収益還元価値－純資産の時価評価額

　取得される企業の貸借対照表

(3)**償却期間**　のれんは，取得後20年以内のその効果のおよぶ期間にわたって，定額法などで償却するよう定めている。

(4)**償却方法**　残存価額は零（0）とし，定額法で償却額を計算する。記帳は直接法による。

④ソフトウェア

コンピュータを機能させるための命令を組み合わせて表現したプログラムなどをソフトウェアという。¥100,000以上のソフトウェアを自社利用の目的で購入し，それによって，将来の収益の獲得または費用の削減が確実な場合には，無形固定資産として計上する。

(1)**ソフトウェアの取得**

　　　例1　期首に，自社利用のためのソフトウェア¥300,000を購入し，業務にあわせた設定をするための費用¥50,000とともに小切手を振り出して支払った。

　　　　　（借）ソフトウェア　　350,000　　　　（貸）当 座 預 金　　350,000

(2)制作途中のソフトウェアに要した費用を計上→ソフトウェアが完成

例2　自社利用目的として制作を依頼していたソフトウェアについて，制作費用¥200,000を小切手を振り出して支払った。なお，ソフトウェアは未完成である。

（借）ソフトウェア仮勘定　200,000　　（貸）当 座 預 金　200,000

例3　期首に，例2のソフトウェアが完成し，引き渡しを受けたので，契約代金¥350,000のうち，すでに支払ってある金額を差し引いて，残額¥150,000を小切手を振り出して支払った。

（借）ソフトウェア　350,000　　（貸）ソフトウェア仮勘定　200,000
　　　　　　　　　　　　　　　　　　　　　　当 座 預 金　150,000

(3)ソフトウェアの償却　ほかの無形固定資産と同様に，定額法で償却額を計算する。償却額は，ソフトウェア償却勘定（販売費及び一般管理費）で処理する。

例4　決算にあたり，例1のソフトウェアを定額法により償却した。償却期間は5年間とする。

（借）ソフトウェア償却　70,000　　（貸）ソフトウェア　70,000

⑤投資その他の資産

投　資	長期的な利殖や長期的な保有を目的とする資産 　○投資有価証券…満期保有目的債券・その他有価証券 　○長期貸付金（決算日の翌日から1年を超えて期限の到来する貸付金） 企業の支配や影響力の行使を目的とする資産 　○関係会社株式…子会社株式・関連会社株式
その他の 長期性資産	繰延税金資産（税効果会計を適用している場合，前払分の税金に関する勘定科目） 長期前払費用（決算日の翌日から1年を超えて費用化する前払費用） 　…長期前払保険料・長期前払地代・長期前払家賃・長期前払利息など

練習問題

解答 ▶ p.14

10-1　次の取引の仕訳を示しなさい。

(1)特許権を¥2,400,000で買い入れ，代金は登録料¥160,000とともに小切手を振り出して支払った。

特　許　権	2,560,000	当　座　預　金	2,560,000

(2)期末にあたり，(1)の特許権を償却した。なお，この特許権は当期首に取得したものであり，残存価額は零（0）として8年間にわたって定額法により償却する。

特 許 権 償 却	320,000	特　許　権	320,000

(3)金属の推定埋蔵量30,000トンの鉱区につき，鉱業権を¥68,400,000で購入し，小切手を振り出して支払った。

鉱　業　権	68,400,000	当　座　預　金	68,400,000

(4)期末にあたり，上記の鉱業権を取得した鉱区から，当期に2,500トンの採掘量があったので，生産高比例法を用いて鉱業権を償却した。ただし，鉱業権の残存価額は零（0）である。

鉱 業 権 償 却	5,700,000	鉱　業　権	5,700,000

10-2 次の取引の仕訳を示しなさい。
　　　茨城商事株式会社は，次の財政状態にある日立商店を¥5,300,000で取得し，取得代金は小切手を振り出して支払った。

日立商店		貸　借　対　照　表	
売　　掛　　金	3,400,000	買　　掛　　金	2,590,000
商　　　　　品	3,150,000	長　期　借　入　金	1,760,000
備　　　　　品	1,800,000	資　　本　　金	4,000,000
	8,350,000		8,350,000

売　　掛　　金	3,400,000	買　　掛　　金	2,590,000
繰　越　商　品	3,150,000	長　期　借　入　金	1,760,000
備　　　　　品	1,800,000	当　座　預　金	5,300,000
の　　れ　　ん	1,300,000		

10-3 株式会社長崎商事は，次の財政状態にある株式会社春日商会を取得し，取得代金は小切手を振り出して支払った。ただし，春日商会の年平均利益額は¥245,000　同種企業の平均利益率を7％として，収益還元価値を求め，その金額を取得代金とした。
　　　長崎商事および春日商会の貸借対照表が次のようであるとき，取得後の長崎商事の貸借対照表を作成しなさい。

長崎商事 貸　借　対　照　表				春日商会 貸　借　対　照　表			
現金預金	4,500,000	買掛金	1,100,000	現金預金	300,000	支払手形	200,000
売掛金	2,500,000	短期借入金	500,000	売掛金	1,900,000	買掛金	700,000
商品	1,200,000	資本金	7,000,000	商品	900,000	資本金	400,000
建物	2,000,000	利益準備金	1,600,000	建物	800,000	利益準備金	2,600,000
	10,200,000		10,200,000		3,900,000		3,900,000

株式会社長崎商事		貸　借　対　照　表	
現　金　預　金	1,300,000	支　払　手　形	200,000
売　　掛　　金	4,400,000	買　　掛　　金	1,800,000
商　　　　　品	2,100,000	短　期　借　入　金	500,000
建　　　　　物	2,800,000	資　　本　　金	7,000,000
の　　れ　　ん	500,000	利　益　準　備　金	1,600,000
	11,100,000		11,100,000

10-4 次の連続した取引の仕訳を示しなさい。
　(1)期首に，自社利用の目的でソフトウェア¥530,000を購入し，業務にあった設定をするための費用¥60,000とともに小切手を振り出して支払った。

ソ フ ト ウ ェ ア	590,000	当　座　預　金	590,000

　(2)決算にあたり，上記のソフトウェアを定額法により償却した。償却期間は5年間とする。

ソフトウェア償却	118,000	ソ フ ト ウ ェ ア	118,000

検定問題

解答 ▶ p.14

10-5 次の取引の仕訳を示しなさい。

⑴青森鉱業株式会社（決算年1回　3月31日）は，決算にあたり，生産高比例法を用いて鉱業権を償却した。なお，この鉱業権は¥150,000,000で取得し，当期に18,000トンの採掘量があった。ただし，この鉱区の推定埋蔵量は750,000トンであり，鉱業権の残存価額は零（0）である。 (第90回)

鉱 業 権 償 却	3,600,000	鉱 業 権	3,600,000

⑵愛媛鉱業株式会社（決算年1回　3月31日）は，決算にあたり，生産高比例法を用いて鉱業権を償却した。なお，この鉱業権は当期の9月1日に¥108,000,000で取得し，当期に24,000トンの採掘量があった。ただし，この鉱区の取得時における推定埋蔵量は600,000トンであり，鉱業権の残存価額は零（0）である。 (第96回)

鉱 業 権 償 却	4,320,000	鉱 業 権	4,320,000

10-6 福島商事株式会社は令和○年4月1日に郡山商会を取得した。よって，下記の資料と貸借対照表からのれんの金額を求めなさい。 (第72回一部修正)

資　　　料
- i　郡山商会の資産と負債の時価は帳簿価額に等しい。
- ii　収益還元価値を求め，取得対価とする。
- iii　郡山商会の年平均利益額 ¥192,000
- iv　同種企業の平均利益率　6％

貸 借 対 照 表

郡山商会　　令和○年4月1日

受 取 手 形	900,000	買 掛 金	2,100,000
売 掛 金	2,600,000	未 払 金	700,000
商 品	1,400,000	長期借入金	1,000,000
備 品	1,850,000	資 本 金	2,950,000
	6,750,000		6,750,000

のれんの金額　¥	250,000

10-7 次の取引の仕訳を示しなさい。

岩手商事株式会社は，次の財政状態にある北西商会を取得し，代金は小切手を振り出して支払った。ただし，同商会の平均利益額は¥371,000　同種企業の平均利益率を7％として収益還元価値を求め，その金額を取得対価とした。なお，北西商会の貸借対照表に示されている資産および負債の時価は帳簿価額に等しいものとする。 (第95回，類題第89回)

北 西 商 会　　　　**貸 借 対 照 表**　　　　（単位：円）

売 掛 金	5,200,000	買 掛 金	3,300,000
商 品	4,600,000	長 期 借 入 金	1,500,000
		資 本 金	5,000,000
	9,800,000		9,800,000

売 掛 金	5,200,000	買 掛 金	3,300,000
繰 越 商 品	4,600,000	長 期 借 入 金	1,500,000
の れ ん	300,000	当 座 預 金	5,300,000

10-8 次の文の□□□□にあてはまるもっとも適当な語を，下記の語群のなかから選び，その番号を記入しなさい。 (第54回一部修正)

　ある企業の平均収益力が他の同種企業の平均収益力より高い場合に，この超過収益力の評価額を□ア□という。これは，事業の譲り受けまたは合併によってほかの企業を取得した場合に限り貸借対照表の□イ□の部に計上することができる。この場合は，□ウ□以内にその効果のおよぶ期間にわたって償却しなければならない。

語群
1. 資　　　本　　　2. 3　　　年　　　3. の　れ　ん　　　4. 資　　　産
5. 鉱　業　権　　　6. 20　　年

ア	3	イ	4	ウ	6

10-9 株式会社岡山商店は，倉敷商店（個人商店）を令和○年12月1日に取得したが，取得直前の両店の貸借対照表および取得に関する資料は，次のとおりであった。よって，取得直後の株式会社岡山商店の貸借対照表を完成しなさい。 (第26回一部修正)

株式会社岡山商店　貸借対照表

現金預金	6,380,000	支払手形	1,100,000
受取手形	800,000	買掛金	1,300,000
売掛金	1,400,000	資本金	15,000,000
商　品	2,100,000	利益準備金	980,000
建　物	4,000,000		
備　品	700,000		
土　地	3,000,000		
	18,380,000		18,380,000

倉敷商店　貸借対照表

受取手形	600,000	支払手形	700,000
売掛金	1,100,000	買掛金	900,000
商　品	700,000	資本金	3,000,000
建　物	1,900,000		
備　品	300,000		
	4,600,000		4,600,000

資　　料
i 倉敷商店の貸借対照表に示された資産と負債の帳簿価額は時価に等しいものとする。
ii 倉敷商店の平均利益額は¥387,000　同種企業の平均利益率を9％として収益還元価値を求め，その金額を取得代金とした。
iii 取得代金は小切手を振り出して支払った。
iv 倉敷商店の買掛金のうち¥200,000は，株式会社岡山商店に対するものである。

貸　借　対　照　表
株式会社岡山商店　　　　　　　令和○年12月1日

資　　　産	金　　額	負債及び純資産	金　　額
現　金　預　金	2,080,000	支　払　手　形	1,800,000
受　取　手　形	1,400,000	買　　掛　　金	2,000,000
売　　掛　　金	2,300,000	資　　本　　金	15,000,000
商　　　　　品	2,800,000	利　益　準　備　金	980,000
建　　　　　物	5,900,000		
備　　　　　品	1,000,000		
土　　　　　地	3,000,000		
（の　れ　ん）	1,300,000		
	19,780,000		19,780,000

11 研究開発費と開発費

①研究開発費

新たな研究や開発に要したすべての原価は，将来収益を確実に獲得できるか不明のため資産として計上せず，費用として**研究開発費勘定（費用）**で処理する（販売費及び一般管理費）。

研　究	新しい知識の発見を目的とした計画的な調査および探求
開　発	新しい製品・サービス・生産方法や既存の製品等を著しく改良するための計画・設計として，その研究成果やその他の知識を具体化すること

②開発費

新技術・新経営組織の採用，資源の開発・新市場開拓などのために特別に支出した諸費用や生産性向上などにより設備の大規模な配置替えをおこなった場合などの諸費用については，**開発費勘定（費用）**で処理する（販売費及び一般管理費）。

練習問題

解答 ▶ p.14

11-1 次の取引の仕訳を示しなさい。

(1)既存の製品の生産方法を著しく改良するための計画的な調査をおこない，そのために要した¥950,000を小切手を振り出して支払った。

研 究 開 発 費	950,000	当 座 預 金	950,000

(2)市場を開拓するために特別に広告宣伝をおこない，代金¥2,410,000を小切手を振り出して支払い，全額を費用として処理した。

開 　発 　費	2,410,000	当 座 預 金	2,410,000

(3)研究開発部門を拡張することになったため，実験専用の機器を追加購入し，代金¥672,000は小切手を振り出して支払った。

研 究 開 発 費	672,000	当 座 預 金	672,000

(4)研究開発にのみ使用する目的で備品を購入し，代金¥160,000は月末に支払うこととした。また，研究開発に従事している従業員の給料¥230,000を当座預金口座から振り込んで支払った。

研 究 開 発 費	390,000	未 　払 　金	160,000
		当 座 預 金	230,000

総合問題Ⅰ

解答 ▶ p.15

1 次の各文の◻️にあてはまるもっとも適当な語を，下記の語群のなかから選び，その番号を記入しなさい。

(1)ある企業の平均収益力が他の同種企業の平均収益力よりも高い場合に，この超過収益力を生み出す原因となるものを ア という。これは， イ または合併によって取得したときに限り資産として計上することができる。

(2)株主総会提出のため， ウ のため，租税目的のためなど種々の目的のために異なる形式の財務諸表を作成する必要がある場合，それらの内容は信頼しうる エ に基づいて作成されたものであって，政策の考慮のために事実の オ をゆがめてはならない。これは， カ の原則の適用である。

(3)市場価格のない子会社株式については，発行会社の財政状態をあらわす株式の キ が著しく低下した場合， ク を計上して帳簿価額を減額しなければならない。

(4)減価償却は，固定資産の ケ を，利用するすべての会計期間に費用として割り当てる手続きである。これは コ の原則によるものである。

(5)企業会計は，すべての取引につき， サ の原則に従って，正確な会計帳簿を作成しなければならない。しかし，少額の消耗品などについては，その買入時に全額を費用として処理し，期末に未使用分を資産に計上しない方法をとることができる。これは シ の原則の適用例である。

(6)企業会計は， ス によって， セ に対し，必要な会計事実を ソ に表示し，企業の状況に関する判断を誤らせないようにしなければならない。これは タ の原則によるものである。

語群

1．取 得 原 価	2．会 計 記 録	3．正 規 の 簿 記	4．財 務 諸 表
5．残 存 価 額	6．の れ ん	7．特 許 権	8．明 瞭 性
9．費用収益対応	10．単 一 性	11．費 用 配 分	12．保 守 主 義
13．利 害 関 係 者	14．評 価 益	15．回 収	16．信 用 目 的
17．明 瞭	18．真 実 な 表 示	19．実 質 価 額	20．重 要 性
21．真 実 性	22．継 続 性	23．事業の譲り受け	24．評 価 損

(1)		(2)				(3)	
ア	イ	ウ	エ	オ	カ	キ	ク
6	23	16	2	18	10	19	24

(4)		(5)		(6)			
ケ	コ	サ	シ	ス	セ	ソ	タ
1	11	3	20	4	13	17	8

2 決算にさいし，子会社である関東商事株式会社の株式1,200株（1株の帳簿価額 ¥85,000）について，同社の財政状態が下記の貸借対照表のように悪化したので，実質価額により評価替えをした。なお，同社の発行済株式総数は2,000株である。

関東商事株式会社　　　　貸 借 対 照 表

諸　資　産	155,000,000	諸　負　債	75,000,000
繰越利益剰余金	30,000,000	資　本　金	100,000,000
		利 益 準 備 金	10,000,000
	185,000,000		185,000,000

子会社株式評価損	54,000,000	子 会 社 株 式	54,000,000

3 京都商事株式会社は，奈良商店（個人企業）を令和○年4月1日に取得した。取得直前の貸借
対照表および取得に関する資料は，次のとおりであった。よって，
(1)のれんの代価の計算をしなさい。
(2)取得時の仕訳を示しなさい。

京都商事株式会社	貸 借 対 照 表		
現 金 預 金	6,391,000	支 払 手 形	1,900,000
受 取 手 形	1,700,000	買 掛 金	2,400,000
売 掛 金	1,600,000	資 本 金	7,000,000
商 品	2,411,000	利益準備金	2,302,000
短 期 貸 付 金	600,000		
備 品	900,000		
	13,602,000		13,602,000

奈良商店	貸 借 対 照 表		
受 取 手 形	1,300,000	支 払 手 形	1,300,000
売 掛 金	1,900,000	買 掛 金	2,000,000
商 品	1,700,000	短期借入金	200,000
備 品	700,000	資 本 金	2,100,000
	5,600,000		5,600,000

資　料
ⅰ　京都商事株式会社と奈良商店の貸借対照表に示されている資産と負債の帳簿価額は時価に
等しいものとする。
ⅱ　奈良商店の平均利益額は￥200,000　同種企業の平均利益率を8％として収益還元価値を
求め，その金額を取得代金とした。
ⅲ　取得代金は小切手を振り出して支払った。

(1)

計 算 式	￥200,000÷0.08＝￥2,500,000 ￥2,500,000－（￥5,600,000－￥3,500,000）＝￥400,000
のれんの代価	￥ 400,000

(2)

受　　取　　手　　形	1,300,000	支　　払　　手　　形	1,300,000
売　　　掛　　　金	1,900,000	買　　　掛　　　金	2,000,000
繰　　越　　商　　品	1,700,000	短　期　借　入　金	200,000
備　　　　　　品	700,000	当　　座　　預　　金	2,500,000
の　　　れ　　　ん	400,000		

4 上記 **3** の資料によって，取得直後の京都商事株式会社の貸借対照表（勘定式）を作成しなさ
い。

京都商事株式会社	貸 借 対 照 表		
現 金 預 金	3,891,000	支 払 手 形	3,200,000
受 取 手 形	3,000,000	買 掛 金	4,400,000
売 掛 金	3,500,000	短 期 借 入 金	200,000
商 品	4,111,000	資 本 金	7,000,000
短 期 貸 付 金	600,000	利 益 準 備 金	2,302,000
備 品	1,600,000		
の れ ん	400,000		
	17,102,000		17,102,000

5　高幡商事株式会社の総勘定元帳勘定残高（一部）と決算整理事項によって，(1)棚卸減耗損・商品評価損・売上原価・売上総利益を計算しなさい。(2)決算整理仕訳を示しなさい。

元帳勘定残高（一部）

繰越商品 ¥3,080,000　売上 ¥41,750,000　仕入 ¥34,380,000

決算整理事項

期末商品棚卸高　帳簿棚卸数量　720個　原価 @¥6,000
　　　　　　　　実地棚卸数量　700〃　正味売却価額 〃〃5,900

ただし，棚卸減耗損は営業外費用とする。また，商品評価損は売上原価の内訳項目とする。

(1)

	計　算		答
棚卸減耗損	¥6,000×(720個−700個)=¥120,000	¥	120,000
商品評価損	(¥6,000−¥5,900)×700個=¥70,000	¥	70,000
売上原価	¥3,080,000+¥34,380,000−¥4,320,000+¥70,000=¥33,210,000	¥	33,210,000
売上総利益	¥41,750,000−¥33,210,000=¥8,540,000	¥	8,540,000

(2)

仕入	3,080,000	繰越商品	3,080,000
繰越商品	4,320,000	仕入	4,320,000
棚卸減耗損	120,000	繰越商品	120,000
商品評価損	70,000	繰越商品	70,000
仕入	70,000	商品評価損	70,000

6　上記 5 の資料によって，次の勘定に記入して締め切りなさい（決算年1回　12月31日）。ただし，勘定記入は，日付・相手科目・金額を示すこと。

繰越商品

1/1 前期繰越	3,080,000	12/31 仕入	3,080,000
12/31 仕入	4,320,000	〃 棚卸減耗損	120,000
		〃 商品評価損	70,000
		〃 次期繰越	4,130,000
	7,400,000		7,400,000

仕入

	34,380,000	12/31 繰越商品	4,320,000
12/31 繰越商品	3,080,000	〃 損益	33,210,000
〃 商品評価損	70,000		
	37,530,000		37,530,000

7　上記 5 の資料によって，報告式の損益計算書（一部）を完成しなさい。

損益計算書（一部）

高幡商事株式会社　　令和○年1月1日から令和○年12月31日まで

I 売上高　　　　　　　　　　　　　　　　（ 41,750,000）
II 売上原価
　1. 期首商品棚卸高　　　（ 3,080,000）
　2. 当期商品仕入高　　　（ 34,380,000）
　　　合計　　　　　　　（ 37,460,000）
　3. 期末商品棚卸高　　　（ 4,320,000）
　　　　　　　　　　　　（ 33,140,000）
　4.(商品評価損)　　　　（ 70,000）　　　（ 33,210,000）
　　売上総利益　　　　　　　　　　　　　（ 8,540,000）

8 次の取引の仕訳を示しなさい。

(1)期首に満期保有の目的で発行と同時に買い入れた次の社債について，半年分の利息を現金で受け取るとともに，決算にあたり評価替えをおこなった。ただし，額面金額と取得価額との差額については，帳簿価額に加算する方法（償却原価法）をとっている。　　　　（第48回一部修正）

| 額面総額 | ¥4,000,000 | 払込金額 | 額面¥100につき¥97 |
| 償還期限 | 8年 | 利率 | 年4％ | 利払い | 年2回 |

| 現　　　　　金 | 80,000 | 有 価 証 券 利 息 | 95,000 |
| 満期保有目的債券 | 15,000 | | |

(2)三沢商事株式会社は，東西産業株式会社の発行済株式を100％保有しているが，同社の財政状態が著しく悪化したので，株式250株（1株の帳簿価額¥70,000）を実質価額によって評価替えした。なお，東西産業株式会社の資産総額は¥33,500,000　負債総額は¥25,000,000である。

| 子会社株式評価損 | 9,000,000 | 子 会 社 株 式 | 9,000,000 |

(3)神戸鉱業株式会社は，取得価額¥600,000,000の鉱区から当期に3万トンの採掘量があったので，生産高比例法を用いて，この鉱区に対する鉱業権を償却した。ただし，この鉱区の推定埋蔵量は100万トンであり，鉱業権の残存価額は零（0）である。

| 鉱 業 権 償 却 | 18,000,000 | 鉱 　 業 　 権 | 18,000,000 |

(4)日野産業株式会社は，第7期初頭に営業用自動車を¥2,800,000で買い入れ，この代金は，これまで使用してきた営業用自動車を¥250,000で引き取らせ，新車の代金との差額¥2,550,000は小切手を振り出して支払った。ただし，この旧車は第4期初頭に¥1,500,000で買い入れたもので，耐用年数5年　残存価額は取得原価の10％で，定額法によって3年間毎期減価償却費を計算し，間接法で記帳してきた。

車 両 運 搬 具	2,800,000	車 両 運 搬 具	1,500,000
車 両 運 搬 具 減価償却累計額	810,000	当 座 預 金	2,550,000
固 定 資 産 売 却 損	440,000		

(5)栃木商事株式会社は，かねて営業用店舗の建築を依頼していたが，本日，引き渡しを受けたので，建築代金¥36,300,000のうち，すでに支払ってある¥24,200,000を差し引いて，残額は小切手を振り出して支払った。　　　　（第96回）

| 建　　　　　物 | 36,300,000 | 建 設 仮 勘 定 | 24,200,000 |
| | | 当 座 預 金 | 12,100,000 |

(6)埼玉工業株式会社は建物の改良と修繕をおこない，その代金¥7,700,000を小切手を振り出して支払った。ただし，代金のうち¥6,500,000は建物の使用可能期間を延長させる資本的支出と認められ，残額は通常の維持・管理のための収益的支出とした。　　　　（第88回）

| 建　　　　　物 | 6,500,000 | 当 座 預 金 | 7,700,000 |
| 修 　 繕 　 費 | 1,200,000 | | |

(7)売買目的で額面¥5,000,000の社債を額面¥100につき¥98.70で買い入れ，この代金は買入手数料¥23,000および端数利息¥7,000とともに小切手を振り出して支払った。

| 売買目的有価証券 | 4,958,000 | 当 座 預 金 | 4,965,000 |
| 有 価 証 券 利 息 | 7,000 | | |

(8)売買目的で保有している山梨商事株式会社の社債　額面¥8,000,000のうち¥5,000,000を額面¥100につき¥98.60で売却し，代金は端数利息¥46,000とともに小切手で受け取り，ただちに当座預金とした。ただし，この額面¥8,000,000の社債は，当期に額面¥100につき¥97.80で買い入れたものであり，同時に買入手数料¥16,000および端数利息¥72,000を支払っている。

(第93回)

当　座　預　金	4,976,000	売買目的有価証券	4,900,000
		有価証券売却益	30,000
		有価証券利息	46,000

(9)令和○2年4月1日にリース会社から次の条件でコピー機をリースする契約を結び，リース取引を開始した。なお，リース料は毎年3月末支払い，決算日は3月31日である。また，このリース取引はファイナンス・リース取引であり，利子抜き法で会計処理をおこなう。

年間リース料　¥760,000
見積現金購入価額　¥3,600,000
リース期間　5年

リ　ー　ス　資　産	3,600,000	リ　ー　ス　債　務	3,600,000

(10)期首に，倉庫（取得原価¥3,400,000　減価償却累計額¥2,040,000）が火災により焼失した。この倉庫については，保険金額¥1,800,000の火災保険に加入していたので，ただちに保険会社に保険金の支払いを請求した。

建物減価償却累計額	2,040,000	建　　　　　物	3,400,000
未　　決　　算	1,360,000		

(11)神戸商事株式会社（決算年1回）は，第21期初頭に備品¥1,200,000を買い入れ，代金はこれまで使用してきた備品¥750,000を¥390,000で引き取らせ，新しい備品との差額は月末に支払うことにした。ただし，この古い備品は第18期初頭に買い入れたもので，定率法により毎期の償却率を20%として減価償却費を計算し，間接法で記帳してきた。

備　　　　　品	1,200,000	備　　　　　品	750,000
備品減価償却累計額	366,000	未　　払　　金	810,000
		固定資産売却益	6,000

(12)決算日にあたり，リース資産について定額法により減価償却費を計上した。なお，このリース資産は年間リース料¥104,000　見積現金購入価額¥470,000　リース期間5年で契約しており，残存価額は零(0)　耐用年数はリース期間として間接法で記帳している。ただし，このリース取引はファイナンス・リース取引であり，利子込み法で会計処理をおこなっている。

減　価　償　却　費	104,000	リース資産減価償却累計額	104,000

(13)社内利用目的でソフトウェアの開発を外部に依頼し，契約総額¥210,000のうち¥140,000をすでに支払っていたが，本日，このソフトウェアが完成し使用を開始したため，ソフトウェア勘定に振り替え，残額を小切手を振り出して支払った。

ソ　フ　ト　ウ　ェ　ア	210,000	ソフトウェア仮勘定	140,000
		当　座　預　金	70,000

9 次の取引の仕訳を示しなさい。

◀頻出!!(1)山口鉱業株式会社は，期首にこれまで使用してきた採掘用機械装置を除却し，廃棄処分した。
この機械装置は¥3,850,000で買い入れたもので，残存価額は零（0） 予測採掘量 14,000トン
前期末までの採掘量は11,900トンであり，生産高比例法によって減価償却費を計算し，間接
法で記帳してきた。なお，廃棄した機械装置の評価額は零（0）である。

機械装置減価償却累計額	3,272,500	機 械 装 置	3,850,000
固 定 資 産 除 却 損	577,500		

(2)決算にあたり，その他有価証券として保有する次の株式を時価によって評価した。

島根商事株式会社 150株 帳簿価額 1株 ¥76,000 時 価 1株 ¥80,000
南北商事株式会社 200株 帳簿価額 1株 ¥52,000 時 価 1株 ¥51,000

そ の 他 有 価 証 券	400,000	その他有価証券評価差額金	400,000

10 福岡商事株式会社の総勘定元帳勘定残高（一部）および決算整理事項によって，報告式の貸借
対照表（一部）を完成しなさい。

元帳勘定残高（一部）

備　　　品 ¥2,400,000	備品減価償却累計額 ¥1,200,000	特 許 権 ¥ 700,000
満期保有目的債券 979,000	その他有価証券 1,650,000	子 会 社 株 式 3,000,000
関連会社株式 1,850,000	長 期 貸 付 金 500,000	

決算整理事項

a．備品減価償却高　定額法により，残存価額は零（0） 耐用年数は8年とする。
b．その他有価証券評価高　その他有価証券で保有する東南商事株式会社の株式30株を，時価によっ
て評価する。
　　帳簿価額 1株 ¥55,000 時 価 1株 ¥58,000
c．満期保有目的債券評価高　満期保有目的債券を償却原価法により¥982,000に評価する。
d．特許権償却高　特許権は，前期首に¥800,000で取得したものであり，取得のときから
8年間にわたって定額法によって償却している。

貸 借 対 照 表（一部）

福岡商事株式会社　　　　　　　　令和○年3月31日
資 産 の 部

Ⅱ 固 定 資 産
(1) 有 形 固 定 資 産
　1.（備　　　　　品） （ 2,400,000）
　　（減 価 償 却 累 計 額） （ 1,500,000） （ 900,000）
　　　　有 形 固 定 資 産 合 計 （ 900,000）
(2) 無 形 固 定 資 産
　1.（特　　許　　権） （ 600,000）
　　　　無 形 固 定 資 産 合 計 （ 600,000）
(3) 投 資 そ の 他 の 資 産
　1.（投 資 有 価 証 券） （ 2,722,000）
　2.（関 係 会 社 株 式） （ 4,850,000）
　3.（長 期 貸 付 金） （ 500,000）
　　　　投 資 そ の 他 の 資 産 合 計 （ 8,072,000）
　　　　固 定 資 産 合 計 （ 9,572,000）

11 新橋商事株式会社の総勘定元帳勘定残高（一部）と付記事項および決算整理事項は，次のとおりであった。よって，報告式の貸借対照表の資産の部を完成しなさい。

元帳勘定残高（一部）

現　　　　金	¥ 630,000	当 座 預 金	¥ 4,900,000	受 取 手 形	¥ 1,500,000
売　掛　金	2,500,000	貸 倒 引 当 金	50,000	売買目的有価証券	2,700,000
繰 越 商 品	3,820,000	仮　払　金	1,500,000	備　　　品	2,000,000
備品減価償却累計額	500,000	の　れ　ん	1,350,000	長 期 貸 付 金	400,000
支 払 家 賃	960,000				

付記事項

①仮払金は，建設中の店舗新築代金の一部として支払ったものであった。

②売買目的有価証券¥2,700,000のうち¥1,200,000は，１年を超えて満期到来の満期保有目的債券であった。

決算整理事項

a．期末商品棚卸高　¥3,950,000（原価）¥3,870,000（正味売却価額）

b．貸 倒 見 積 高　受取手形と売掛金の期末残高に対し，それぞれ２％と見積もり，貸倒引当金を設定する。

c．備品減価償却高　定率法により，毎期の償却率を25％とする。

d．家 賃 前 払 高　支払家賃¥960,000は２年分の支払高であり，支払いから４か月で決算をむかえた。

e．のれん償却高　¥75,000

貸　借　対　照　表

新橋商事株式会社　　　　　　令和○年12月31日

資　産　の　部

Ⅰ　流　動　資　産			
1．現　金　預　金		(5,530,000)	
2．(受　取　手　形)	(1,500,000)		
(貸 倒 引 当 金)	(30,000)	(1,470,000)	
3．売　　掛　　金	(2,500,000)		
(貸 倒 引 当 金)	(50,000)	(2,450,000)	
4．(有　価　証　券)		(1,500,000)	
5．商　　　　品		(3,870,000)	
6．(前　払　費　用)		(480,000)	
流 動 資 産 合 計			(15,300,000)
Ⅱ　固　定　資　産			
(1)　有 形 固 定 資 産			
1．(備　　　　品)	(2,000,000)		
(減価償却累計額)	(875,000)	(1,125,000)	
2．(建 設 仮 勘 定)		(1,500,000)	
有 形 固 定 資 産 合 計		(2,625,000)	
(2)　無 形 固 定 資 産			
1．(の　　れ　　ん)		(1,275,000)	
無 形 固 定 資 産 合 計		(1,275,000)	
(3)　投 資 そ の 他 の 資 産			
1．(投 資 有 価 証 券)		(1,200,000)	
2．(長 期 貸 付 金)		(400,000)	
3．(長 期 前 払 費 用)		(320,000)	
投 資 そ の 他 の 資 産 合 計		(1,920,000)	
固 定 資 産 合 計			(5,820,000)
資 産 合 計			(21,120,000)

第3章 負 債

⑫ 負債の意味・分類

①負債の概念

過去の取引または事象の結果として，報告主体が支配している経済的資源を放棄もしくは引き渡す義務，またはその同等物である。

②負債の意味

一般には企業が第三者に対して負っている債務を負債というが，会計上は，期間損益計算を適正におこなうための未払費用や前受収益，さらに負債の性質をもつ引当金も含まれる。また，出資金を自己資本というのに対し他人資本とよばれる。

③負債の分類

資産の場合と同様に，営業循環基準または1年基準によって，流動負債と固定負債とに分類する (p.11「資産の分類基準」参照)。

分 類	内 容	勘定科目・項目例
流動負債	営業循環基準や1年基準により短期間で支払期限などが到来する負債。	支払手形・電子記録債務・買掛金・未払金・前受金・短期借入金・保証債務・未払費用・前受収益・預り金・未払法人税等・修繕引当金・賞与引当金・役員賞与引当金など
固定負債	決算日の翌日から1年を超えて支払期限が到来する負債。	長期借入金・退職給付引当金・社債など

練習問題

解答 ▶ p.19

12-1 次の各勘定を「a流動負債」「b固定負債」に区分し，(　　) のなかにその英字を記入しなさい。

1. 未払法人税等 (a)　　2. 支 払 手 形 (a)　　3. 長 期 借 入 金 (b)
4. 電子記録債務 (a)　　5. 退職給付引当金 (b)　　6. 未 払 金 (a)
7. 前 受 収 益 (a)　　8. 当 座 借 越 (a)　　9. 修 繕 引 当 金 (a)
10. 前 受 金 (a)　　11. 保 証 債 務 (a)

12-2 次の各文の　　　　にあてはまるもっとも適当な語を，記入しなさい。

(1)負債とは，企業が債権者に負っている債務であり，資金の源泉を示すものであるということから，これは，　ア　とも呼ばれる。またこのほかに，　イ　を適正におこなうために生じる　ウ　や未払費用なども含まれる。

(2)負債は，　エ　や1年基準により，　オ　と固定負債とに分類される。

(1)			(2)	
ア	イ	ウ	エ	オ
他 人 資 本	期間損益計算	前 受 収 益	営業循環基準	流 動 負 債

検定問題

解答 ▶ p.19

12-3 次の文の　　　　にあてはまるもっとも適当な語を，下記の語群のなかから選び，その番号を記入しなさい。

通常の営業取引で生じた　ア　や買掛金などの債務を流動負債とするのは，　イ　によるものである。

(第81回)

語群
1. 1 年 基 準　　2. 支 払 手 形　　3. 売 掛 金
4. 営業循環基準　　5. 借 入 金　　6. 企業会計原則

ア	イ
2	4

⑬流動負債

流動負債とは，
①取引先との通常の営業取引によって生じる支払手形・買掛金などの債務。
②決算日の翌日から1年以内に支払期限が到来する手形借入金・当座借越などの債務。

①支払手形
通常の営業取引によって生じた手形債務を支払手形という。

②電子記録債務
その発生などについて，電子債権記録機関への電子記録を要件とする金銭債務をいう。

③買掛金
通常の営業取引によって生じた商品・原材料などの仕入代金の未払額を買掛金という。

④未払金
備品や有価証券などを購入した場合の未払額のように，通常の営業取引以外の取引によって生じた債務を未払金という。

⑤前受金
商品や製品などを引き渡す前に，売上代金の一部を受け取ったときに生じる債務を前受金という。

⑥短期借入金
決算日の翌日から1年以内に支払期限が到来する借入金を短期借入金という。これには，手形借入金・当座借越なども含まれる。

⑦保証債務
裏書譲渡や割り引きした手形が不渡りとなった場合に，支払人にかわって手形代金の支払いをしなければならない二次的責任を保証債務という。

⑧未払費用
一定の契約に従って，継続して役務の提供を受ける場合，すでに提供された役務に対して，いまだその対価の支払いがなされていない金額を未払費用という。これには，未払地代・未払家賃・未払利息・未払手数料などがある。貸借対照表では，これらを一括して未払費用として記載する。

⑨前受収益
一定の契約に従って，継続して役務の提供をおこなう場合，いまだ提供していない役務に対し受け入れた金額を前受収益という。これには，前受地代・前受家賃・前受利息・前受手数料などがある。貸借対照表では，これらを一括して前受収益として記載する。

⑩預り金
営業上発生する一時的な預り金である。これには，諸預り金・所得税預り金・健康保険料預り金・預り保証金などがある。

⑪未払法人税等
法人税・住民税及び事業税の当期負担の合計額から，中間申告による納税額を差し引いた未納額。

⑫修繕引当金
次期に支出される修繕費のうち，当期に負担すべき金額を見積もって計上する引当金をいう。

⑬賞与引当金
従業員に対して次期に支給される賞与のうち，当期に発生したと認められる金額を見積もって計上する引当金をいう。

14 役員賞与引当金

当期に発生した役員賞与を次期に支出する場合に，その支出見込額を見積もり計上する引当金を役員賞与引当金という。企業が役員に対して支払う賞与は，発生した会計期間の費用として処理しなければならないが，次期の株主総会の決議によって賞与額が確定する場合，当期末では確定した債務になっていない。そのため，期末に見込額を役員賞与引当金繰入勘定（費用）の借方と役員賞与引当金勘定（負債）の貸方に記入する。

15 その他の流動負債

株主・役員・従業員からの短期借入金，従業員からの預り金，親会社や子会社に対する支払手形・買掛金・短期借入金などがこれに属する。貸借対照表を作成するさいは，それぞれの内容を明示する科目で表示するか，注記をする。

例　役員短期借入金・親会社買掛金・従業員預り金

16 手形の二次的責任

裏書譲渡した手形や，割り引いた手形が不渡りとなった場合には，支払人にかわり手形代金の支払いをしなければならない。これを手形の二次的責任という。

(1)手形の裏書譲渡の場合には，手形債権がなくなるので，受取手形勘定の貸方に記入する。そして，二次的責任については，保証債務費用勘定（費用）の借方および保証債務勘定（負債）の貸方に，保証債務の時価で評価した金額を記入する。

例1　買掛金¥400,000の支払いにさいし，栃木商店振り出し，当店あての約束手形¥400,000を裏書譲渡した。なお，保証債務の時価を¥4,000と評価した。

|（借）買　　掛　　金|400,000|（貸）受　取　手　形|400,000|
|保証債務費用|4,000|保　証　債　務|4,000|

(2)裏書譲渡した手形が決済されたときは，手形の二次的責任が消滅するため次のように仕訳する。

例2　例1の約束手形¥400,000が期日に決済された。

|（借）保　証　債　務|4,000|（貸）保証債務取崩益|4,000|

(3)裏書譲渡していた手形が不渡りとなったとき，償還請求を受けた金額および支払った利息の金額を不渡手形勘定（資産）で処理する。また，同時に二次的責任も消滅する。

例3　例1の約束手形が不渡りになり，償還請求を受けた。よって，期日後の利息¥3,000とともに小切手を振り出して支払い，同時に栃木商店に支払請求をおこなった。

|（借）不　渡　手　形|403,000|（貸）当　座　預　金|403,000|
|保　証　債　務|4,000|保証債務取崩益|4,000|

(4)保有する手形を取引銀行で割り引いた場合は，手形債権がなくなるので，受取手形勘定の貸方に記入する。新たに生じた二次的責任については，保証債務費用勘定の借方および保証債務勘定の貸方に，保証債務を時価で評価した金額を記入する。

例　佐野商店は足利商店振り出しの約束手形¥300,000を取引銀行で割り引き，割引料を差し引かれた手取金¥298,000を当座預金とした。なお，保証債務の時価を¥3,000と評価した。

（借）当　座　預　金	298,000	（貸）受　取　手　形	300,000
手　形　売　却　損	2,000		
保証債務費用	3,000	保　証　債　務	3,000

17 偶発債務

現在は実際の債務ではないが，将来，実際の債務になるおそれのあるものを偶発債務という（他人の借入金などの保証人となった場合など）。債務の保証をおこなった場合，今現在は債務ではないが，将来債務となる可能性があるため，対照勘定の保証債務見返勘定（借方），保証債務勘定（貸方）に備忘記録する。

例1　取引先宇都宮商店の依頼によって，同店の¥2,000,000の借入契約の保証人となった。

|（借）保証債務見返|2,000,000|（貸）保　証　債　務|2,000,000|

例2　例1の借入金について，宇都宮商店が期日に返済し，保証人としての債務が解消した。

|（借）保　証　債　務|2,000,000|（貸）保証債務見返|2,000,000|

例3　例1の借入金について，宇都宮商店が期日に返済できなかったため，利息¥20,000とともに小切手を振り出して支払った。

|（借）未収金（未収入金）|2,020,000|（貸）当　座　預　金|2,020,000|
|保　証　債　務|2,000,000|保証債務見返|2,000,000|

練習問題

解答 ▶ p.19

13-1 次の流動負債は，記帳のさい，どのような勘定科目で処理するか，答えなさい。
(1)銀行から資金の融通を受けるために振り出した約束手形
(2)決算日までに支払期日が到来していないため，まだ支払っていないが，当期の費用として発生している地代の未払額
(3)事務用のパーソナルコンピュータを購入した代金の未払額
(4)次期の収益となるべき家賃の前受額
(5)給料から差し引いて預かった従業員の所得税
(6)従業員から預かった旅行積立金
(7)当座預金の残高を超えて振り出した小切手の額
(8)商品の引き渡しに先だって得意先から受け入れた売買代金の一部

(1)	手形借入金	(2)	未 払 地 代	(3)	未 払 金
(4)	前 受 家 賃	(5)	所得税預り金	(6)	従業員預り金
(7)	当 座 借 越	(8)	前 受 金		

13-2 次の各文の □□□□□ にあてはまるもっとも適当な語を，記入しなさい。
(1)手形債務のうち，仕入れ先との営業取引によって発生したものは □ア□ 勘定とし，借り入れにともなって生じたものは □イ□ 勘定とする。
(2)商品代金の一部として，前もって受け取った内金は □ウ□ 勘定で処理し，従業員などから一時的に所得税などを預かった場合は □エ□ 勘定で処理する。
(3)代金の未払額のうち，通常の営業取引によって生じたものは □オ□ 勘定とし，営業取引以外の取引によって生じたものは □カ□ 勘定とする。
(4)決算日の翌日から1年以内に支払期限が到来する借入金を □キ□ 勘定とし，当座借越勘定や □ク□ 勘定などはこれに含まれる。
(5)裏書譲渡や割り引きした手形が不渡りとなり，支払人にかわって代金の支払いをしなければならない二次的責任を □ケ□ という。
(6)決算の結果，その年度の負担すべき法人税・住民税及び事業税額から，中間申告による納付額を差し引いた金額は □コ□ 勘定で処理する。
(7)決算にさいし，役員賞与の見込額を計上したときは，その見込額を □サ□ 勘定の貸方に記入する。

ア	支 払 手 形	イ	手形借入金	ウ	前 受 金
エ	預 り 金	オ	買 掛 金	カ	未 払 金
キ	短 期 借 入 金	ク	手形借入金	ケ	保 証 債 務
コ	未 払 法 人 税 等	サ	役員賞与引当金		

13-3 次の取引の仕訳を示しなさい。ただし，商品に関する勘定は3分法によること。

(1)千葉商店に対する買掛金¥400,000の支払いにさいし，南北商店振り出し，当店あての約束手形¥400,000を裏書譲渡した。なお，保証債務の時価を¥4,000と評価した。

(2)(1)の約束手形が期日に不渡りとなり，千葉商店から償還請求を受けた。よって，期日後の利息¥3,000とともに小切手を振り出して支払い，同時に南北商店に支払い請求をおこなった。

(3)大津商店に対する買掛金¥230,000を小切手を振り出して支払った。ただし，当座預金の残高は¥85,000で，取引銀行と¥300,000を限度額とする当座借越契約を結んでいる。

(4)営業用としてパーソナルコンピュータ1台を買い入れ，代金¥290,000は翌月払いとした。

(5)決算（年1回　3月31日）にあたり，毎年6月末と12月末に経過した6か月分として¥240,000を支払うことになっており，地代の未払額を計上する。

(6)新宿商店に商品¥380,000を売り渡し，代金は1週間前に受け取った内金¥90,000を差し引き，残額は同店振り出しの小切手で受け取った。

(7)決算（年1回　12月31日）にあたり，受取家賃¥120,000は本年10月から半年分の家賃を受け取ったものであり，前受分を次期に繰り延べる。

(8)決算にさいし，次期に支払う従業員に対する賞与のうち，当期に負担すべき¥270,000を賞与引当金に計上した。

(9)決算にあたり，当期の法人税額¥600,000　住民税額¥64,500　事業税額¥45,000を計上した。ただし，中間申告で法人税・住民税及び事業税の合計額¥420,000を納付している。

(10)決算にさいし，役員賞与の見込額¥3,000,000を役員賞与引当金に計上した。

(11)株主総会の決議により，上記の役員賞与¥3,000,000の支払いが決議されたので，現金で支給した。

(12)取引先からの依頼によって，同店の¥5,000,000の借入契約の保証人となった。

	借方		貸方	
(1)	買　掛　金	400,000	受　取　手　形	400,000
	保　証　債　務　費　用	4,000	保　証　債　務	4,000
(2)	不　渡　手　形	403,000	当　座　預　金	403,000
	保　証　債　務	4,000	保証債務取崩益	4,000
(3)	買　掛　金	230,000	当　座　預　金	85,000
			当　座　借　越	145,000
(4)	備　　　品	290,000	未　払　金	290,000
(5)	支　払　地　代	120,000	未　払　地　代	120,000
(6)	前　受　金	90,000	売　　　上	380,000
	現　　　金	290,000		
(7)	受　取　家　賃	60,000	前　受　家　賃	60,000
(8)	賞与引当金繰入	270,000	賞　与　引　当　金	270,000
(9)	法　人　税　等	709,500	仮　払　法　人　税　等	420,000
			未　払　法　人　税　等	289,500
(10)	役員賞与引当金繰入	3,000,000	役員賞与引当金	3,000,000
(11)	役員賞与引当金	3,000,000	現　　　金	3,000,000
(12)	保証債務見返	5,000,000	保　証　債　務	5,000,000

⑭ 固 定 負 債

固定負債とは，決算日の翌日から１年を超えて支払期限が到来する債務である。

①長期借入金

支払期限が，決算日の翌日から１年を超えて到来する借入金を長期借入金という。長期借入金のうち，株主・役員・従業員，または親会社・子会社からのものは，貸借対照表に役員長期借入金・子会社長期借入金のように，それぞれの内容を明示する科目で表示するか，注記する。

②退職給付引当金

労働協約や退職給付規定によって，退職する従業員に退職給付金を支給する制度をとっている場合，退職給付費用を各期間に平均して負担させるために設ける引当金を退職給付引当金という。なお，退職金の支払いは一時に多額の資金が必要となるため，退職給付引当金に相当する額を，毎期一定額，営業資金と区分して定期預金などとして積み立てることがある。

例　決算にあたり，退職給付引当金を計上した。なお，退職給付基金として，同額の小切手を振り出して定期預金とした。

（借）退職給付費用　×××　　　（貸）退職給付引当金　×××
　　　定 期 預 金　×××　　　　　　当 座 預 金　×××

③その他の固定負債

預り金，未払金，リース債務などのうち，支払期限が決算日の翌日から１年を超えて到来するものは，固定負債の部に記載する。

④繰延税金負債

税効果会計を適用している場合，将来的に支払う必要がある税金に関する勘定科目である。

＜発展学習＞

⑤社　　　債

株式会社が債券を発行して一般から受け入れる長期の借入金である。

⑴社債の発行 ─┬─ ①平価発行……額面金額で発行。
　　　　　　　├─ ②割引発行……額面金額以下で発行。
　　　　　　　└─ ③打歩発行……額面金額以上で発行。

⑵社債の償還

　①満期償還……償還期日（満期日）に，全額を額面金額で償還する。

　②随時償還

　　ａ．買 入 償 還……償還期日前に，証券市場から時価によって買い入れるかたちで償還する。

例　下記の条件で発行した社債のうち，額面￥200,000を発行後５年目の初頭に額面￥100につき￥96で買入償還し，小切手を振り出して支払った。ただし，社債は償却原価法（定額法）によって評価している。

発行条件

額面総額　￥800,000　　払込金額　額面￥100につき￥95
償還期限　10年　　　　　利　　率　年３％

（借）社　　　債　194,000　　（貸）当 座 預 金　192,000
　　　　　　　　　　　　　　　　　社債償還益　2,000

〈償還した社債の帳簿価額の計算方法〉

発行時の差額　　$￥800,000 - ￥800,000 \times \dfrac{￥95}{￥100} = ￥40,000$

１年分の社債利息配分額　　$￥40,000 ÷ 10年 = ￥4,000$

５年目初頭の社債勘定残高　　$￥800,000 \times \dfrac{￥95}{￥100} + ￥4,000 \times 4年$
$= ￥776,000$

償還社債の帳簿価額　　$￥776,000 \times \dfrac{￥200,000}{￥800,000} = ￥194,000$

b．抽せん償還……償還期日前に，抽せんによって当選した番号の社債を，**額面金額**で償還する。
償還する社債が抽せんによって決定したら，未払社債勘定に振り替える。

練習問題

解答 ▶ p.19

14-1 次の各文の◯◯◯にあてはまるもっとも適当な語を，記入しなさい。

(1)決算日の翌日から│ ア │を超えて支払期限が到来する債務を│ イ │負債という。これには，銀行から借り入れる長期借入金などがある。

(2)引当金には，受取手形や売掛金といった金銭債権の貸倒見積高を計上する│ ウ │のような評価勘定の性質をもつ│ エ │と，修繕引当金・賞与引当金など将来の支払いをともなう負債の性質をもつ│ オ │がある。

(3)将来支払うことになる退職一時金などに備えて，支給額のうち当期分を見積もり計上するために設ける引当金を│ カ │という。

ア	1　　　　年	イ	固　　　　定	ウ	貸 倒 引 当 金
エ	評 価 性 引 当 金	オ	負 債 性 引 当 金	カ	退 職 給 付 引 当 金

14-2 次の取引の仕訳を示しなさい。

(1)決算にさいし，借入金¥700,000のうち¥300,000は返済期限が決算日の翌日から1年を超えて到来することがわかった。

借　　入　　金	700,000	短 期 借 入 金	400,000
		長 期 借 入 金	300,000

(2)決算にさいし，長期借入金¥500,000のうち¥200,000は返済期限が1年以内に到来することがわかった。

長 期 借 入 金	200,000	短 期 借 入 金	200,000

14-3 次の取引の仕訳を示しなさい。

(1)a．決算にあたり，退職給付引当金¥5,000,000を計上し，同額の小切手を振り出して定期預金とした。

b．従業員Aが退職したので，退職金¥3,000,000を上記の定期預金から支払った。

a	退 職 給 付 費 用	5,000,000	退 職 給 付 引 当 金	5,000,000
	定 期 預 金	5,000,000	当 座 預 金	5,000,000
b	退 職 給 付 引 当 金	3,000,000	定 期 預 金	3,000,000

(2)a．決算にさいし，退職給付引当金¥2,500,000を計上し，同時に退職給付基金として同額の小切手を振り出して定期預金とした。

b．従業員が退職したので，退職金¥4,600,000を退職給付引き当ての定期預金から支払った。なお，退職給付引当金勘定の残高が¥20,000,000ある。

a	退 職 給 付 費 用	2,500,000	退 職 給 付 引 当 金	2,500,000
	定 期 預 金	2,500,000	当 座 預 金	2,500,000
b	退 職 給 付 引 当 金	4,600,000	定 期 預 金	4,600,000

14-4 香川商事株式会社の令和○年3月31日（決算年1回）における総勘定元帳勘定残高（一部）と付記事項および決算整理事項から必要な修正をおこない，報告式の貸借対照表（一部）を完成しなさい。

元帳勘定残高（一部）

仮払法人税等	¥ 620,000	支払手形	¥1,430,000	電子記録債務	¥ 448,000
買 掛 金	1,000,000	長期借入金	4,000,000	リース債務	800,000
退職給付引当金	3,910,000	支払利息	80,000		

付記事項

①長期借入金のうち¥1,000,000は1年以内に支払期限が到来する。

②リース債務のうち¥200,000は，決算日の翌日から1年以内に支払期限が到来する。

決算整理事項

a．役員賞与引当金繰入額　　¥ 360,000

b．退職給付引当金繰入額　　¥ 580,000

c．利 息 未 払 高　　¥ 40,000

d．法人税・住民税及び事業税額　¥1,170,000

貸　借　対　照　表（一部）

香川商事株式会社　　　　　　　　令和○年3月31日　　　　　　　　（単位：円）

負　債　の　部

I　流　動　負　債

1．支 払 手 形	(	1,430,000)
2．電 子 記 録 債 務	(	448,000)
3．買 　 掛 　 金	(	1,000,000)
4．(短 期 借 入 金)	(	1,000,000)
5．リ ー ス 債 務	(	200,000)
6．(未 払 費 用)	(	40,000)
7．(未 払 法 人 税 等)	(	550,000)
8．(役 員 賞 与 引 当 金)	(	360,000)
流 動 負 債 合 計		(5,028,000)

II　固　定　負　債

1．長 期 借 入 金	(	3,000,000)
2．リ ー ス 債 務	(	600,000)
3．(退 職 給 付 引 当 金)	(	4,490,000)
固 定 負 債 合 計		(8,090,000)
負 債 合 計		(13,118,000)

検定問題

解答 ▶ p.20

14-5 次の取引の仕訳を示しなさい。

(1)決算にさいし，退職給付引当金¥570,000を計上し，同時に退職給付の引き当てとして同額の小切手を振り出して定期預金とした。　　　　　　　　　　（第35回一部修正）

退 職 給 付 費 用	570,000	退 職 給 付 引 当 金	570,000
定 期 預 金	570,000	当 座 預 金	570,000

(2)従業員香川一郎が退職し，退職一時金¥8,000,000を定期預金から支払った。ただし，退職給付引当金勘定の残高が¥52,160,000ある。　　　　　（第96回，類題第86，88回）

退 職 給 付 引 当 金	8,000,000	定 期 預 金	8,000,000

第4章　純　資　産

15 純資産の意味・分類

①純　資　産

(1)純資産の概念

資産総額から負債総額を差し引いた額を純資産といい，貸借対照表には純資産の部として表示される。

貸借対照表

資　産	負　　債 → 他人資本 ⎱
	純　資　産 → 自己資本 ⎰ 総資本

(2)自己資本と他人資本

自己資本…その企業の出資者から調達された資金で会社に属するものである。

他人資本…負債は債権者から調達された資金という考え方である。

②株式会社の純資産の分類

純資産は，株主資本と株主資本以外の項目に分けられる。さらに，株主資本は株主が出資した資本の部分と，それを運用して得た利益の部分に大きく分けることができる。

〔株主資本の分類〕

資　本　金			株主が出資した金額のうち資本金に組み入れた部分。	資本の部分
資本剰余金	資本準備金		株式発行などの資本取引から生じる法定準備金。	
	その他資本剰余金		資本準備金以外の資本剰余金。	
利益剰余金	利益準備金		利益から一定の条件で計上した法定準備金など。	利益の部分
	その他利益剰余金	任意積立金	剰余金の処分において，任意に積み立てることができる利益留保額。	
		繰越利益剰余金	その他利益剰余金のうち任意積立金以外のもの。	

〔株主資本以外の項目〕

評価・換算差額等…その他有価証券評価差額金

その他有価証券を評価替えしたさいに生じた差額。保有の目的から短期的に実現するとはかぎらないため，原則として当期の損益とはせず「評価・換算差額等」の項目として記載する。このような，評価差額の合計額をすべて純資産として計上する方法を**全部純資産直入法**という。

株式引受権，新株予約権

（ただし，株式引受権については本書では取り扱わない。）

練習問題
解答 ▶ p.21

15-1　次の文の[　　]にあてはまるもっとも適当な語を，下記の語群のなかから選び，その番号を記入しなさい。

純資産とは[　a　]の総額から[　b　]の総額を差し引いた金額をいう。

[　c　]は，その企業の出資者から調達した資金であり，企業に帰属する部分である。これに対して，[　b　]は債権者から調達した資金ということにより[　d　]ともいう。この両方をあわせて[　e　]という。これは，資金の調達元は異なるが，企業の経営活動に用いる資金としては同質であるという貸借対照表等式にもとづく考え方によっている。

語群　1.自　己　資　本　2.負　　　債　3.総　資　本　4.資　　　産
　　　5.他　人　資　本

a	b	c	d	e
4	2	1	5	3

15-2 次の表の　　　　　にあてはまるもっとも適当な語を，記入しなさい。

a	資 本 剰 余 金	b	利 益 剰 余 金	c	資 本 準 備 金
d	利 益 準 備 金	e	任 意 積 立 金	f	繰 越 利 益 剰 余 金

15-3 東京商事株式会社の次の資料によって，(1)報告式の貸借対照表の純資産の部を完成し，(2)当期純利益を求めなさい。

資　　　料

決算整理前の総勘定元帳勘定残高（一部）

資 本 金	¥ 9,000,000	資本準備金	¥ 3,600,000	利益準備金	¥ 1,080,000
新築積立金	¥ 810,000	別途積立金	¥ 450,000	繰越利益剰余金	¥ 297,000
その他有価証券評価差額金	¥ 100,000				

(1)

貸 借 対 照 表

東京商事株式会社　　　　　　　　　　　令和○年3月31日

資 産 合 計		31,600,000
負 債 合 計		15,795,000

純 資 産 の 部

Ⅰ 株 主 資 本
(1) 資 本 金 （ 9,000,000）
(2) 資 本 剰 余 金
　1. 資 本 準 備 金 （ 3,600,000）
　　　資 本 剰 余 金 合 計 （ 3,600,000）
(3) 利 益 剰 余 金
　1. 利 益 準 備 金 （ 1,080,000）
　2. その他利益剰余金
　　① 新 築 積 立 金 （ 810,000）
　　② 別 途 積 立 金 （ 450,000）
　　③ 繰 越 利 益 剰 余 金 （ 765,000）
　　　利 益 剰 余 金 合 計 （ 3,105,000）
　　　株 主 資 本 合 計 （ 15,705,000）
Ⅱ 評 価・換 算 差 額 等
　1. その他有価証券評価差額金 （ 100,000）
　　　評価・換算差額等合計 （ 100,000）
　　　　純 資 産 合 計 （ 15,805,000）
　　　負債及び純資産合計 （ 31,600,000）

(2)

当 期 純 利 益 ¥	468,000

⑯ 資 本 金

①株式会社の資本金

資本金は，原則として，株式の払込金額の総額である。ただし，払込金額の2分の1以内の金額は資本金に計上しないことができる。

資本金＝1株の払込金額のうち資本金に計上する金額×発行済株式数

(注) 株式の払込金額のうち資本金に計上しない金額は，株式払込剰余金とよばれ資本準備金勘定で処理する。

②資本金の増加

株式会社の資本金の増加には次のような方法がある。

(1)資本金が増加するとともに，純資産も増加する方法

(借) 当 座 預 金 20　　　(貸) 資 　 本 　 金 20

資本金の増加前 B／S

資　　産 (100)	負　　債 (50)
	資 本 金 (25)
	その他の純資産 (25)

(資本金 25　　純資産 50)

→

資本金の増加後 B／S

資　　産 (120)	負　　債 (50)
	資 本 金 (45)
	その他の純資産 (25)

(資本金 45　　純資産 70)

(2)資本金は増加するが，純資産は増加しない方法

例　準備金の資本金計上――資本準備金・その他資本剰余金などを資本金に計上する資本金の増加

(借) 資 本 準 備 金 10　　　(貸) 資 　 本 　 金 10

資本金の増加前 B／S

資　　産 (100)	負　　債 (40)
	資 本 金 (30)
	その他の純資産 (30)

(資本金 30　　純資産 60)

→

資本金の増加後 B／S

資　　産 (100)	負　　債 (40)
	資 本 金 (40)
	その他の純資産 (20)

(資本金 40　　純資産 60)

③資本金の減少

株式会社の資本金を減少させることを減資という。原則として，株主総会の決議によって資本金を減少させて資本準備金やその他資本剰余金を増加させることができる。繰越利益剰余金が借方残高の場合，資本金をいったん，その他資本剰余金に振り替え，そこから欠損をてん補する。

(借) 資 　 本 　 金 20　　　(貸) その他資本剰余金 20
　　 その他資本剰余金 20　　　　 繰 越 利 益 剰 余 金 20

資本金の減少前 B／S

資　　産 (100)	負　　債 (40)
	資 本 金 (80)
繰越利益剰余金 (20)	

(資本金 80　　純資産 60)

→

資本金の減少後 B／S

資　　産 (100)	負　　債 (40)
	資 本 金 (60)
繰越利益剰余金 (20)	その他の純資産 (20)

(資本金 60　　純資産 60)

↓

欠損てん補後 B／S

| 資　　産 (100) | 負　　債 (40) |
| | 資 本 金 (60) |

練習問題
解答 ▶ p.22

16-1 次の取引の仕訳を示しなさい。

(1)東京商事株式会社は，設立にさいし，株式300株を1株の払込金額¥50,000で発行し，全額の引き受け・払い込みを受け，払込金は当座預金とした。ただし，資本金とする額は会社法が規定する原則を適用する。

当 座 預 金	15,000,000	資 本 金	15,000,000

(2)江戸川商事株式会社は，株主総会の決議により，資本準備金¥7,500,000を減少して，資本金を増加した。

資 本 準 備 金	7,500,000	資 本 金	7,500,000

(3)江東商事株式会社は，株主総会の決議により，その他資本剰余金¥6,000,000を減少して資本金を増加した。

その他資本剰余金	6,000,000	資 本 金	6,000,000

(4)足立商事株式会社は，株主総会の決議によって，繰越利益剰余金勘定の借方残高¥8,000,000をてん補するため，資本金¥8,000,000を減少した。

資 本 金	8,000,000	その他資本剰余金	8,000,000
その他資本剰余金	8,000,000	繰越利益剰余金	8,000,000

検定問題
解答 ▶ p.22

16-2 次の文の　　　　にあてはまるもっとも適当な語を，下記の語群のなかから選び，その番号を記入しなさい。

株式を発行した場合，払込金額の　ア　を資本金とするのが原則であるが，一定額を資本金に計上しないことができる。たとえば，払込金額の　イ　を超えない額は資本金に計上しないことができる。　　　　　　　　　　　　　　　　　　　　　　　　　　　（第53回一部修正）

語群
　　1．4分の1　　　　2．2分の1　　　　3．3分の1　　　　4．総　　額

ア	4	イ	2

16-3 次の取引の仕訳を示しなさい。

群馬物産株式会社は，事業規模拡大のため，株式70,000株を1株につき¥850で発行し，全額の引き受け・払い込みを受け，払込金は当座預金とした。ただし，資本金とする額は会社法が規定する原則を適用する。なお，この株式の発行に要した諸費用¥430,000は小切手を振り出して支払った。　　　　　　　　　　　　　　　　　　　　　　　　　　　　　　（第91回）

当 座 預 金	59,500,000	資 本 金	59,500,000
株 式 交 付 費	430,000	当 座 預 金	430,000

⑰ 資本剰余金

学習のまとめ

①資本剰余金の意味と分類

資本剰余金は株主が出資した資金のうち資本金に計上しなかった部分で，資本準備金とその他資本剰余金に分けられる。

資本準備金	株式発行などの資本取引から生じる法定準備金
その他資本剰余金	資本準備金以外の資本剰余金

②資本準備金

資本準備金は，会社法により積み立てが義務づけられているものである。

この資本準備金は，利益準備金とともに会社法では準備金と総称され，企業の経営が悪化して欠損が生じた場合に，それをてん補できるように積み立てが強制される。よって，法定準備金ともいわれる。

株式の払込金額の総額を資本金とするのが原則であるが，払込金額の2分の1を超えない額を資本金に計上しないことができる（会社法第445条第2項）。

この資本金に計上しない部分を**株式払込剰余金**といい，資本準備金勘定の貸方に記入する。

```
（借）当 座 預 金 ×××    （貸）資　　本　　金 ×××
                              資 本 準 備 金 ×××
```

③その他資本剰余金

その他資本剰余金は，資本金や資本準備金を減少させてその額を増加させたり，逆に減少させて資本金や資本準備金を増加させたりすることができる。

また，その他資本剰余金を原資として配当する場合には，その配当額の10分の1を資本準備金と利益準備金の合計額が資本金の4分の1に達するまで，資本準備金として積み立てなければならない。

```
（借）資　　本　　金 ×××    （貸）その他資本剰余金 ×××
        その他資本剰余金 ×××          未 払 配 当 金 ×××
                                        資 本 準 備 金 ×××
```

練習問題

解答 ▶ p.22

17-1 次の各文の◯◯にあてはまるもっとも適当な語を，下記の語群のなかから選び，その番号を記入しなさい。ただし，同じ番号を重複して用いてもよい。

(1)株主が出資した資金のうち，資本金に計上しなかった部分を資本剰余金といい，　ア　と　イ　に分けることができる。

(2)株式の払込金額の総額を資本金とするのが原則であるが，払込金額の　ウ　を超えない額を　エ　に計上しないことができる。この　エ　に計上しない株式払込剰余金は　オ　として処理する。

(3)会社法の規定により，資本準備金と　カ　は，積み立てが強制されている準備金であり，株主総会の決議により資本準備金を減少させて，それを配当不能な　キ　に組み入れたり，配当可能な　ク　とすることができる。

(4)その他資本剰余金を原資として配当する場合は，その配当金額の　ケ　を，資本準備金と利益準備金の合計額が資本金の　コ　に達するまで，資本準備金として積み立てなければならない。

語群
```
1. 2 分 の 1    2. 3 分 の 1    3. 4 分 の 1    4. 10 分 の 1
5. 利 益 準 備 金    6. 資　　本　　金    7. 資 本 準 備 金    8. その他資本剰余金
```

ア	イ	ウ	エ	オ	カ	キ	ク	ケ	コ
7(8)	8(7)	1	6	7	5	6	8	4	3

17-2 次の取引の仕訳を示しなさい。

(1)秋田物産株式会社は，事業拡張のため，株式100株を1株につき¥60,000で発行し，全額の引き受け・払い込みを受け，払込金は当座預金とした。ただし，払込金額のうち資本金に計上しない金額は，会社法に規定する最高限度額とした。

当 座 預 金	6,000,000	資 本 金	3,000,000
		資 本 準 備 金	3,000,000

(2)岡山商事株式会社は，企業規模の拡大のため，株式600株を1株につき¥150,000で発行し，全額の引き受け・払い込みを受け，払込金は当座預金とした。ただし，払込金額のうち，資本金に計上しない金額は，会社法に規定する最高限度額とした。なお，この株式の発行に要した諸費用¥930,000は小切手を振り出して支払った。

当 座 預 金	90,000,000	資 本 金	45,000,000
		資 本 準 備 金	45,000,000
株 式 交 付 費	930,000	当 座 預 金	930,000

(3)石川商事株式会社は，株主総会の決議により，資本準備金を¥10,000,000減少させ，その他資本剰余金を¥10,000,000増加させることにした。

資 本 準 備 金	10,000,000	その他資本剰余金	10,000,000

(4)富山商事株式会社は，株主総会の決議により，その他資本剰余金¥5,000,000を原資に配当をおこなうことになった。なお，配当金の10分の1を資本準備金とした。

その他資本剰余金	5,500,000	未 払 配 当 金	5,000,000
		資 本 準 備 金	500,000

検定問題

解答 ▶ p.22

17-3 次の取引の仕訳を示しなさい。

(1)東西商事株式会社は，株主総会において，資本金¥5,500,000を減少して，その他資本剰余金を同額増加させたうえで，剰余金¥5,000,000の配当を行うことを決議した。これにともない，配当額の10分の1を準備金に計上した。 (第90回)

資 本 金	5,500,000	その他資本剰余金	5,500,000
その他資本剰余金	5,500,000	未 払 配 当 金	5,000,000
		資 本 準 備 金	500,000

(2)南西商事株式会社は，繰越利益剰余金勘定の借方残高¥3,000,000をてん補するため，その他資本剰余金¥3,000,000を減少した。 (第76回)

その他資本剰余金	3,000,000	繰越利益剰余金	3,000,000

(3)北海道商事株式会社は，設立にさいし，株式200株を1株につき¥130,000で発行し，全額の引き受け・払い込みを受け，払込金は当座預金とした。ただし，払込金額のうち，資本金に計上しない金額は，会社法に規定する最高限度額とした。なお，設立準備に要した諸費用¥1,960,000は小切手を振り出して支払った。 (第81回)

当 座 預 金	26,000,000	資 本 金	13,000,000
		資 本 準 備 金	13,000,000
創 立 費	1,960,000	当 座 預 金	1,960,000

⑱ 利益剰余金

①利益剰余金の区分

利益準備金	剰余金の配当として会社が支出する金額のなかから積み立てた法定準備金など		
その他利益剰余金	任意積立金	新築積立金	建物の新築・増築に備える積立金
		減債積立金	社債の償還のために備える積立金
		配当平均積立金	毎期一定の配当のために準備する積立金
		別途積立金	特定の目的はないが，将来のために備える積立金
	繰越利益剰余金	その他利益剰余金のうち任意積立金以外のもの	

②利益準備金

利益準備金は，会社法により，その他利益剰余金を原資として配当する場合は，その配当額の10分の1を資本準備金と利益準備金の合計額が資本金の4分の1に達するまで積み立てなければならない。

例 東京商事株式会社は，株主総会において，その他資本剰余金¥2,500,000と繰越利益剰余金¥1,000,000を原資として剰余金を配当することを決議した。なお，配当にあたってその他資本剰余金の10分の1の金額を資本準備金として，繰越利益剰余金の10分の1の金額を利益準備金としてそれぞれ計上する。

（借）その他資本剰余金	2,750,000	（貸）未 払 配 当 金	3,500,000
繰越利益剰余金	1,100,000	資 本 準 備 金	250,000
		利 益 準 備 金	100,000

また，利益準備金は株主総会の決議により，その額を減少して資本金やその他利益剰余金を増加したり，繰越利益剰余金の借方残高をてん補したりすることができる。

例 東西商事株式会社は，繰越利益剰余金の借方残高¥2,000,000をてん補するため，利益準備金の全額¥2,000,000を取り崩した。

（借）利 益 準 備 金	2,000,000	（貸）繰越利益剰余金	2,000,000

③任意積立金

株主総会の決議や定款の規定により，その他利益剰余金の一部を任意に積み立てたものである。

任意積立金には，**新築積立金・減債積立金・配当平均積立金**などのように特定の目的を定めた積立金と，特定の目的を定めない**別途積立金**があり，その目的により処理が異なる。

また，取り崩しをするときもその目的により処理が異なるが，それぞれの取崩額は繰越利益剰余金勘定の貸方に振り替える。

	目的の有無	積立金の種類	取り崩し形態	取り崩し決定機関
任意積立金	特定目的	新築積立金 減債積立金 など	目的取り崩し	取 締 役 会
			目的外取り崩し	株 主 総 会
		配当平均積立金	取 り 崩 し	
	不特定目的	別途積立金		

例 かねて建設を依頼していた建物¥2,500,000が完成して引き渡しを受けたので，この代金のうち，すでに支払った¥1,000,000を差し引いて，残額は小切手を振り出して支払った。なお，取締役会の決議により新築積立金¥2,500,000を取り崩した。

（借）建 物	2,500,000	（貸）建 設 仮 勘 定	1,000,000
		当 座 預 金	1,500,000
新 築 積 立 金	2,500,000	繰越利益剰余金	2,500,000

④繰越利益剰余金

繰越利益剰余金は，その他利益剰余金のうち，任意積立金には該当しない剰余金であり，当期純利益を計上したときや任意積立金を取り崩したときなどに増加する。また，当期純損失を計上したときや繰越利益剰余金を原資とした配当をおこなうときなどには，繰越利益剰余金は減少する。なお，決算日に繰越利益剰余金勘定の残高が借方の場合は，貸借対照表の純資産の部に，繰越利益剰余金をマイナスの金額として表示する。

練 習 問 題

解答 ▶ p.22

18-1 次の各文の　　　　にあてはまるもっとも適当な語を，下記の語群のなかから選び，その番号を記入しなさい。ただし，同じ番号を重複して用いてもよい。

(1)利益剰余金は　a　と　b　に分けられる。さらに　b　は，　c　と繰越利益剰余金に分けられる。

(2)利益準備金は会社法によって，その他利益剰余金を原資として配当する場合には，その配当額の　d　を資本準備金と利益準備金の合計額が資本金の　e　に達するまで積み立てなければならない。

(3)利益準備金は，　f　の決議により，その額を減少して資本金やその他利益剰余金を増加したり，　g　の借方残高をてん補したりすることができる。

(4)その他利益剰余金のうち，　h　は，任意積立金に該当しない剰余金であり，当期純利益を計上したときや，任意積立金を取り崩したときなどに増加する。

(5)任意積立金には，　i　，減債積立金，配当平均積立金などのように特定の目的をもつ積立金と，特定の目的をもたない　j　があり，その目的によって処理が異なる。

(6)新築積立金，減債積立金を目的にしたがって取り崩すには　k　の決議が必要であり，また，特定の目的をもたない別途積立金を取り崩すときには，　l　の決議が必要である。いずれの場合も取り崩したときには，　m　勘定に振り替える。

語群
1．株 主 総 会　　2．繰越利益剰余金　　3．その他利益剰余金　　4．4 分 の 1
5．10 分 の 1　　6．任 意 積 立 金　　7．利 益 準 備 金　　8．取 締 役 会
9．新 築 積 立 金　　10．別 途 積 立 金　　11．2 分 の 1

a	b	c	d	e	f	g	h	i	j	k	l	m
7	3	6	5	4	1	2	2	9	10	8	1	2

18-2 次の取引の仕訳を示しなさい。

(1)石川商事株式会社は，株主総会において，その他資本剰余金¥6,000,000と繰越利益剰余金¥3,000,000を原資として剰余金を配当することを決議した。なお，配当にあたり資本準備金¥600,000　利益準備金¥300,000を計上する。

その他資本剰余金	6,600,000	未 払 配 当 金	9,000,000
繰越利益剰余金	3,300,000	資 本 準 備 金	600,000
		利 益 準 備 金	300,000

(2)東西商事株式会社は，繰越利益剰余金の借方残高¥10,000,000をてん補するため，利益準備金の全額¥6,000,000と，その他資本剰余金のうち¥4,000,000を取り崩した。

利 益 準 備 金	6,000,000	繰越利益剰余金	10,000,000
その他資本剰余金	4,000,000		

18-3 次の取引の仕訳を示しなさい。

(1)建物￥80,000,000が完成して引き渡しを受けたので，この代金のうち，すでに支払った￥50,000,000を差し引いて，残額は小切手を振り出して支払った。なお，取締役会の決議により新築積立金￥80,000,000を取り崩した。

建　　　　物	80,000,000	建 設 仮 勘 定	50,000,000
		当 座 預 金	30,000,000
新 築 積 立 金	80,000,000	繰 越 利 益 剰 余 金	80,000,000

(2)株主総会の決議により，繰越利益剰余金の借方残高￥1,500,000をてん補するために，利益準備金￥1,500,000を取り崩した。

利 益 準 備 金	1,500,000	繰 越 利 益 剰 余 金	1,500,000

(3)栃木商事株式会社は，株主総会において，その他資本剰余金￥3,000,000と繰越利益剰余金￥1,000,000を原資として剰余金を配当することを決議した。なお，配当にあたって資本準備金￥300,000　利益準備金100,000を計上する。

その他資本剰余金	3,300,000	未 払 配 当 金	4,000,000
繰 越 利 益 剰 余 金	1,100,000	資 本 準 備 金	300,000
		利 益 準 備 金	100,000

(4)大阪商事株式会社は，株主総会の決議により，配当平均積立金￥20,000,000を取り崩して，当期の配当￥20,000,000にあてた。なお，配当にあたり繰越利益剰余金から利益準備金￥2,000,000を計上した。

配 当 平 均 積 立 金	20,000,000	繰 越 利 益 剰 余 金	20,000,000
繰 越 利 益 剰 余 金	22,000,000	未 払 配 当 金	20,000,000
		利 益 準 備 金	2,000,000

(5)株主総会の決議により，繰越利益剰余金（貸方残高）のうち￥1,000,000を，別途積立金として積み立てた。

繰 越 利 益 剰 余 金	1,000,000	別 途 積 立 金	1,000,000

(6)東北商事株式会社は，株主総会において，繰越利益剰余金を次のとおり配当および処分することを決議した。ただし，繰越利益剰余金の貸方残高は￥600,000である。なお，同社の資本金は￥2,500,000であり，資本準備金は￥325,000　利益準備金は￥200,000である。
　　利益準備金　会社法による額　　配　当　金　￥400,000　　別途積立金　￥80,000

繰 越 利 益 剰 余 金	520,000	利 益 準 備 金	40,000
		未 払 配 当 金	400,000
		別 途 積 立 金	80,000

(7)四国商事株式会社は，株主総会において，繰越利益剰余金を次のとおり配当および処分することを決議した。ただし，繰越利益剰余金の貸方残高は￥1,000,000である。なお，同社の資本金は￥3,000,000であり，資本準備金は￥500,000　利益準備金は￥220,000である。
　　利益準備金　会社法による額　　配　当　金　￥500,000　　別途積立金　￥100,000

繰 越 利 益 剰 余 金	630,000	利 益 準 備 金	30,000
		未 払 配 当 金	500,000
		別 途 積 立 金	100,000

検定問題

解答 ▶ p.23

18-4 次の取引の仕訳を示しなさい。

(1)北東商事株式会社は，株主総会の決議によって資本金￥5,000,000を減少して，その他資本剰余金を同額増加させたうえで，繰越利益剰余金勘定の借入残高￥5,000,000をてん補した。
(第94回)

資　本　金	5,000,000	その他資本剰余金	5,000,000
その他資本剰余金	5,000,000	繰越利益剰余金	5,000,000

頻出!!(2)高知産業株式会社は，株主総会において剰余金￥4,000,000（その他資本剰余金￥1,000,000　繰越利益剰余金￥3,000,000）の配当をおこなうことを決議した。なお，配当にともない，資本準備金￥100,000と利益準備金￥300,000を計上した。(第96回，類題第83・87回)

その他資本剰余金	1,100,000	未払配当金	4,000,000
繰越利益剰余金	3,300,000	資本準備金	100,000
		利益準備金	300,000

(3)南東物産株式会社は，株主総会において，繰越利益剰余金勘定の借方残高￥800,000をてん補するため，利益準備金￥800,000を取り崩すことを決議した。(第88回)

利益準備金	800,000	繰越利益剰余金	800,000

頻出!!(4)かねて建築を依頼していた本社社屋が完成し，引き渡しを受けたので，建築代金￥88,000,000のうち，すでに支払ってある金額を差し引いて，残額￥23,000,000は小切手を振り出して支払った。なお，取締役会の決議により新築積立金￥88,000,000を取り崩した。(第90回)

建　物	88,000,000	建設仮勘定	65,000,000
		当座預金	23,000,000
新築積立金	88,000,000	繰越利益剰余金	88,000,000

頻出!!(5)愛知商事株式会社は，かねて建築を依頼していた本社社屋が完成し，引き渡しを受けた。よって，建築代金￥86,000,000のうち，すでに支払ってある金額を差し引いて，金額￥30,000,000は小切手を振り出して支払った。なお，取締役会の決議により新築積立金￥86,000,000を取り崩した。(第93回)

建　物	86,000,000	建設仮勘定	56,000,000
		当座預金	30,000,000
新築積立金	86,000,000	繰越利益剰余金	86,000,000

頻出!!(6)福島商事株式会社は，株主総会において，繰越利益剰余金を次のとおり配当および処分することを決議した。なお，当社の純資産は，資本金￥52,000,000　資本準備金￥11,400,000　利益準備金￥1,450,000　別途積立金￥860,000　繰越利益剰余金￥2,760,000（貸方残高）である。(第95回，類題第82回)
　　　利益準備金　会社法による額　　配当金　￥1,870,000　　別途積立金　￥340,000

繰越利益剰余金	2,360,000	利益準備金	150,000
		未払配当金	1,870,000
		別途積立金	340,000

19 自己株式

1 自己株式

株式会社が, すでに発行した自社の株式の一部を取得した場合, この株式を**自己株式**という。自社の株式を自社で取得するということは, 事実上の出資の払い戻しとなり, 株式を発行したときと逆の仕訳となる。よって, 株主資本の減少となるので, 貸借対照表には純資産の部の株主資本から控除する形式で表示する。

貸 借 対 照 表

○○商事株式会社　　　令和○年3月31日

純 資 産 の 部

Ⅰ 株 主 資 本
(1) 資 本 金　　　　　　　　　　　　　×××venden×
(2) 資 本 剰 余 金　　　　　　　　　　×××venden×
(3) 利 益 剰 余 金　　　　　　　　　　×××venden×
(4) 自 己 株 式　　　　　　　　　　△ ×××venden×
株 主 資 本 合 計　　　　　　　　×××venden×

2 自己株式の取得

自己株式を取得したときは, 取得原価で**自己株式勘定**（純資産）の借方に記入する。なお, 通常, 有価証券の取得に要した付随費用は取得原価に含めるが, 自己株式を取得する場合は, 支払手数料勘定を用いて営業外費用として処理する。

(借) 自 己 株 式 ×××　　(貸) 現 金 な ど ×××
支 払 手 数 料 ××

3 自己株式の処分

企業は, 取得した自己株式を処分することができる。自己株式の処分とは, 自己株式を売却することなどであり, 処分対価と帳簿価額の差額である自己株式処分差額が計上され, その差額はその他資本剰余金勘定で処理する。なお, 処分対価が帳簿価額よりも高い場合の差額を自己株式処分差益といい, 処分対価が帳簿価額より低い場合の差額は自己株式処分差損という。

例 a. 自己株式の帳簿価額よりも高い対価で処分したとき
(借) 当 座 預 金 な ど ×××　　(貸) 自 己 株 式 ×××
その他資本剰余金 ××
b. 自己株式の帳簿価額よりも低い対価で処分したとき
(借) 当 座 預 金 な ど ×××　　(貸) 自 己 株 式 ×××
その他資本剰余金 ××

4 自己株式の消却

自己株式の消却とは, 自己株式を消滅させることをいう。保有する自己株式を消却する場合は, その他資本剰余金勘定の借方に記入する。

(借) その他資本剰余金 ×××　　(貸) 自 己 株 式 ×××

練習問題

解答 ▶ p.23

19-1 次の各文の ☐ にあてはまるもっとも適当な語を，下記の語群のなかから選び，その番号を記入しなさい。

a．売買を目的として他社の発行する株式を買い入れた場合は， ア 勘定で処理するが，自社の発行済株式を取得した場合には， イ 勘定で処理する。

b．自己株式の取得は，株主資本が ウ することを意味するため，期末に保有する自己株式は，貸借対照表の エ の部の株主資本から，一括して控除する形式で表示する。

c．企業が自己株式を処分した場合の，処分対価と帳簿価額の差額である，自己株式処分差益と自己株式処分差損は オ 勘定で処理する。

語群			
1．売買目的有価証券	2．純　資　産	3．減　　少	4．株　主　資　本
5．その他資本剰余金	6．資　　産	7．増　　加	8．自　己　株　式

ア	1	イ	8	ウ	3	エ	2	オ	5

19-2 次の取引の仕訳を示しなさい。

(1)九州商事株式会社は，自社の発行済株式のうち200株を1株につき¥60,000で取得し，代金は小切手を振り出して支払った。

自　己　株　式	12,000,000	当　座　預　金	12,000,000

(2)四国商事株式会社は，自社が発行している株式のうち100株を1株につき¥55,000で取得し，手数料¥35,000とともに現金で支払った。

自　己　株　式	5,500,000	現　　　　金	5,535,000
支　払　手　数　料	35,000		

(3)滋賀商事株式会社は，さきに取得していた自己株式のうち50株（1株の帳簿価額　¥50,000）を1株につき¥55,000で処分し，代金は当座預金口座に振り込まれた。

当　座　預　金	2,750,000	自　己　株　式	2,500,000
		その他資本剰余金	250,000

(4)東北商事株式会社は，自己株式（1株の帳簿価額　¥65,000）のうち150株を1株につき¥45,000で処分し，受け取った代金は当座預金とした。

当　座　預　金	6,750,000	自　己　株　式	9,750,000
その他資本剰余金	3,000,000		

(5)北海道商事株式会社は，さきに取得していた自己株式（1株の帳簿価額　¥40,000）のうち100株を消却した。

その他資本剰余金	4,000,000	自　己　株　式	4,000,000

(6)長野産業株式会社は，保有する自己株式（1株の帳簿価額　¥35,000）250株を消却した。

その他資本剰余金	8,750,000	自　己　株　式	8,750,000

19-3 長野商事株式会社の次の資料によって，報告式の貸借対照表の純資産の部を完成しなさい。

　　資　　料
　　　決算整理前の総勘定元帳勘定残高（一部）
　　　売買目的有価証券　¥ *1,300,000*　　　　資　本　金　¥*10,000,000*
　　　資本準備金　¥ *4,000,000*　　　　利益準備金　¥ *1,200,000*
　　　別途積立金　¥ *650,000*　　　　繰越利益剰余金　¥ *260,000*
　　なお，次の取引の仕訳に誤りがあったため，本日，これを訂正した。
　　①売買目的有価証券¥*1,300,000*は，自社の発行済株式を取得したものであった。

貸　借　対　照　表

長野商事株式会社　　　　　　　　令和○年 3 月31日

純　資　産　の　部

Ⅰ　株　主　資　本
(1)　資　　本　　金　　　　　　　　　　　　　　　（　　　*10,000,000*）
(2)　資　本　剰　余　金
　　1．資　本　準　備　金　　　　（　　　*4,000,000*）
　　　　資本剰余金合計　　　　　　　　　　　　　（　　　*4,000,000*）
(3)　利　益　剰　余　金
　　1．利　益　準　備　金　　　　（　　　*1,200,000*）
　　2．その他利益剰余金
　　　①　別　途　積　立　金　　　（　　　*650,000*）
　　　②　繰　越　利　益　剰　余　金　　　*830,000*
　　　　利　益　剰　余　金　合　計　　　　　　　（　　　*2,680,000*）
(4)　自　　己　　株　　式　　　　　　　　　　△（　　　*1,300,000*）
　　　　株　主　資　本　合　計　　　　　　　　　（　　　*15,380,000*）
　　　　純　資　産　合　計　　　　　　　　　　　（　　　*15,380,000*）

検 定 問 題　解答 ▶ p.23

19-4 次の取引の仕訳を示しなさい。
　(1)香川商事株式会社は，自社の発行済株式のうち20,000株を 1 株につき¥*600*で取得し，代金は小切手を振り出して支払った。　（第91回，類題第80・85回）

自　己　株　式	*12,000,000*	当　座　預　金	*12,000,000*

　(2)福井商事株式会社は，自己株式（ 1 株の帳簿価額¥*650*）のうち8,000株を 1 株につき¥*700*で処分し，受け取った代金は当座預金とした。　（第94回）

当　座　預　金	*5,600,000*	自　己　株　式	*5,200,000*
		その他資本剰余金	*400,000*

　(3)山口産業株式会社は，保有する自己株式（ 1 株の帳簿価額¥*710*）3,000株を消却した。　（第95回，類題第89回）

その他資本剰余金	*2,130,000*	自　己　株　式	*2,130,000*

⑳ 新株予約権

学習のまとめ

1 新株予約権

新株予約権とは，この権利を持つ者（新株予約権者）があらかじめ定められた価額で株式の交付が受けられる権利をいう。

発行側の新株予約権は，権利行使の有無が確定するまで，その性格が確定しないことから，返済義務のある負債ではなく，純資産として記載する。

貸 借 対 照 表

○○商事株式会社　　　　　令和○年3月31日　　　　　　　（単位：円）

純 資 産 の 部

```
Ⅰ 株 主 資 本
              :
Ⅲ 新 株 予 約 権                                    ××××
      純 資 産 合 計                                  ××××
```

2 新株予約権の発行時

新株予約権の発行時には，その発行にともなう払込金額をもって新株予約権勘定（純資産）の貸方に記載する。

例1 栃木商事株式会社は，新株予約権を¥2,000,000（行使価格¥6,000,000）で発行し，払込金額は当座預金とした。

（借）当 座 預 金　　2,000,000　　　（貸）新 株 予 約 権　　2,000,000

3 新株予約権の権利行使時

新株予約権を行使したときは，純資産の部に計上していた新株予約権を取り崩し，権利行使にともなう払込金額との合計額を資本金勘定（純資産）に振り替える。全額を資本金とするのが原則であるが，2分の1を超えない額を資本金に計上しないことができる。この資本金に計上しない額は資本準備金として計上する。

例2 例1の新株予約権のうち，80%について権利行使がなされ，行使価格は当座預金口座に振り込まれた。なお，会社法の原則額を資本金とする。

（借）当 座 預 金　　4,800,000　　　（貸）資 本 金　　6,400,000
　　　新 株 予 約 権　　1,600,000

4 新株予約権権利行使期限到来時

権利が行使されずに権利行使期間が満了したとき（失効したとき）には，新株予約権戻入益勘定（収益）に振り替える。

例3 例1および例2の新株予約権の行使期間が満了した。

（借）新 株 予 約 権　　400,000　　　（貸）新株予約権戻入益　　400,000

練 習 問 題

解答 ▶ p.24

20-1 次の各文の□□□にあてはまるもっとも適当な語を，語群のなかから選び，その番号を記入しなさい。

新株予約権とは，この権利を持つ者が発行会社に対して権利を行使することで，あらかじめ定められた価額で株式の交付が受けられる権利をいう。

新株予約権は，将来，期限内に権利行使された場合には，□ア□や資本準備金に振り替える。しかし，期限内に権利行使されずに権利行使期間が満了した場合には，権利がなくなり□イ□として利益となる。

そのため，新株予約権は返済義務のある□ウ□ではなく，□エ□として記載される。

語群	1．収　　　　益	2．負　　　　債	3．費　　　　用	4．純　資　産
	5．資　本　金	6．借　入　金	7．新株予約権戻入益	8．売　　　　上

ア	5	イ	7	ウ	2	エ	4

20-2 次の取引の仕訳を示しなさい。

(1)群馬商事株式会社は，新株予約権を¥3,000,000（行使価格¥6,000,000）で発行し，払込金額は当座預金とした。

当 座 預 金	3,000,000	新 株 予 約 権	3,000,000

(2)(1)の新株予約権のうち，60％について権利行使がなされ，行使価格は当座預金口座に振り込まれた。なお，会社法の原則額を資本金とした。

当 座 預 金	3,600,000	資 　 本 　 金	5,400,000
新 株 予 約 権	1,800,000		

(3)富山商事株式会社は，令和○4年4月1日に取締役会決議により，次の条件で新株予約権を発行し，払込金額は当座預金とした。
　　発 行 条 件
　　　発 行 総 数　40個（新株予約権1個につき10株を付与）
　　　払 込 金 額　新株予約権1個につき¥50,000
　　　権利行使価額　1株につき¥80,000
　　　権利行使期間　令和○4年4月1日から令和○5年3月31日

当 座 預 金	2,000,000	新 株 予 約 権	2,000,000

(4)長野商事株式会社は，次の条件で発行した新株予約権のうち，40％（16個）について権利行使期間が満了した。
　　発 行 条 件
　　　発 行 総 数　40個（新株予約権1個につき10株を付与）
　　　払 込 金 額　新株予約権1個につき¥20,000
　　　権利行使価額　1株につき¥40,000
　　　権利行使期間　令和○4年4月1日から令和○5年3月31日

新 株 予 約 権	320,000	新株予約権戻入益	320,000

(5)新潟商事株式会社は，次の条件で発行した新株予約権のうち10個の権利行使があったので，新株50株を発行し，権利行使価額の払込金を当座預金とした。ただし，会社法に規定する最高限度額を資本金に計上しないことにした。
　　発 行 条 件
　　　発 行 総 数　20個（新株予約権1個につき5株を付与）
　　　払 込 金 額　新株予約権1個につき¥40,000
　　　権利行使価額　1株につき¥60,000
　　　権利行使期間　令和○4年9月1日から令和○5年8月31日

当 座 預 金	3,000,000	資 　 本 　 金	1,700,000
新 株 予 約 権	400,000	資 本 準 備 金	1,700,000

21 会社の合併

1 合併の意味

複数の会社が一つの会社になることを**合併**という。

合併にはある会社（合併会社）がほかの会社（被合併会社）を吸収する**吸収合併**と，複数の会社が消滅して新しい会社を設立する**新設合併**がある。

吸収合併がおこなわれると，合併会社は被合併会社の資産と負債を引き継ぎ，新株式などを被合併会社の株主に交付する。この交付した株式などの時価総額が，合併契約で決められた資本金・資本準備金の金額を超える場合はその他資本剰余金として処理する。

また，合併にあたり交付した株式などの発行総額の時価が，被合併会社から引き継いだ純資産の時価評価額を超える場合は，その超過額を**のれん**として計上する。

のれん＝交付株式の発行総額－被合併会社の純資産の時価評価額

被合併会社の貸借対照表

資 産（時価）	負 債（時価）		交付株式の発行総額（時価）	増加資本金
	純資産（時価）			増加資本準備金
		のれん		増加その他資本剰余金

練習問題

解答 ▶ p.24

21-1 次の取引の仕訳を示しなさい。

京都商事株式会社は，下記の財政状態にある株式会社神戸商会を合併することになり，同社の株主に対して，新株式100株（1株の時価￥*57,000*）を交付した。ただし，この合併により京都商事株式会社において増加する資本金は￥*5,000,000*　その他資本剰余金は￥*700,000*とする。なお，株式会社神戸商会の貸借対照表に示されている資産および負債の帳簿価額は時価に等しいものとする。

株式会社神戸商会　　貸 借 対 照 表

売　掛　金	4,650,000	買　　掛　　金	2,480,000
建　　　物	2,400,000	資　　本　　金	5,300,000
備　　　品	1,050,000	利 益 準 備 金	320,000
	8,100,000		8,100,000

売　掛　金	4,650,000	買　　掛　　金	2,480,000
建　　物	2,400,000	資　　本　　金	5,000,000
備　　品	1,050,000	その他資本剰余金	700,000
の　れ　ん	80,000		

21-2　下記の財政状態にある倉敷産業株式会社（発行済株式数100株）が，尾道物産株式会社を合併することになり，新株式50株（1株の時価¥66,000）を交付した。ただし，この合併により倉敷産業株式会社において増加する資本金の額は¥2,500,000　資本準備金の額は¥800,000とする。なお，尾道物産株式会社の貸借対照表に示されている資産と負債の帳簿価額は時価に等しいものとする。

よって，次の各問いに答えなさい。

(1)のれんはいくらになるか。

(2)合併後の倉敷産業株式会社の1株あたりの実質価額はいくらになるか。

倉敷産業株式会社　貸借対照表

現金預金	600,000	買 掛 金	2,000,000
売 掛 金	2,000,000	資 本 金	5,000,000
有価証券	900,000	利益準備金	1,000,000
商 品	3,500,000		
備 品	1,000,000		
	8,000,000		8,000,000

尾道物産株式会社　貸借対照表

現金預金	300,000	買 掛 金	1,120,000
売 掛 金	1,200,000	資 本 金	2,800,000
商 品	2,100,000	利益準備金	480,000
備 品	800,000		
	4,400,000		4,400,000

(1)	¥	20,000	(2)	¥	62,000

21-3　下記の財政状態にある和歌山商事株式会社は，長浜物産株式会社を合併することになり，同社の株主に対して，新株式50株（1株の時価¥52,000）を交付した。ただし，この合併により和歌山商事株式会社において増加する資本金は¥2,500,000　その他資本剰余金は¥100,000とする。なお，長浜物産株式会社の買掛金のうち¥400,000は和歌山商事株式会社に対するものである。

以上の資料によって，

(1)合併時の和歌山商事株式会社の仕訳を示しなさい。ただし，長浜物産株式会社の貸借対照表に示されている資産と負債の帳簿価額は時価に等しいものとする。

(2)合併後の和歌山商事株式会社の貸借対照表を作成しなさい。

貸借対照表
和歌山商事株式会社　令和○年10月31日

現金預金	900,000	買 掛 金	600,000
売 掛 金	1,800,000	資 本 金	7,000,000
有価証券	550,000	資本準備金	1,000,000
商 品	4,050,000	利益準備金	200,000
備 品	1,500,000		
	8,800,000		8,800,000

貸借対照表
長浜物産株式会社　令和○年10月31日

現金預金	390,000	買 掛 金	620,000
売 掛 金	780,000	資 本 金	2,200,000
商 品	1,150,000	利益準備金	300,000
備 品	800,000		
	3,120,000		3,120,000

(1)

現 金 預 金	390,000	買 掛 金	620,000
売 掛 金	780,000	資 本 金	2,500,000
繰 越 商 品	1,150,000	その他資本剰余金	100,000
備 品	800,000		
の れ ん	100,000		
買 掛 金	400,000	売 掛 金	400,000

(2)

貸 借 対 照 表

和歌山商事株式会社　　　　　　　　　令和○年10月31日

資　　産	金　　額	負債及び純資産	金　　額
現　金　預　金	1,290,000	買　　掛　　金	820,000
売　　掛　　金	2,180,000	資　　本　　金	9,500,000
有　価　証　券	550,000	資　本　準　備　金	1,000,000
商　　　　　品	5,200,000	その他資本剰余金	100,000
備　　　　　品	2,300,000	利　益　準　備　金	200,000
の　　れ　　ん	100,000		
	11,620,000		11,620,000

検 定 問 題

解答 ▶ p.24

21-4 　名古屋商事株式会社は，加賀商事株式会社を合併し，新株式80株（1株の時価￥52,000）を交付した。ただし，この合併により名古屋商事株式会社において増加する資本金の額は￥4,000,000　その他資本剰余金の額は￥160,000とする。なお，加賀商事株式会社の貸借対照表に示されている資産および負債の帳簿価額は時価に等しいものとする。また，加賀商事株式会社は，名古屋商事株式会社振出の約束手形￥250,000を所有している。合併直前の両者の貸借対照表は下記のとおりであった。よって，合併後の名古屋商事株式会社の貸借対照表を完成しなさい。

（第20回一部修正）

名古屋商事株式会社　**貸 借 対 照 表**

当座預金	830,000	支払手形	1,150,000
受取手形	1,550,000	買掛金	1,910,000
売掛金	2,440,000	資本金	10,000,000
商　品	3,680,000	資本準備金	1,000,000
建　物	3,850,000	利益準備金	240,000
備　品	1,950,000		
	14,300,000		14,300,000

加賀商事株式会社　**貸 借 対 照 表**

当座預金	380,000	支払手形	750,000
受取手形	650,000	買掛金	1,370,000
売掛金	690,000	資本金	4,000,000
商　品	2,080,000		
建　物	1,500,000		
備　品	820,000		
	6,120,000		6,120,000

貸 借 対 照 表

名古屋商事株式会社　　　　　　　　　令和○年10月1日

資　　産	金　　額	負債及び純資産	金　　額
当　座　預　金	1,210,000	支　払　手　形	1,650,000
受　取　手　形	1,950,000	買　　掛　　金	3,280,000
売　　掛　　金	3,130,000	資　　本　　金	14,000,000
商　　　　　品	5,760,000	資　本　準　備　金	1,000,000
建　　　　　物	5,350,000	その他資本剰余金	160,000
備　　　　　品	2,770,000	利　益　準　備　金	240,000
の　　れ　　ん	160,000		
	20,330,000		20,330,000

総合問題Ⅱ

解答 ▶ p.25

1 次の取引の仕訳を示しなさい。

(1)明石商店は，神戸商店振り出しの約束手形¥500,000を取引銀行で割り引き，割引料を差し引かれた手取金¥496,000を当座預金とした。なお，保証債務の時価は手形金額の1％と評価した。

(2)取引先である南北商店の依頼によって，同店の¥4,000,000の借入契約の保証人となった。

(3)(2)の借入金について，南北商店が期日に返済できなかったため，利息¥40,000とともに小切手を振り出して支払った。

(1)	当 座 預 金	496,000	受 取 手 形		500,000
	手 形 売 却 損	4,000			
	保 証 債 務 費 用	5,000	保 証 債 務		5,000
(2)	保 証 債 務 見 返	4,000,000	保 証 債 務		4,000,000
(3)	未 収 金	4,040,000	当 座 預 金		4,040,000
	保 証 債 務	4,000,000	保 証 債 務 見 返		4,000,000

2 次の各文の ▢ にあてはまるもっとも適当な語を，下記の語群のなかから選び，その番号を記入しなさい。

(1)通常の営業取引から生じた支払手形や買掛金などの債務を ア とする基準を イ という。

(2)決算にさいして，退職給付の支給にそなえて設けられる引当金を ウ といい，これは貸借対照表の負債の部の エ の区分に記載する。

(3)支払期限が，決算の翌日から1年以内に到来する負債を流動負債と分類する基準を オ という。

語群 1．固 定 負 債　2．1 年 基 準　3．営 業 循 環 基 準　4．退 職 給 付 費 用
5．退 職 給 付 引 当 金　6．流 動 負 債

(1)		(2)		(3)
ア	イ	ウ	エ	オ
6	3	5	1	2

3 次の連続した取引の仕訳を示しなさい。

(1)決算にさいし，退職給付引当金¥4,000,000を計上した。なお，退職給付基金として同額の小切手を振り出して，定期預金とした。

退 職 給 付 費 用	4,000,000	退 職 給 付 引 当 金	4,000,000	
定 期 預 金	4,000,000	当 座 預 金	4,000,000	

(2)従業員が退職したので，退職給付規定にしたがい退職一時金として¥1,000,000を支払うこととし，定期預金から支払った。

退 職 給 付 引 当 金	1,000,000	定 期 預 金	1,000,000

4 岐阜商事株式会社の令和○4年3月31日（決算年1回）における総勘定元帳勘定残高（一部）は，次のとおりであった。付記事項および決算整理事項から必要な修正をおこない，報告式の貸借対照表の負債の部を完成しなさい。ただし，会計期間は令和○3年4月1日から令和○4年3月31日までとする。

元帳勘定残高（一部）

リース資産	¥ 500,000	リース資産減価償却累計額	¥ 100,000	支払手形	¥1,200,000
買　掛　金	2,830,000	当座借越	500,000	手形借入金	800,000
預　り　金	900,000	退職給付引当金	3,000,000	リース債務	300,000

付記事項

①支払手形¥1,200,000のうち¥250,000はすでに当座預金より支払われていたが未処理であった。

②預り金¥900,000のうち¥400,000は従業員の旅行積立金であった。

③2年後に返済予定の借入金¥600,000が手形借入金の中に含まれていた。

④リース債務¥300,000は令和○7年3月31日までリース契約をしているコピー機に対するものであり，決済日の翌日から1年以内の部分は流動負債として表示する。

ただし，当座預金勘定の残高は零(0)，仮払法人税等勘定の残高は¥240,000あるものとする。

決算整理事項

a．減価償却高　リース資産：見込現金購入額¥500,000　残存価額は零(0)　耐用年数は5年とし，定額法により計算している。

b．利息未払高　¥ 25,000　　c．法人税等　¥500,000

貸　借　対　照　表

岐阜商事株式会社　　　　　　　令和○4年3月31日　　　　　　　（単位：円）

負　債　の　部

Ⅰ　流　動　負　債
1.（支　払　手　形）　　　　　（　　950,000）
2.買　　掛　　金　　　　　　（　2,830,000）
3.（短　期　借　入　金）　　　（　　950,000）
4.預　　り　　金　　　　　　（　　500,000）
5.（従　業　員　預　り　金）　（　　400,000）
6.（リ　ー　ス　債　務）　　　（　　100,000）
7.（未　払　費　用）　　　　　（　　 25,000）
8.未　払　法　人　税　等　　（　　260,000）
　　流　動　負　債　合　計　　　　　　　　（　6,015,000）
Ⅱ　固　定　負　債
1.（長　期　借　入　金）　　　（　　600,000）
2.（リ　ー　ス　債　務）　　　（　　200,000）
3.（退　職　給　付　引　当　金）（　3,000,000）
　　固　定　負　債　合　計　　　　　　　　（　3,800,000）
　　負　債　合　計　　　　　　　　　　　　（　9,815,000）

5 次の各文の　　　　　にあてはまるもっとも適当な語を，記入しなさい。

(1)負債を　ア　と固定負債に分類するために，　イ　と1年基準を用いる。

(2)支払期限が決算日の翌日から1年を超えて到来する借入金は　ウ　勘定で処理する。

(3)引当金には，貸倒引当金のように貸借対照表の　エ　の部に記載するものと，退職給付引当金のように貸借対照表の負債の部の　オ　の区分に記載するものがある。

(1)		(2)	(3)	
ア	イ	ウ	エ	オ
流　動　負　債	営業循環基準	長　期　借　入　金	資　　産	固　定　負　債

6 次の取引の仕訳を示しなさい。

(1)倉吉商事株式会社は，下記の財政状態の水戸商事株式会社を合併することになり，同社の株主に対して，新株式100株（1株の時価¥58,000）を交付した。ただし，この合併により倉吉商事株式会社において増加する資本金は¥5,000,000　その他資本剰余金は¥800,000とする。なお，水戸商事株式会社の貸借対照表に示されている資産および負債の帳簿価額は時価に等しいものとする。

水戸商事株式会社	貸 借 対 照 表		
現 金 預 金	2,190,000	買 掛 金	2,040,000
建 物	3,500,000	資 本 金	5,200,000
備 品	1,800,000	資 本 準 備 金	250,000
	7,490,000		7,490,000

(2)株主総会の決議により，資本準備金¥5,000,000を減少して，資本金を増加した。

(3)栃木物産株式会社は，株主総会において，繰越利益剰余金を次のとおり配当および処分することを決議した。ただし，繰越利益剰余金勘定の貸方残高は¥2,800,000である。なお，当社の資本金は¥30,000,000であり，これまでに資本準備金¥3,800,000　利益準備金¥3,300,000が積み立てられている。

　　　　利益準備金　会社法による額　　配 当 金 ¥2,000,000　　別途積立金 ¥420,000

(4)かねて建築を依頼していた店舗用建物が完成し，引き渡しを受けたので，建築代金¥10,000,000のうち，すでに支払ってある¥7,000,000を差し引き，残額は小切手を振り出して支払った。なお，取締役会の決議により，新築積立金¥10,000,000を取り崩した。

(5)福岡物産株式会社は，事業拡大のため，株式800株を1株につき¥80,000で発行し，全額の引き受け・払い込みを受け，払込金は当座預金とした。ただし，払込金額のうち，資本金に計上しない額は会社法に規定する最高限度額とした。

(6)広島商事株式会社は，決算の結果，当期純利益¥6,200,000を計上した。

(1)	現 金 預 金 建 物 備 品 の れ ん	2,190,000 3,500,000 1,800,000 350,000	買 掛 金 資 本 金 その他資本剰余金	2,040,000 5,000,000 800,000
(2)	資 本 準 備 金	5,000,000	資 本 金	5,000,000
(3)	繰 越 利 益 剰 余 金	2,620,000	利 益 準 備 金 未 払 配 当 金 別 途 積 立 金	200,000 2,000,000 420,000
(4)	建 物 新 築 積 立 金	10,000,000 10,000,000	建 設 仮 勘 定 当 座 預 金 繰 越 利 益 剰 余 金	7,000,000 3,000,000 10,000,000
(5)	当 座 預 金	64,000,000	資 本 金 資 本 準 備 金	32,000,000 32,000,000
(6)	損 益	6,200,000	繰 越 利 益 剰 余 金	6,200,000

7 次の取引の仕訳を示しなさい。

(1)群馬商事株式会社は，株主総会において，剰余金￥10,000,000（その他資本剰余金￥8,000,000
繰越利益剰余金￥2,000,000）の配当をおこなうことを決議した。なお，配当にともない，その
他資本剰余金の10分の1を資本準備金として，繰越利益剰余金の10分の1を利益準備金として，
それぞれ計上する。

その他資本剰余金	8,800,000	未 払 配 当 金	10,000,000
繰越利益剰余金	2,200,000	資 本 準 備 金	800,000
		利 益 準 備 金	200,000

(2)青森商事株式会社は，自社の発行済株式のうち300株を1株につき￥53,000で取得し，手数料
￥80,000とともに小切手を振り出して支払った。

自 己 株 式	15,900,000	当 座 預 金	15,980,000
支 払 手 数 料	80,000		

(3)長野商事株式会社は，さきに取得していた自己株式のうち150株（1株の帳簿価額 ￥85,000）
を1株につき￥55,000で処分し，代金は当座預金口座に振り込まれた。

当 座 預 金	8,250,000	自 己 株 式	12,750,000
その他資本剰余金	4,500,000		

8 次の佐賀商事株式会社の決算整理前の資料によって，報告式の貸借対照表の純資産の部を完成
しなさい。

資 料

資 産 総 額	￥12,026,900	負 債 総 額	￥6,988,000	資 本 金	￥2,500,000
資 本 準 備 金	400,000	利 益 準 備 金	500,000	配当平均積立金	400,000
別 途 積 立 金	250,000	繰越利益剰余金	150,000	その他有価証券評価差額金	100,000

貸 借 対 照 表

純 資 産 の 部

Ⅰ 株 主 資 本
(1) 資 本 金 （ 2,500,000)
(2)（資 本 剰 余 金）
　1.（資 本 準 備 金） （ 400,000)
　　　資 本 剰 余 金 合 計 （ 400,000)
(3)（利 益 剰 余 金）
　1. 利 益 準 備 金 （ 500,000)
　2. その他利益剰余金
　　①（配当平均積立金） （ 400,000)
　　②（別 途 積 立 金） （ 250,000)
　　③（繰越利益剰余金） （ 888,900)
　　　利 益 剰 余 金 合 計 （ 2,038,900)
　　　株 主 資 本 合 計 （ 4,938,900)
Ⅱ 評価・換算差額等
　1. その他有価証券評価差額金 （ 100,000)
　　　評価・換算差額等合計 （ 100,000)
　　　　純 資 産 合 計 （ 5,038,900)

9 静岡物産株式会社（発行済株式数600株）は，関東商事株式会社を4月1日に合併した。下記の合併直前の貸借対照表および合併に関する資料によって，合併直後の静岡物産株式会社の貸借対照表（勘定式）を完成しなさい。ただし，会社計算規則によること。

貸　借　対　照　表

静岡物産株式会社　　令和○年4月1日

現 金 預 金		3,646,000	支 払 手 形	5,700,000
受 取 手 形	6,500,000		買 掛 金	7,400,000
貸倒引当金	65,000	6,435,000	未払法人税等	2,900,000
売 掛 金	6,100,000		長 期 借 入 金	3,800,000
貸倒引当金	61,000	6,039,000	退職給付引当金	1,600,000
有 価 証 券		5,800,000	資 本 金	30,000,000
商 品		9,600,000	資 本 準 備 金	9,700,000
備 品	4,400,000		利 益 準 備 金	2,300,000
減価償却累計額	1,485,000	2,915,000	別 途 積 立 金	3,760,000
土 地		25,260,000	繰越利益剰余金	9,135,000
特 許 権		3,500,000		
長 期 貸 付 金		4,600,000		
関係会社株式		8,500,000		
		76,295,000		76,295,000

貸　借　対　照　表

関東商事株式会社　　令和○年4月1日

現 金 預 金		654,000	支 払 手 形	1,100,000
受 取 手 形	1,400,000		買 掛 金	1,350,000
貸倒引当金	14,000	1,386,000	短 期 借 入 金	400,000
売 掛 金	2,600,000		資 本 金	10,000,000
貸倒引当金	26,000	2,574,000	利 益 準 備 金	500,000
商 品		3,736,000	繰越利益剰余金	300,000
土 地		3,100,000		
長 期 貸 付 金		2,200,000		
		13,650,000		13,650,000

資　　料

①静岡物産株式会社と関東商事株式会社の貸借対照表に示されている資産と負債の帳簿価額は時価に等しいものとする。

②静岡物産株式会社は，新株式160株（1株の時価¥70,000）を関東商事株式会社の株主に交付した。ただし，この合併により，静岡物産株式会社において増加する資本金の額は¥8,000,000　その他資本剰余金の額は¥3,200,000とする。

③関東商事株式会社の長期貸付金のうち¥1,500,000は，静岡物産株式会社に対するものである。

貸　借　対　照　表

静岡物産株式会社　　　　　　　　　　令和○年4月1日

資　　　産	金　額	負債及び純資産	金　額
Ⅰ 流 動 資 産		Ⅰ（流 動 負 債）	
現 金 預 金	4,300,000	支 払 手 形	6,800,000
受 取 手 形 7,900,000		買 掛 金	8,750,000
貸倒引当金 79,000	7,821,000	（短 期 借 入 金）	400,000
売 掛 金（ 8,700,000）		未 払 法 人 税 等	2,900,000
貸倒引当金（ 87,000）	8,613,000	Ⅱ（固 定 負 債）	
有 価 証 券	5,800,000	（長 期 借 入 金）	2,300,000
（商　　　品）	13,336,000	退職給付引当金	1,600,000
Ⅱ（固 定 資 産）		負 債 合 計	22,750,000
(1)（有形固定資産）		Ⅰ 株 主 資 本	
備　　　品（ 4,400,000）		(1)（資　 本　 金）	38,000,000
減価償却累計額（ 1,485,000）	2,915,000	(2) 資 本 剰 余 金	
土　　　地	28,360,000	1. 資 本 準 備 金	9,700,000
(2) 無 形 固 定 資 産		2. その他資本剰余金	3,200,000
（特　 許　 権）	3,500,000	(3)（利 益 剰 余 金）	
（の　 れ　 ん）	400,000	1. 利 益 準 備 金	2,300,000
(3)（投資その他の資産）		2. その他利益剰余金	
長 期 貸 付 金	5,300,000	① 別 途 積 立 金	3,760,000
（関係会社株式）	8,500,000	② 繰越利益剰余金	9,135,000
		純 資 産 合 計	66,095,000
資 産 合 計	88,845,000	負債及び純資産合計	88,845,000

第5章　収益・費用

㉒ 収益・費用の認識と測定

収益の概念

　収益とは，純利益を増加させる項目であり，資産の増加や負債の減少に見合う額のうち，投資のリスクから解放された部分である。

費用の概念

　純利益を減少させる項目であり，資産の減少や負債の増加に見合う額のうち，投資のリスクから解放された部分である。

純利益の概念

　純利益とは，純資産の変動額のうち，リスクから解放された投資の成果である。

＊投資のリスクから解放とは，投資にあたって期待された成果が事実として確定することで，リスクにさらされた資金がふたたびリスクのない資金として企業に回収されること。

①損益計算の基準

　損益計算を正しくおこなうためには，一定期間に発生した収益と費用を適正に計上する必要がある。これには次のような計上の基準がある。

(1)現 金 主 義

　現金の収支という事実にもとづいて計上する考え方である。しかし，収益・費用の発生と現金の収入と支出は必ずしも一致しないので，期間損益計算を合理的におこなうことができない。

(2)発 生 主 義

　現金の収支とは関係なく，収益と費用が発生しているという事実にもとづいて計上する考え方である。発生主義によれば，1会計期間の収入と支出のなかに含まれる，その期間の収益・費用とならない額は除かれ，逆に，現実に収入や支出はないが，その期間の収益・費用とすべき額は計上される。

　適用例　収益・費用の繰り延べ，見越し

(3)実 現 主 義

　収益と費用は，原則として発生主義によって計上するが，収益については，発生したという事実だけで計上せず，実現した収益だけを当期の収益として計上する考え方である。たとえば，商品を販売し，その対価として現金や受取手形・売掛金などの貨幣性資産を取得したときに収益を計上する。つまり，販売したという事実だけでなく，資金的な裏付けのある収益を計上することができる。それは，いまだに実現していない不確実な利益（未実現利益）を当期の損益計算から除くためである。

(4)費用収益対応の原則

　1会計期間中のすべての収益と，その収益をあげるために発生したすべての費用を対応させて，損益計算を算定する原則を**費用収益対応の原則**という。さらに，収益と費用の対応関係を認識する方法には，個別的対応と期間的対応がある。

②仕入割引（営業外収益）・売上割引

(1)仕 入 割 引

　買掛金を支払期日前に支払ったとき，支払日から期日までの利息に相当する金額などを差し引いてもらえる場合がある。この金額を仕入割引といい，**仕入割引勘定（収益）**で処理する。

　例　買掛金を支払期日前に支払ったとき（小切手支払い）

　　（借）買　　掛　　金　×××　　（貸）当　座　預　金　×××
　　　　　　　　　　　　　　　　　　　　　仕　入　割　引　　××

(2)売 上 割 引

　売掛金を回収期日前に受け取ったとき，受取日から期日までの利息に相当する金額などを差し引く場合がある。この金額を売上割引といい，**売上勘定から控除する**。

　例　売掛金を回収期日前に受け取ったとき（小切手受け取り）

　　（借）現　　　　　金　×××　　（貸）売　　掛　　金　×××
　　　　　売　　　　　上　　××

売買に関して注意する取引

取　　引	処　理　方　法
仕入返品（売上返品）	仕入（売上）勘定から控除する。
仕入値引（売上値引）	仕入（売上）勘定から控除する。
仕入割引	営業外収益（営業外費用）とする。
売上割引	売上勘定から控除する。

③ 投資有価証券の売却（特別損益）

例1　その他有価証券として保有する株式を，帳簿価額以上の金額で売却したとき（現金受け取り）

（借）現　　　　　金　×××　　　（貸）その他有価証券　×××
　　　　　　　　　　　　　　　　　　　　　投資有価証券売却益　　××

例2　例1と反対に，帳簿価額以下の金額で売却したとき（現金受け取り）

（借）現　　　　　金　×××　　　（貸）その他有価証券　×××
　　　投資有価証券売却損　　××

④ 役務収益・役務費用

サービス（役務）を提供することを業務としているサービス業を営む企業では，サービスの提供が完了したときに，その対価を**役務収益勘定**（収益）の貸方に記入し，これに対応する費用は**役務原価勘定**（費用）の借方に記入する。

例1　商品デザインなどを請け負っている近畿デザイン事務所は，依頼のあったパンフレットに使用するイラスト制作にかかわる社員の給料¥270,000および旅費¥50,000を現金で支払った。

（借）給　　　　　料　270,000　　（貸）現　　　　　金　320,000
　　　旅　　　　　費　　50,000

例2　例1の給料のうち¥110,000および旅費のうち¥30,000について，イラスト制作のために直接費やされたものであることが判明したため，これらを仕掛品勘定に振り替えた。

（借）仕　　掛　　品　140,000　　（貸）給　　　　　料　110,000
　　　　　　　　　　　　　　　　　　　　旅　　　　　費　　30,000

例3　上記のイラストが完成したため，顧客に引き渡し，対価として¥180,000が当座預金口座に振り込まれた。よって，役務収益の計上とともに対応する役務原価を計上する。

（借）当　座　預　金　180,000　　（貸）役　務　収　益　180,000
　　　役　務　原　価　140,000　　　　　仕　　掛　　品　140,000

例4　7月11日　学習塾を経営している壬生学園は，8月5日に開講の講座（受講期間2か月）の受講料¥90,000を現金で受け取った。

（借）現　　　　　金　90,000　　（貸）前　　受　　金　90,000

例5　10月5日　上記講座の日程がすべて終了した。

（借）前　　受　　金　90,000　　（貸）役　務　収　益　90,000

⑤ 工事契約（建設業会計）

工事の進捗部分についての収益（工事収益）について

① 工事の進捗度について合理的な見積りが可能なときは，**工事進行基準**で工事収益を計上する。

② 工事の進捗度について合理的な見積りができなくても，発生した工事費用が回収可能であると予測できるときは，**原価回収基準**によって，回収可能と認められる工事費用と同額を工事収益に計上する。

③ 工事契約に関して，工事の完成期間が短い場合には**工事完成基準**によって完成した時点で収益に認識することができる。

工事進捗度の見積り方法としては，**原価比例法**などがある。

$$工事進捗度＝\frac{当期発生の工事原価}{工事原価総額}$$

当期の工事収益＝工事収益総額×工事進捗度

(1)**契約資産**とは，商品やサービスの提供はおこなっているが，契約上の条件により，その対価の支払義務がまだ発生していないため，債権として計上できない企業の権利をいう。

工事契約の場合，工事の進行途中で一定の工事収益を認識するが，契約上，その時点では対価の支払義務がまだ発生していないため，工事収益を計上する仕訳の相手勘定科目は**契約資産勘定**（資産）を用いる。

例1　建物の建設を工事収益総額￥6,000,000で請け負い，工事原価総額を￥4,800,000と見積もった。当期中の工事原価は￥3,600,000（材料￥2,000,000　賃金￥1,600,000）であったので，期末に工事進行基準により工事収益を計上した。

当期の工事進捗度　$\dfrac{￥3,600,000}{￥4,800,000}=0.75$

当期の工事収益　￥6,000,000×0.75＝￥4,500,000

（借）工 事 原 価　3,600,000　　　（貸）材　　　料　2,000,000
　　　　　　　　　　　　　　　　　　　　賃　　　金　1,600,000
（借）契 約 資 産　4,500,000　　　（貸）工 事 収 益　4,500,000

例2　例1において，進捗度の合理的な見積りはできないが，発生した費用は回収可能であるため，原価回収基準により当期の工事収益を計上した。

（借）工 事 原 価　3,600,000　　　（貸）材　　　料　2,000,000
　　　　　　　　　　　　　　　　　　　　賃　　　金　1,600,000
（借）契 約 資 産　3,600,000　　　（貸）工 事 収 益　3,600,000

(2)**契約負債**とは，商品やサービスの提供をまだおこなっていないにもかかわらず，対価を受け取っている，または対価を受け取る期限が到来しているものをいう。

工事契約の場合，工事の完成前に工事代金の一部を受け取ったときは**契約負債勘定**（負債）を用いる。

例　佐野建設株式会社は，3年後に完成予定の建物の建築を請け負い，工事代金の一部として￥200,000を小切手で受け取った。

（借）現　　　金　200,000　　　（貸）契 約 負 債　200,000

練習問題
解答 ▶ p.28

22-1　次の各文の_____にあてはまるもっとも適当な語を，下記の語群のなかから選び，その番号を記入しなさい。ただし，同じ番号を重複して用いてもよい。

(1)商品の売上高はふつう，　a　の原則に従って計上される。

(2)現金の授受とは関係なく，その発生の事実にもとづいて，収益と費用を計上する方法を　b　といい，これによれば，　c　と　d　が当期の損益計算に計上されることになる。

(3)収益は発生した事実だけでは計上せず，実現した収益だけを当期の収益として計上しなければならない。この考え方を　e　という。たとえば，商品を販売し，その対価として現金を受け取ったり，受取手形や売掛金などの　f　を取得したりしたときに収益に計上する。

(4)売掛金を回収期日前に受け取ったとき，受け取った日から期日までの利息に相当する金額などを差し引く場合がある。この金額を　g　といい，　h　勘定から控除する。

語群
1．現 金 主 義　　2．発 生 主 義　　3．実 現 主 義　　4．売 上 割 引
5．仕 入 割 引　　6．前 受 収 益　　7．未 払 費 用　　8．未 収 収 益
9．前 払 費 用　　10．売　　　　上　　11．貨 幣 性 資 産　　12．仕　　　　入

a	b	c	d	e	f	g	h
3	2	8（7）	7（8）	3	11	4	10

22-2 次の取引の仕訳を示しなさい。

(1)山口商店に対する買掛金￥900,000について，期日前に支払うことになり，同店から２％の割引を受け，割引額を差し引いた金額を現金で支払った。

(2)島根商店に対する売掛金￥800,000について，期日前に受け取ることになり，同店に１％の割引をおこない，割引額を差し引いた金額を現金で受け取った。

(3)鳥取商店から売掛金￥800,000を期日前に受け取ることになり，契約によって２％の割引をおこない現金￥784,000を受け取ったさい，次のような仕訳をしていた。よって，本日，これを訂正した。

(借) 現　　　金　784,000　　(貸) 売 掛 金　784,000

(4)広島商店に対する売掛金￥400,000の回収が，期日の10日前であったので，所定の割引をおこない，割引額を差し引いた金額￥396,000を現金で受け取った。

(5)岡山商店に対する買掛金を期日前に支払ったときに￥13,000の割引を受けたが，誤って，仕入値引を受けたように処理していたので，本日，これを訂正した。

(1)	買 掛 金	900,000	現 金	882,000	
			仕 入 割 引	18,000	
(2)	現 金	792,000	売 掛 金	800,000	
	売 上	8,000			
(3)	売 上	16,000	売 掛 金	16,000	
(4)	現 金	396,000	売 掛 金	400,000	
	売 上	4,000			
(5)	仕 入	13,000	仕 入 割 引	13,000	

22-3 次の取引の仕訳を示しなさい。

(1)長期保有目的で栃木商事株式会社の株式500株を１株につき￥1,500で買い入れ，この代金は買入手数料￥50,000とともに小切手を振り出して支払った。

(2)上記栃木商事株式会社の株式200株を１株につき￥1,620で売却し，代金は現金で受け取った。

(3)上記栃木商事株式会社の株式200株を１株につき￥1,520で売却し，代金は現金で受け取った。

(1)	その他有価証券	800,000	当 座 預 金	800,000	
(2)	現 金	324,000	その他有価証券	320,000	
			投資有価証券売却益	4,000	
(3)	現 金	304,000	その他有価証券	320,000	
	投資有価証券売却損	16,000			

22-4 次の取引の仕訳を示しなさい。

(1)建築物の設計を請け負っている佐野建設事務所は，依頼のあった設計にかかわる社員の給料¥350,000および旅費¥50,000を現金で支払った。

給 料	350,000	現 金	400,000
旅 費	50,000		

(2)(1)の給料¥150,000および旅費¥20,000について，設計のために直接費やされたものであることが判明したため，これらを仕掛品勘定に振り替えた。

仕 掛 品	170,000	給 料	150,000
		旅 費	20,000

(3)(1)，(2)の設計図が完成したため，顧客に引き渡し，その対価として¥200,000が当座預金口座に振り込まれた。よって，役務収益の計上とともに対応する役務原価を計上する。

当 座 預 金	200,000	役 務 収 益	200,000
役 務 原 価	170,000	仕 掛 品	170,000

(4)旅行業を営む足利旅行株式会社は，令和×1年7月11日に2泊3日のツアーを実施し，移動のための交通費や添乗員への報酬など，¥200,000を現金で支払った。なお，ツアーにさいし，令和×1年6月10日に申込金¥500,000を現金で受け取っている。

前 受 金	500,000	役 務 収 益	500,000
役 務 原 価	200,000	現 金	200,000

(5)旅行業を営む宇都宮観光株式会社は，本日国内旅行のツアーを実施し，サービスの提供にともなう費用¥420,000を現金で支払った。

役 務 原 価	420,000	現 金	420,000

(6)受験に向けた講座を開講している日光予備校は，来月から3か月間開講する講座の申し込みを受け，同時に受講料¥330,000を現金で受け取った。

現 金	330,000	前 受 金	330,000

(7)本日決算日となり，(6)の講座は全体の3分の1が終了している。

前 受 金	110,000	役 務 収 益	110,000

22-5　山梨建設株式会社は，当期に，2年後完成の予定で静岡工業株式会社の工場の建設を請け負っ
た。次の資料から，工事進行基準による当期の工事収益を求めなさい。

　　資　　　料
　　　　i　工事収益総額は¥500,000,000であり，工事原価総額を¥350,000,000と見積もること
　　　　　ができた。
　　　　ii　当期発生工事原価は¥210,000,000であった。

当 期 の 工 事 収 益　¥	300,000,000

22-6　次の各問いにおいて，当期に計上する工事収益の金額をそれぞれ求めなさい。なお，工事収
益を計上しない場合は解答欄に 0 を記入すること。
　　(1)建物の建設を引き受け，工事収益総額¥300,000,000で工事契約し，工事原価総額を
　　　¥225,000,000と見積った。当期中の工事原価は¥78,750,000であった。期末に，工事進行
　　　基準によって工事収益を計上した。
　　(2)建物の建設を引き受け，工事収益総額¥750,000,000で工事契約したが，工事原価総額につ
　　　いては見積ることができなかった。よって，期末に原価回収基準により工事収益を計上する
　　　こととした。なお，当期中の工事原価は¥15,750,000である。
　　(3)建物の建設を引き受け，工事収益総額¥60,000,000で工事契約し，工事原価総額を
　　　¥27,000,000と見積った。当期中の工事原価は¥17,550,000であったが，次期に完成予定で
　　　あるため，工事完成基準によって工事収益を計上することとした。

(1)	¥	105,000,000	(2)	¥	15,750,000	(3)	¥	0

22-7　次の取引の仕訳を示しなさい。
　　(1)建物の建設を工事収益総額¥16,000,000で請け負い，工事原価総額を¥12,800,000と見積っ
　　　た。当期中の工事原価は¥9,600,000（材料¥6,000,000　賃金¥3,600,000）であったので，
　　　期末に工事進行基準により工事収益を計上した。

工　事　原　価	9,600,000	材　　　　　料	6,000,000
		賃　　　　　金	3,600,000
契　約　資　産	12,000,000	工　事　収　益	12,000,000

　　(2)建物の建設を工事収益総額¥9,000,000で請け負い，工事原価総額は見積ることができなかっ
　　　た。当期中の工事原価は¥3,240,000（材料¥2,000,000　賃金¥1,240,000）であったので，
　　　進捗度の合理的な見積りはできないが，発生した費用は回収可能であるため，原価回収基準
　　　により当期の工事収益を計上した。

工　事　原　価	3,240,000	材　　　　　料	2,000,000
		賃　　　　　金	1,240,000
契　約　資　産	3,240,000	工　事　収　益	3,240,000

　　(3)足利建設株式会社は，3年後に完成予定の建物の建築を請け負い，工事代金の一部として
　　　¥900,000を小切手で受け取った。

現　　　　　金	900,000	契　約　負　債	900,000

22-8 次の各問いにおいて，当期に計上する工事収益の金額をそれぞれ求めなさい。なお，工事収益を計上しない場合は解答欄に 0 を記入すること。

(1)栃木建設株式会社は，3年後に完成予定の建物の建築を請け負った。次の資料によって，当期の工事収益を答えなさい。ただし，工事収益は工事進行基準によって計上する。

　　資　　　料
　　　　①工事収益総額　　　¥ 9,600,000
　　　　②工事原価総額　　　¥ 7,680,000
　　　　③当期中に発生した工事原価　　¥ 2,688,000

当 期 の 工 事 収 益　¥	3,360,000

(2)鹿沼建設株式会社は，2年後に完成予定の建物の建築を請け負った。次の資料によって，当期の工事収益を答えなさい。ただし，進捗度の合理的な見積りはできないが，発生した費用は回収可能であるため，原価回収基準によって工事収益を計上する。

　　資　　　料
　　　　①工事収益総額　　　¥12,600,000
　　　　②工事原価総額　　　¥ 9,450,000
　　　　③当期中に発生した工事原価　　¥ 4,347,000

当 期 の 工 事 収 益　¥	4,347,000

22-9 愛媛商事株式会社の令和○2年3月31日における総勘定元帳勘定残高（一部）と付記事項および決算整理事項によって，報告式の損益計算書（一部）を作成しなさい。なお，営業利益は¥5,780,000であった。

元帳勘定残高（一部）

現 金 ¥ 819,000	売 掛 金 ¥ 1,540,000	売買目的有価証券 ¥ 900,000
子会社株式 3,420,000	投資有価証券 1,960,000	有価証券利息 36,000
受取配当金 51,000	有価証券売却益 27,000	雑 益 5,000
固定資産売却益 180,000	支 払 利 息 40,000	雑 損 125,000
災 害 損 失 1,360,000		

付 記 事 項

①高知商店に対する買掛金¥300,000の支払いにさいし，甲乙商店振り出し，当店あての約束手形¥300,000を裏書譲渡した。なお，保証債務の時価を¥6,000と評価した。

②徳島商店から売掛金¥400,000を期日前に受け取ることになり，契約によって2％の割引をおこない，現金¥392,000を受け取ったさい，次のような仕訳をしていたので修正する。

　　（借）現　　金 392,000　　（貸）売 掛 金 392,000

③雑損¥125,000は，不用になった備品を除却して廃棄したときの帳簿価額であったので，適切な科目に修正する。なお，この備品の評価額は零（0）とする。

④その他有価証券として保有する香川商事株式会社の株式¥1,900,000を¥1,973,000で売却し，代金は現金で受け取った。

決算整理事項（一部）

　　a．売買目的有価証券評価高　　¥880,000
　　b．子会社株式評価高　　　　子会社の財政状態が悪化したので，保有する子会社の株式60株（1株の帳簿価額¥57,000）を実質価額（1株につき¥23,000）によって評価替えする。なお，子会社の発行済株式数は100株（市場価格のない株式）である。

損 益 計 算 書（一部）

愛媛商事株式会社　　令和◯1年4月1日から令和◯2年3月31日まで　　（単位：円）

営 業 利 益		(5,780,000)
Ⅳ 営 業 外 収 益		
1.(有 価 証 券 利 息)	(36,000)	
2.(受 取 配 当 金)	(51,000)	
3.(有 価 証 券 売 却 益)	(27,000)	
4.(雑 益)	(5,000)	(119,000)
Ⅴ 営 業 外 費 用		
1.(支 払 利 息)	(40,000)	
2.(有 価 証 券 評 価 損)	(20,000)	
3.(保 証 債 務 費 用)	(6,000)	(66,000)
経 常 利 益		(5,833,000)
Ⅵ 特 別 利 益		
1.(固 定 資 産 売 却 益)	(180,000)	
2.(投 資 有 価 証 券 売 却 益)	(73,000)	(253,000)
Ⅶ 特 別 損 失		
1.(固 定 資 産 除 却 損)	(125,000)	
2.(関 係 会 社 株 式 評 価 損)	(2,040,000)	
3.(災 害 損 失)	(1,360,000)	(3,525,000)
税 引 前 当 期 純 利 益		(2,561,000)

検 定 問 題

解答 ▶ p.29

22-10 次の各文の　　　　にあてはまるもっとも適当な語を，下記の語群のなかから選び，その番号を記入しなさい。ただし，同じ番号を重複して用いてもよい。
◀頻出!!

(1)適正な期間損益計算をおこなうために，現金の収支とは関係なく，発生した事実に基づいて1会計期間の費用および収益を計上する。この考え方を　ア　といい，未収収益および　イ　は当期の損益計算に計上しなければならない。　　　　　　　　　　　　　（第74回）

(2)商品売買業における売上収益の計上は，原則として，商品の引き渡しとともに，代金として現金や受取手形などの　ウ　を取得したときにおこなう。この考え方を　エ　といい，これによって，資金的な裏付けのある確実な収益を計上することができる。　　（第67回）

(3)1会計期間の売上高に対して　オ　を対応させるなど，実現した収益とその収益を得るために発生した費用とを対応させて表示するのは，　カ　の原則によるものである。
　　　　　　　　　　　　　　　　　　　　　　　　　　　　　　　　　　　　　　　（第80回）

(4)適正な期間損益計算をおこなうために，現金の収支とは関係なく，1会計期間の費用および収益を，それらが発生しているという事実に基づいて計上する考え方を　キ　という。これによると，前払費用および　ク　は当期の損益計算から除かれる。　　　（第69回）

語群

1. 現 金 主 義	2. 発 生 主 義	3. 実 現 主 義	4. 売 上 原 価
5. 売 掛 金	6. 損 益 計 算 書	7. 貸 借 対 照 表	8. 総 額 主 義
9. 費 用 性 資 産	10. 費 用 配 分	11. 貨 幣 性 資 産	12. 費 用 収 益 対 応
13. 前 払 費 用	14. 前 受 収 益	15. 未 収 収 益	16. 未 払 費 用

ア	イ	ウ	エ	オ	カ	キ	ク
2	16	11	3	4	12	2	14

22-11　次の取引の仕訳を示しなさい。

(1)東京商店に対する買掛金¥800,000の支払いにあたり，期日の10日前に割引額を差し引いた
金額¥796,000を小切手を振り出して支払った。なお，東京商店とは買掛金を期日の7日以
前に支払うときに割引を受ける契約をしている。 (第91回)

買　　掛　　金	800,000	当　座　預　金	796,000
		仕　入　割　引	4,000

(2)愛媛商店に対する売掛金¥750,000を期日前に受け取ることになり，契約によって2％の割
引をおこない，割引額を差し引いた金額を同店振り出しの小切手で受け取った。

(第71回一部修正)

現　　　　　金	735,000	売　　掛　　金	750,000
売　　　　　上	15,000		

(3)兵庫商店に対する買掛金の支払いにあたり，支払期日前のため，契約によって¥5,000の割引
を受け，割引額を差し引いた金額¥245,000は現金で支払った。 (第83回)

買　　掛　　金	250,000	現　　　　　金	245,000
		仕　入　割　引	5,000

(4)石川商店に対する売掛金¥1,800,000を期日前に受け取ることになり，契約によって割引をお
こない，割引額を差し引いた金額を同店振り出しの小切手¥1,764,000で受け取った。

(第82回一部修正)

現　　　　　金	1,764,000	売　　掛　　金	1,800,000
売　　　　　上	36,000		

(5)千葉商店に対する買掛金を期日前に支払ったときに¥16,000の割引を受けたが，誤って，仕
入値引を受けたように処理していたので，本日，これを訂正した。 (第72回)

仕　　　　　入	16,000	仕　入　割　引	16,000

(6)三重商店に対する売掛金について，同店から期日の10日前に当店の当座預金口座に¥882,000
の振り込みがあった。なお，三重商店とは売掛金を期日の1週間以前に受け取るときに，2％
の割引をおこなう契約をしている。 (第89回一部修正)

当　座　預　金	882,000	売　　掛　　金	900,000
売　　　　　上	18,000		

(7)群馬商店に対する買掛金¥550,000の支払いにあたり，支払期日前のため，契約によって0.8％
の割引を受け，割引額を差し引いた金額を小切手を振り出して支払った。 (第96回)

買　　掛　　金	550,000	当　座　預　金	545,600
		仕　入　割　引	4,400

22-12 次の各問いに答えなさい。

(1)次の２つの工事について，当期の工事収益を求めなさい。　　　　　　　　　　　（第88回）

①当期に，３年後完成の予定で契約した次の工事について，工事進行基準により工事収益を計上する。

ⅰ　工事収益総額は¥234,800,000であり，工事原価総額を¥187,200,000と見積もることができた。

ⅱ　当期発生工事原価は¥46,800,000であった。

②前期に契約した次の工事が当期に完成し，引き渡した。よって，工事完成基準により工事収益を計上する。

ⅰ　工事収益総額は¥41,200,000であり，工事原価総額は合理的に見積もることができなかった。

ⅱ　実際発生工事原価は，前期が¥12,360,000　当期が¥18,540,000であった。

①	工事進行基準による 当 期 の 工 事 収 益	¥	58,700,000	②	工事完成基準による 当 期 の 工 事 収 益	¥	41,200,000

(2)山口建設株式会社は，当期に，３年後完成の予定で広島工業株式会社の工場の建設を請け負った。次の資料によって，当期の工事収益を求めなさい。ただし，工事進行基準によること。

（第73回）

資　　　料

ⅰ　工事収益総額は¥850,000,000であり，工事原価総額を¥697,000,000と見積もることができた。

ⅱ　当期発生工事原価は¥243,950,000であった。

工　事　収　益　¥	297,500,000

(3)山梨建設株式会社は，当期に工事収益総額¥903,000,000で工事を引き受け，３年後の完成予定で工事を開始した。決算にあたり，当期の実際発生工事原価を集計したところ¥135,450,000であった。なお，工事原価は信頼性をもった見積りがされており，工事原価総額は¥752,500,000である。よって，決算日における工事進捗度（工事の進行度合）により，当期の工事収益を求めなさい。　　　　　　　　　　　　　　　　　　　　（第82回）

当 期 の 工 事 収 益　¥	162,540,000

(4)当期に，５年後完成の予定で請け負った次の工事について，工事進行基準により当期の工事収益を求めなさい。
（第78回一部修正）

資　　　料

ⅰ　工事収益総額は¥357,000,000であり，工事原価総額を¥285,600,000と見積もることができた。

ⅱ　当期発生工事原価は¥78,540,000であった。

当 期 の 工 事 収 益　¥	98,175,000

第6章 税

 **23 税効果会計**

学習のまとめ

① 課税所得

企業会計上の利益は，**収益**から**費用**を差し引いて計算されるのに対し，税法上の利益といえる課税所得は，**益金**から**損金**を差し引いて計算される。このとき，収益と益金または費用と損金は必ずしも同じものというわけではない。

> 企業会計上の利益＝収益－費用　　　課税所得＝益金－損金

② 税効果会計

期間的に対応しない税引前当期純利益と法人税等を合理的に対応させるために，損益計算書に記載される法人税等の金額を調整する必要がある。そのための会計処理を**税効果会計**という。

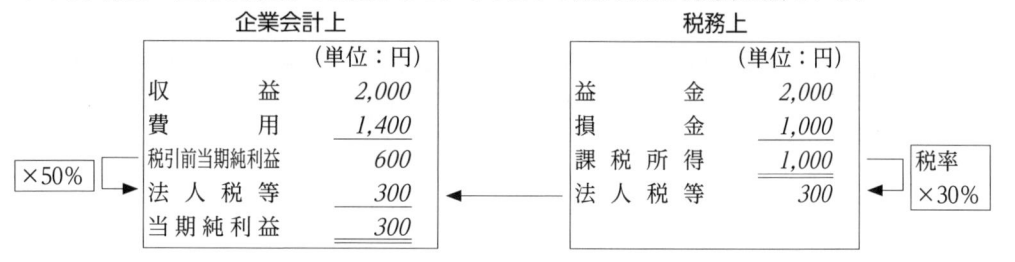

企業会計上と税務上の数値を比較してみると，収益と益金の金額は同じであるが，費用は¥1,400に対し，損金は¥1,000である。つまり，費用のうち¥400は当期の損金に含まれていないため，課税所得が多くなり，法人税等も増加する原因となっている。これを**損金不算入**という。

税引前当期純利益に対応する法人税等は¥600×30％＝¥180であるのに対し，実際に支払う法人税等は¥300であるため，¥120（一時差異¥400×法定実効税率30％）は次年度以降の法人税等を前払いしたと考えられる。この前払相当額¥120を**繰延税金資産勘定**（資産）の借方に計上し，相手勘定科目は**法人税等調整額**で処理する。

> （借）繰延税金資産　　　120　　　（貸）法人税等調整額　　　120

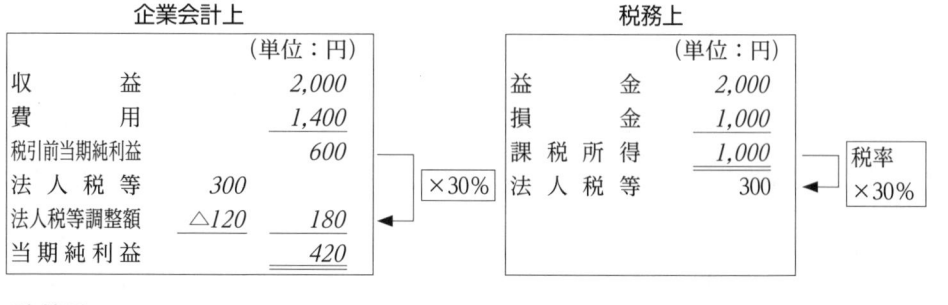

③ 一時差異

企業会計上の貸借対照表に記載されている資産および負債の金額と，課税所得計算上の資産および負債の金額との差額を**一時差異**といい，差異が解消する将来の会計期間の課税所得を減額する**将来減算一時差異**と課税所得を増額する**将来加算一時差異**に分けられる。

将来減算一時差異…減価償却費や貸倒引当金繰入額など

将来加算一時差異…その他有価証券評価差額金（貸方に生じたもの）など

例1 決算にさいし，備品¥10,000について定額法（耐用年数4年，残存価額は零（0））により減価償却をおこない，減価償却費¥2,500を計上した。ただし，備品の法定耐用年数5年，損金算入限度額は¥2,000であった。なお，法定実効税率は30％であり，税効果会計を適用する。

> （借）減 価 償 却 費　　2,500　　（貸）備品減価償却累計額　　2,500
> 　　　繰延税金資産　　　　150　　　　　法人税等調整額　　　　150

法人税等調整額＝（¥2,500－¥2,000）×法定実効税率30%

例2 決算にさいし，その他有価証券として保有する株式（帳簿価額¥1,000,000）の時価は¥1,050,000であった。なお，法定実効税率は30%であり，税効果会計を適用する。

（借）その他有価証券 50,000 （貸）繰延税金負債 15,000
その他有価証券評価差額金 35,000

繰延税金負債＝（¥1,050,000－¥1,000,000）×法定実効税率30%

練習問題

解答 ▶ p.30

23-1 次の取引の仕訳を示しなさい。

(1)富山商事株式会社は，決算にさいし，貸倒引当金¥9,000を繰り入れる。ただし，税法上，損金算入限度額は¥8,000であった。なお，法定実効税率は30%であり，税効果会計を適用する。

| 貸倒引当金繰入 | 9,000 | 貸倒引当金 | 9,000 |
| 繰延税金資産 | 300 | 法人税等調整額 | 300 |

(2)新潟商事株式会社は，決算にさいし，備品の減価償却費¥40,000を計上する。ただし，税法上，損金算入限度額は¥30,000であった。なお，法定実効税率は30%であり，税効果会計を適用する。

| 減価償却費 | 40,000 | 備品減価償却累計額 | 40,000 |
| 繰延税金資産 | 3,000 | 法人税等調整額 | 3,000 |

(3)決算にさいし，その他有価証券として保有する株式（帳簿価額¥2,000,000）の時価は¥2,150,000であった。全部純資産直入法により処理する。ただし，税法では，その他有価証券の評価差額金の計上は認められていないので，税効果会計を適用する。なお，法定実効税率は30%とする。

| その他有価証券 | 150,000 | 繰延税金負債 | 45,000 |
| | | その他有価証券評価差額金 | 105,000 |

(4)決算にさいし，備品¥280,000について定額法（耐用年数4年，残存価額は零（0））により減価償却をおこない，減価償却費を計上した。ただし，備品の法定耐用年数5年，損金算入限度額は¥56,000であった。なお，法定実効税率は30%であり，税効果会計を適用する。

| 減価償却費 | 70,000 | 備品減価償却累計額 | 70,000 |
| 繰延税金資産 | 4,200 | 法人税等調整額 | 4,200 |

(5)決算にさいし，その他有価証券として保有する株式（帳簿価額¥1,500,000）の時価は¥1,620,000であった。全部純資産直入法により処理し，税効果会計を適用する。なお，法定実効税率は30%とする。

| その他有価証券 | 120,000 | 繰延税金負債 | 36,000 |
| | | その他有価証券評価差額金 | 84,000 |

第7章 外貨建取引

㉔ 外貨建取引の処理

1 外貨建取引の意味

取引価額が外国通貨で表示されている取引を**外貨建取引**という。会計帳簿や財務諸表は円貨で作成するため，外貨による取引を日本円に置き換える（**換算**する）必要がある。

2 会計処理

(1)取引発生時

外貨建取引は，原則として取引発生時の為替相場（HR：ヒストリカル・レート）による円換算額を記録する。

例1 米国にある取引先から商品$10,000を掛けにより仕入れた。なお，仕入時の為替相場は$1あたり¥120であった。

（借）仕 入	1,200,000	（貸）買 掛 金	1,200,000

$10,000×¥120＝¥1,200,000

例2 米国にある取引先へ商品$14,000を掛け販売した。なお，売上時の為替相場は$1あたり¥125であった。

（借）売 掛 金	1,750,000	（貸）売 上	1,750,000

$14,000×¥125＝¥1,750,000

(2)決算時

契約上の債権額または債務額が外貨通貨で表示されている金銭債権債務を，**外貨建金銭債権債務**といい，外貨建金銭債権債務の決済にともなって生じた換算差額は，原則として**為替差損益勘定**（費用または収益）で処理する。なお，期中取引においては為替差損益勘定を使用するが，損益計算書に記載するさいには，借方残高であれば，**為替差損**（営業外費用），貸方残高であれば，**為替差益**（営業外収益）と表示される。

例3 例1について，買掛金の決済をおこない，小切手を振り出して支払った。なお，決済日の為替相場は$1あたり¥127であった。

（借）買 掛 金	1,200,000	（貸）当 座 預 金	1,270,000
為 替 差 損 益	70,000		

$10,000×¥127＝¥1,270,000

例4 例2の売掛金について，本日決算日をむかえたため，決算日の為替相場に円換算し直す。なお，決算日の為替相場は$1あたり¥130であった。

（借）売 掛 金	70,000	（貸）為 替 差 損 益	70,000

$14,000×¥130＝¥1,820,000

¥1,820,000－¥1,750,000＝¥70,000（売掛金の増加）

練習問題

解答 ▶ p.30

24-1 次の取引の仕訳を示しなさい。

(1)山口物産株式会社は，3月26日に米国にある取引先へ商品を$30,000で掛け販売した。なお，売上時の為替相場は$1あたり¥125であった。

売 掛 金	3,750,000	売 上	3,750,000

(2)山口物産株式会社は，本日（3月31日）決算日をむかえたため，外貨建売掛金の換算替えをおこなった。この外貨建売掛金は3月26日に米国の取引先に対して商品$30,000を輸出したさいに生じたもの（代金の決済は5月11日の予定）である。なお，3月26日の為替相場は$1あたり¥125　3月31日の為替相場は$1あたり¥128であった。

売 掛 金	90,000	為 替 差 損 益	90,000

(3)広島物産株式会社は，4月11日に米国にある取引先から商品$20,000を掛けにより仕入れた。なお，仕入時の為替相場は$1あたり¥110であった。

仕	入	2,200,000	買 掛 金	2,200,000

(4)広島物産株式会社は8月5日に，4月11日に米国にある取引先から掛けにより仕入れた商品$20,000の代金を小切手を振り出して支払った。なお，4月11日の為替相場は$1あたり¥110　8月5日の為替相場は$1あたり¥118であった。

買 掛 金	2,200,000	当 座 預 金	2,360,000
為 替 差 損 益	160,000		

24-2 島根物産株式会社は決算日を3月31日とする1年を会計期間としている。次の外貨建取引について仕訳をおこない，貸借対照表（一部）および損益計算書（一部）を作成しなさい。ただし，売掛金と買掛金について，取引日の為替レートで円換算しており，為替予約はおこなっていない。なお，2月1日時点の各勘定残高は，売掛金¥3,150,000　買掛金¥2,407,000　為替差損益¥94,000（借方残高）であり，決算日までこれ以外の取引はなかったものとする。

外貨建取引

　2月21日　米国にある取引先から商品$50,000を掛けにより仕入れた。なお，仕入時の為替相場は$1あたり¥123であった。

　3月1日　米国にある取引先へ商品$70,000で掛け販売した。なお，売上時3月1日の為替相場は$1あたり¥126であった。

　3月31日　決算日をむかえた。決算日の為替相場は$1あたり¥129であった。

2月21日	仕 入	6,150,000	買 掛 金	6,150,000
3月1日	売 掛 金	8,820,000	売 上	8,820,000
3月31日	為 替 差 損 益	300,000	買 掛 金	300,000
	売 掛 金	210,000	為 替 差 損 益	210,000

貸 借 対 照 表（一部）

島根物産株式会社　　　　　　　　令和△年3月31日　　　　　　　　（単位：円）

資 産 の 部

Ⅰ 流 動 資 産

　　　⋮

　3．売 掛 金　　　　　　　　（　　12,180,000）

　　　⋮

負 債 の 部

Ⅰ 流 動 負 債

　　　⋮

　2．買 掛 金　　　　　　　　（　　8,857,000）

　　　⋮

損 益 計 算 書（一部）

島根物産株式会社　　　　令和○年4月1日から令和△年3月31日まで　　　　（単位：円）

Ⅴ 営 業 外 費 用

　　　⋮

　4．為 替 差 損　　　　　　（　　184,000）

　　　⋮

25 為替予約

学習のまとめ

①為替予約

外貨建取引をおこなう企業にとっては，為替相場の変動により多くの為替差損をこうむるリスクを抱えている。このような為替差損を回避するために一般的に利用されている方法として，将来の為替相場を契約によって事前に決定することがある。これを**為替予約**という。ここでは，**振当処理**を取り扱う。

(1)取引発生前・取引時に為替予約を付した場合

外貨建取引の発生前・取引時に為替予約を付した場合は，為替予約相場で換算し，**為替差損益を計上しない**。

　例　米国にある会社より商品$10,000を掛けにより仕入れると同時に，買掛金支払いのために為替予約を$1あたり¥122でおこなった。為替予約の会計処理は振当処理を採用している。なお，仕入時の為替相場は$1あたり¥120であった。

　　　（借）仕　　　　　入　1,220,000　　（貸）買　　掛　　金　1,220,000
　　　$10,000×¥122＝¥1,220,000

(2)取引発生後に為替予約を付した場合

外貨建取引の発生後に為替予約を付した場合は，為替予約時に外貨建金銭債権債務を為替予約相場で円換算し直し，取引時の為替相場による円換算額との差額は当期の**為替差損益**として処理する。

　例　かねて米国にある取引先へ商品を$14,000（$1あたり¥122）で掛け販売していたが，本日この外貨建売掛金に対して$1あたり¥125で為替予約をおこなった。なお，為替予約の会計処理は振当処理を採用している。

　　　（借）売　　掛　　金　　42,000　　（貸）為　替　差　損　益　　42,000
　　　$14,000×（¥125－¥122）＝¥42,000（売掛金の増加）

練習問題

解答 ▶ p.30

25-1 次の取引の仕訳を示しなさい。

(1)那須物産株式会社は，7月11日に米国にある会社より商品$10,000を掛けにより仕入れると同時に，買掛金支払いのために為替予約を$1あたり¥115でおこなった。為替予約の会計処理は振当処理を採用している。なお，仕入時の為替相場は$1あたり¥112であった。

仕　　　　　入	1,150,000	買　　掛　　金	1,150,000

(2)那須物産株式会社は，8月5日に上記(1)の買掛金の決済をおこない，小切手を振り出して支払った。なお，決済日の為替相場は$1あたり¥120であった。

買　　掛　　金	1,150,000	当　座　預　金	1,150,000

(3)壬生物産株式会社は，1月19日に米国にある取引先へ商品を$17,000で掛け販売（販売時の為替相場は$1あたり¥109）していたが，本日2月26日に外貨建売掛金に対して$1あたり¥116で為替予約をおこなった。なお，為替予約の会計処理は振当処理を採用している。

売　　掛　　金	119,000	為　替　差　損　益	119,000

(4)壬生物産株式会社は，上記(3)の売掛金が本日3月10日に決済され，当座預金口座に入金された。なお，決済日の為替相場は$1あたり¥117であった。

当　座　預　金	1,972,000	売　　掛　　金	1,972,000

総合問題Ⅲ

解答 ▶ p.31

1 次の取引の仕訳を示しなさい。

(1)日光商店に対する売掛金￥600,000について，期日前に受け取ることになり，同店に１％の割引をおこない，割引額を差し引いた金額を現金で受け取った。

| 現　　　　金 | 594,000 | 売　　掛　　金 | 600,000 |
| 売　　　　上 | 6,000 | | |

(2)旅行業を営む足利観光株式会社は，本日海外旅行のツアーを実施し，サービスの提供にともなう費用￥900,000を現金で支払った。

| 役　務　原　価 | 900,000 | 現　　　　金 | 900,000 |

(3)決算において，次の資料により備品の減価償却費を計上した。なお，間接法により記帳し，法定実効税率を30％とした税効果会計を適用している。
　資　　　料
　　取得・使用開始日　令和○4年４月１日　　決算日　令和○5年３月31日
　　取得原価　￥1,000,000　耐用年数　４年（税法上の耐用年数５年）
　　残存価額　零(0)　　償却方法　定額法

| 減　価　償　却　費 | 250,000 | 備品減価償却累計額 | 250,000 |
| 繰　延　税　金　資　産 | 15,000 | 法　人　税　等　調　整　額 | 15,000 |

(4)魚沼物産株式会社は，１月22日に米国の取引先へ商品を$25,000で掛け販売（販売時の為替相場は$1あたり￥118）していたが，本日２月26日に外貨建売掛金に対して$1あたり￥123で為替予約をおこなった。なお，為替予約の会計処理は振当処理を採用している。

| 売　　掛　　金 | 125,000 | 為　替　差　損　益 | 125,000 |

(5)魚沼物産株式会社は，上記(4)の売掛金が本日３月25日に決済され，当座預金口座に入金された。なお，決済日の為替相場は$1あたり￥121であった。

| 当　座　預　金 | 3,075,000 | 売　　掛　　金 | 3,075,000 |

(6)氷見商店に対する買掛金￥760,000について，期日前に支払うことになり，同店から２％の割引を受け，割引額を差し引いた金額を現金で支払った。

| 買　　掛　　金 | 760,000 | 現　　　　金 | 744,800 |
| | | 仕　入　割　引 | 15,200 |

(7)建物の建設を工事収益総額￥9,000,000で請け負い，工事原価総額を￥6,750,000と見積った。当期中の工事原価は￥2,700,000（材料￥1,450,000　賃金￥1,250,000）であったので，期末に工事進行基準により工事収益を計上した。

工　事　原　価	2,700,000	材　　　　料	1,450,000
		賃　　　　金	1,250,000
契　約　資　産	3,600,000	工　事　収　益	3,600,000

2 関東商事株式会社の令和○2年3月31日における総勘定元帳勘定残高（一部）と付記事項および決算整理事項によって，報告式の損益計算書（一部）を作成しなさい。なお，営業利益は¥2,500,000であった。

元帳勘定残高（一部）

現　　　金	¥	900,000	売　掛　金	¥	3,500,000	売買目的有価証券	¥	1,500,000
仮払法人税等		120,000	その他有価証券		1,200,000	有価証券利息		36,000
受取配当金		51,000	固定資産売却益		150,000	支払利息		40,000
子会社株式評価損		1,347,000						

付記事項

①決算日において現金の実際有高を調べたところ，実際有高は¥885,000であり，帳簿残高との差額の原因は不明である。

②その他有価証券として保有する中部商事株式会社の株式¥1,200,000を¥1,280,000で売却し，代金は現金で受け取った。

決算整理事項

a．売買目的有価証券評価高　　　¥1,440,000

b．外貨建取引の円換算　　当社が保有している外貨建取引による売掛金および買掛金は，取引日の為替レートで円換算しており，為替予約はおこなっていない。

	取引額	取引日の為替レート	決算日の為替レート
売掛金	15,000ドル	1ドル118円	1ドル125円
買掛金	12,000ドル	1ドル120円	1ドル125円

c．法人税・住民税及び事業税額　　¥420,000

d．税効果会計　　一時差異は次のとおりである。なお，法定実効税率は30％である。

	期首	期末
貸倒引当金損金算入限度超過額	¥8,000	¥10,000

損　益　計　算　書（一部）

関東商事株式会社　　　令和○1年4月1日から令和○2年3月31日まで　　　（単位：円）

営　業　利　益		(	2,500,000)
Ⅳ　営　業　外　収　益			
1.(有価証券利息)	(36,000)		
2.(受取配当金)	(51,000)		
3.(為替差益)	(45,000)	(	132,000)
Ⅴ　営　業　外　費　用			
1.(支払利息)	(40,000)		
2.(雑損)	(15,000)		
3.(有価証券評価損)	(60,000)	(	115,000)
経　常　利　益		(	2,517,000)
Ⅵ　特　別　利　益			
1.(固定資産売却益)	(150,000)		
2.(投資有価証券売却益)	(80,000)	(	230,000)
Ⅶ　特　別　損　失			
1.(関係会社株式評価損)	(1,347,000)	(	1,347,000)
税引前当期純利益		(	1,400,000)
法人税・住民税及び事業税	(420,000)		
法人税等調整額	(△600)	(	419,400)
当　期　純　利　益		(	980,600)

第8章　財務諸表の作成

26 貸借対照表の意味と作成上の原則

1 貸借対照表の意味と機能

貸借対照表とは，一定時点における企業の財政状態を明らかにした一覧表である。

貸借対照表は，資産・負債・純資産の3つの部によって構成されており，資金の調達源泉と資金の運用形態，つまり企業の財政状態を明示する機能がある。

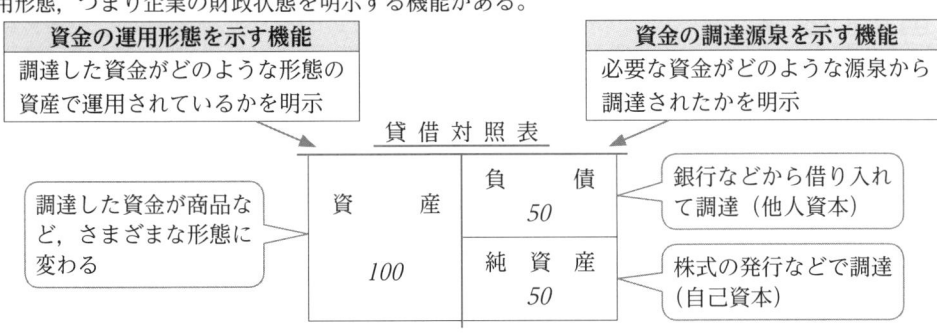

2 貸借対照表の表示形式

貸借対照表の表示形式には勘定式と報告式がある。

3 貸借対照表の作成方法（棚卸法と誘導法）

棚　卸　法	企業が一定時点で所有する資産・負債について実地棚卸によって作成する方法
誘　導　法	会計帳簿の継続的な記録による資産・負債の残高にもとづき作成する方法

4 貸借対照表の作成に関する原則

総額主義の原則

資産，負債及び純資産はすべて総額で記載することを原則とし，資産の項目と負債または純資産の項目を相殺することによって，その全部または一部を貸借対照表から除去してはならない。

明瞭性の原則

貸借対照表は，資産・負債・純資産の3つの部に区分され，さらにそれぞれの区分を適当な項目に細分して記載する。勘定科目は，明瞭性を保つうえで適当に分類・整理して示す。

5 貸借対照表の区分と項目

貸借対照表の区分と分類

```
          ┌─ Ⅰ　流動資産 ─┬─(1)　有形固定資産
資産の部 ─┤                │
          └─ Ⅱ　固定資産 ─┼─(2)　無形固定資産
                            └─(3)　投資その他の資産

          ┌─ Ⅰ　流動負債
負債の部 ─┤
          └─ Ⅱ　固定負債

          ┌─ Ⅰ　株主資本 ─┬─(1)　資　本　金
          │                 │
          │                 ├─(2)　資本剰余金 ─┬─1．資本準備金
          │                 │                    └─2．その他資本剰余金
純資産の部 ┤                 │
          │                 ├─(3)　利益剰余金 ─┬─1．利益準備金          ┌─①　任意積立金
          │                 │                    └─2．その他利益剰余金 ─┤
          │                 │                                             └─②　繰越利益剰余金
          │                 └─(4)　自己株式（控除項目）
          │
          ├─ Ⅱ　評価・換算差額等 ── 1．その他有価証券評価差額金
          └─ Ⅲ　新株予約権
```

(1)資産は，流動資産に属する資産と固定資産に属する資産とに区別しなければならない。仮払金，未決算等の勘定を貸借対照表に記載するには，その性質を示す適当な科目で表示しなければならない。

例　貸付金 ──┬─▶ 短期貸付金（流動資産）　　　前払家賃 ──┐
　　　　　　　└─▶ 長期貸付金（投資その他の資産）　前払保険料 ──┴─▶ 前払費用（流動資産）

(2)負債は，流動負債に属する負債と，固定負債に属する負債とに区別しなければならない。仮受金，未決算等の勘定を貸借対照表に記載するには，その性質を示す適当な科目で表示しなければならない。

例　借　入　金　━━▶　短期借入金（流動負債）　　未払利息━━┓
　　　　　　　　　━━▶　長期借入金（固定負債）　　未払家賃━━┛━━▶　未払費用（流動負債）

⑥貸借対照表の配列

流動性配列法	流動的なものから固定的なものへと順次配列する方法
固定性配列法	固定的なものから流動的なものへと順次配列する方法

練習問題

解答 ▶ p.32

26-1　次の各項目は，貸借対照表の下記のどの区分に記載されるか，該当する欄にその番号を記入しなさい。

1．受取手形	2．売掛金	3．買掛金	4．短期貸付金
5．短期借入金	6．商品	7．現金預金	8．支払手形
9．車両運搬具	10．建物	11．備品	12．クレジット売掛金
13．ソフトウェア	14．未収金	15．未払金	16．有価証券
17．繰越利益剰余金	18．繰延税金負債	19．建設仮勘定	20．のれん
21．資本金	22．新築積立金	23．電子記録債権	24．構築物
25．関係会社株式	26．特許権	27．投資有価証券	28．資本準備金
29．長期前払費用	30．未払費用	31．長期貸付金	32．前受収益
33．未収収益	34．長期借入金	35．利益準備金	36．未払法人税等
37．退職給付引当金	38．リース資産	39．その他有価証券評価差額金	40．繰延税金資産

貸借対照表

資産の部

Ⅰ　流動資産 ……………………………（ 1，2，4，6，7，12，14，16，23，33　　）

Ⅱ　固定資産

(1) 有形固定資産 ……………………（ 9，10，11，19，24，38　　　　　　　　）

(2) 無形固定資産 ……………………（ 13，20，26　　　　　　　　　　　　　　）

(3) 投資その他の資産 ………………（ 25，27，29，31，40　　　　　　　　　　）

負債の部

Ⅰ　流動負債 ……………………………（ 3，5，8，15，30，32，36　　　　　　　）

Ⅱ　固定負債 ……………………………（ 18，34，37　　　　　　　　　　　　　　）

純資産の部

Ⅰ　株主資本

(1) 資本金 ……………………………（ 21　　　　　　　　　　　　　　　　　　）

(2) 資本剰余金

　1．資本準備金 …………………（ 28　　　　　　　　　　　　　　　　　　）

　2．その他資本剰余金 …………（ 　　　　　　　　　　　　　　　　　　　）

(3) 利益剰余金

　1．利益準備金 …………………（ 35　　　　　　　　　　　　　　　　　　）

　2．その他利益剰余金

　　① 任意積立金 ………………（ 22　　　　　　　　　　　　　　　　　　）

　　② 繰越利益剰余金 …………（ 17　　　　　　　　　　　　　　　　　　）

Ⅱ　評価・換算差額等 …………………（ 39　　　　　　　　　　　　　　　　　　）

㉗ 貸借対照表の作成

①貸借対照表の作成

株式会社が株主総会に提出する貸借対照表は，会社計算規則によって作成しなければならない。

②報告式の貸借対照表

貸借対照表の区分と配列を会社計算規則によって示すと，次のとおりである。

```
              貸　借　対　照　表
東京商事株式会社        令和○年３月31日
                  資　産　の　部
Ⅰ　流　動　資　産                                    300
Ⅱ　固　定　資　産
　(1)　有 形 固 定 資 産              130
　(2)　無 形 固 定 資 産               40
　(3)　投資その他の資産        (＋) 35        205
               資 産 合 計                505
                  負　債　の　部
Ⅰ　流　動　負　債                                     85
Ⅱ　固　定　負　債                                     75
               負 債 合 計                160 a
                  純　資　産　の　部
Ⅰ　株　主　資　本
　(1)　資　　本　　金                                 200 b
　(2)　資　本　剰　余　金
　　１．資　本　準　備　金                             10 c
　(3)　利　益　剰　余　金
　　１．利　益　準　備　金           30 d
　　２．その他利益剰余金
　　　①　別　途　積　立　金          30 e
　　　②　繰 越 利 益 剰 余 金   (＋) 45 ⑤   (＋) 105 ④
             株 主 資 本 合 計              315 ③
Ⅱ　評価・換算差額等
　　１．その他有価証券評価差額金        10
           評価・換算差額等合計               10 f
Ⅲ　新　株　予　約　権                                20 g
             純 資 産 合 計          (＋) 345 ②
             負債及び純資産合計            505 ①
(注)　×××××××
```

〈計算方法〉
①＝資産合計
②＝①－a
③＝②－（f＋g）
④＝③－（b＋c）
⑤＝④－（d＋e）

a～gは既に計算されている数字を示す。

③貸借対照表に関する注記

貸借対照表の記載内容を利害関係者に対して明瞭に表示し，企業の財政状態を正しく判断できるように，重要な事項についての補足説明を注記する。おもな注記事項には，次のようなものがある。

(注) (1)資産を担保として渡している場合は，その事実と資産の内容とその金額
　　 (2)資産から貸倒引当金や減価償却累計額を直接控除した場合は，各資産の資産項目別の金額
　　 (3)保証債務，手形の割引高，裏書譲渡高など
　　 (4)関係会社に対する金銭による債権・債務の金額など

＊企業が貸借対照表を作成する場合には，損益計算書によって当期純利益が算出されているので，資産の部から負債の部・純資産の部へと順番に記入していけばよい。しかし，総勘定元帳の残高と決算整理事項によって，貸借対照表だけを作成する問題を解く場合は，①，②，③，④，⑤で示した部分を，この数字の順に逆算する便法を用いるとよい。

練習問題

解答 ▶ p.33

27-1 宮崎商事株式会社の総勘定元帳勘定残高と付記事項および決算整理事項によって，報告式の貸借対照表を完成しなさい。

ただし，i 会社計算規則によること。

ⅱ 会計期間は令和○年1月1日から令和○年12月31日までとする。

元帳勘定残高

現 金	¥ 1,668,000	当 座 預 金	¥ 4,530,000	受 取 手 形	¥ 3,200,000
売 掛 金	4,650,000	貸 倒 引 当 金	23,000	売買目的有価証券	1,860,000
繰 越 商 品	5,360,000	仮 払 法 人 税 等	350,000	備 品	2,400,000
備品減価償却累計額	600,000	建 設 仮 勘 定	3,000,000	満期保有目的債券	1,600,000
支 払 手 形	1,620,000	買 掛 金	3,510,000	長 期 借 入 金	2,440,000
退職給付引当金	850,000	資 本 金	11,000,000	資 本 準 備 金	500,000
利 益 準 備 金	900,000	新 築 積 立 金	3,000,000	別 途 積 立 金	1,200,000
繰越利益剰余金	240,000	売 上	57,500,000	受 取 配 当 金	110,000
有 価 証 券 利 息	40,000	仕 入	42,670,000	給 料	4,928,000
発 送 費	2,260,000	広 告 料	890,000	支 払 家 賃	1,800,000
支 払 地 代	960,000	保 険 料	320,000	水 道 光 熱 費	900,000
支 払 利 息	187,000				

付 記 事 項

①熊本商店からの商品注文に対する内金¥350,000を受け取ったさい，同店からの売掛金の回収として処理していたので訂正する。

決算整理事項

a．期末商品棚卸高　　　¥5,480,000

b．貸 倒 見 積 高　　　受取手形と売掛金の期末残高に対し，それぞれ1％と見積もり，貸倒引当金を設定する。

c．売買目的有価証券評価高　　売買目的で保有する次の株式について，時価によって評価する。

　　　　大分工業株式会社　300株

　　　　　帳簿価額　1株　¥6,200　　時　価　1株　¥6,000

d．備 品 減 価 償 却 高　　残存価額は零（0）　耐用年数は8年とし，定額法による。

e．家 賃 前 払 高　　　支払家賃勘定のうち¥1,440,000は，本年4月1日から1年分の家賃を支払ったものであり，前払高を繰り延べる。

f．利 息 未 払 高　　　長期借入金に対する利息の未払高が¥40,000ある。

g．退職給付引当金繰入額　　¥ 130,000

h．法人税・住民税及び事業税額　　¥ 930,000

貸　借　対　照　表

宮崎商事株式会社　　　　　　　　令和○年12月31日　　　　　　　　（単位：円）

資　産　の　部

I　流　動　資　産
　　1．現　金　預　金　　　　　　　　　　　　　（　　6,198,000）
　　2．受　取　手　形　　　　　3,200,000
　　　　（貸　倒　引　当　金）　（　　　32,000）　（　　3,168,000）
　　3．（売　　掛　　金）　　　（　5,000,000）
　　　　（貸　倒　引　当　金）　（　　　50,000）　（　　4,950,000）
　　4．（有　価　証　券）　　　　　　　　　　　（　　1,800,000）
　　5．（商　　　　　品）　　　　　　　　　　　（　　5,480,000）
　　6．（前　払　費　用）　　　　　　　　　　　（　　　360,000）
　　　　流　動　資　産　合　計　　　　　　　　　　　　　　　　（　　21,956,000）
II　固　定　資　産
　(1)　有　形　固　定　資　産
　　1．備　　　　　　品　　　　2,400,000
　　　　（減価償却累計額）　　（　　900,000）　（　　1,500,000）
　　2．建　設　仮　勘　定　　　　　　　　　　　（　　3,000,000）
　　　　有　形　固　定　資　産　合　計　　　　　（　　4,500,000）
　(2)　投　資　そ　の　他　の　資　産
　　1．投　資　有　価　証　券　　　　　　　　　（　　1,600,000）
　　　　投資その他の資産合計　　　　　　　　　　（　　1,600,000）
　　　　固　定　資　産　合　計　　　　　　　　　　　　　　　　（　　6,100,000）
　　　　資　産　合　計　　　　　　　　　　　　　　　　　　　　（　　28,056,000）

負　債　の　部

I　流　動　負　債
　　1．支　払　手　形　　　　　　　　　　　　1,620,000
　　2．買　　掛　　金　　　　　　　　　　　　3,510,000
　　3．前　　受　　金　　　　　　　　　　　（　　350,000）
　　4．未　払　費　用　　　　　　　　　　　（　　40,000）
　　5．未払法人税等　　　　　　　　　　　　（　　580,000）
　　　　流　動　負　債　合　計　　　　　　　　　　　　　　　　（　　6,100,000）
II　固　定　負　債
　　1．長　期　借　入　金　　　　　　　　　　2,440,000
　　2．退職給付引当金　　　　　　　　　　　（　　980,000）
　　　　固　定　負　債　合　計　　　　　　　　　　　　　　　　（　　3,420,000）
　　　　負　債　合　計　　　　　　　　　　　　　　　　　　　　（　　9,520,000）

純　資　産　の　部

I　株　主　資　本
　(1)　資　　本　　金　　　　　　　　　　　　　　　　　　　　11,000,000
　(2)　資　本　剰　余　金
　　1．資　本　準　備　金　　　　　　　　　　500,000
　　　　資　本　剰　余　金　合　計　　　　　　　　　　　　　　（　　500,000）
　(3)　利　益　剰　余　金
　　1．利　益　準　備　金　　　　　　　　　　900,000
　　2．その他利益剰余金
　　　①　新　築　積　立　金　　　　　　　　3,000,000
　　　②　別　途　積　立　金　　　　　　　　1,200,000
　　　③　繰越利益剰余金　　　　　　　　　（　1,936,000）
　　　　利　益　剰　余　金　合　計　　　　　　　　　　　　　　（　　7,036,000）
　　　　株　主　資　本　合　計　　　　　　　　　　　　　　　　（　　18,536,000）
　　　　純　資　産　合　計　　　　　　　　　　　　　　　　　　（　　18,536,000）
　　　　負　債　及　び　純　資　産　合　計　　　　　　　　　　（　　28,056,000）

27-2 三重商事株式会社の総勘定元帳勘定残高と付記事項および決算整理事項によって，報告式の貸借対照表を完成しなさい。

ただし， i　会社計算規則によること。

ii　会計期間は令和○年1月1日から令和○年12月31日までとする。

元帳勘定残高

現　　　金	¥ 845,000	当 座 預 金	¥ 3,424,000	受 取 手 形	¥ 2,100,000
売　掛　金	3,640,000	貸倒引当金	25,000	売買目的有価証券	1,660,000
繰 越 商 品	3,520,000	仮　払　金	2,400,000	備　　　品	1,600,000
備品減価償却累計額	700,000	土　　　地	3,800,000	ソフトウェア	360,000
その他有価証券	1,176,000	支 払 手 形	2,240,000	買　掛　金	2,310,000
前　受　金	260,000	長期借入金	3,550,000	退職給付引当金	340,000
資　本　金	10,000,000	資本準備金	1,200,000	利益準備金	170,000
新築積立金	800,000	別途積立金	610,000	繰越利益剰余金	195,000
売　　　上	46,500,000	受取配当金	74,000	有価証券利息	78,000
仕　　　入	37,380,000	給　　　料	3,697,000	発　送　費	930,000
広　告　料	540,000	支 払 家 賃	1,305,000	保　険　料	72,000
雑　　　費	425,000	支 払 利 息	178,000		

付記事項

①12月31日現在の当座預金出納帳の残高は¥3,424,000であり，銀行の当座勘定残高証明書の残高は¥3,294,000であったので，その不一致の原因を調査したところ，次の資料を得た。

　(ア)得意先から売掛金¥140,000が当座預金口座に振り込まれていたが，当社の帳簿に未記入であった。

　(イ)仕入先に買掛金支払いのため振り出していた約束手形¥270,000が，期日に支払われていたが，当社の帳簿に未記入であった。

②仮払金¥2,400,000の内訳は，次のとおりであった。

　(ア)建設中の商品保管用倉庫に対する建設費用の一部¥1,900,000（期末にこの倉庫は完成していない。）

　(イ)法人税・住民税及び事業税の中間納付額¥500,000

決算整理事項

　a．期末商品棚卸高　　　¥4,165,000

　b．貸倒見積高　　　　　受取手形と売掛金の期末残高に対し，それぞれ2％と見積もり，貸倒引当金を設定する。

　c．有価証券評価高　　　売買目的有価証券：京都商事㈱　200株　時価　1株　¥8,900

　　　　　　　　　　　　その他有価証券：大阪商事㈱　200株　時価　1株　¥6,580

　d．備品減価償却高　　　定率法により，毎期の償却率を25％とする。

　e．ソフトウェア償却高　自社利用目的で前期首に¥450,000で取得したものであり，定額法により5年間で償却する。

　f．家賃前払高　　　　　支払家賃のうち¥540,000は，本年10月1日から6か月分の家賃として支払ったものであり，前払高を次期に繰り延べる。

　g．退職給付引当金繰入額　¥ 170,000

　h．法人税・住民税及び事業税額　¥ 920,000

貸 借 対 照 表

三重商事株式会社 　　　　　令和○年12月31日　　　　　（単位：円）

資 産 の 部

I 流 動 資 産

1. 現 金 預 金		(4,139,000)
2. 受 取 手 形	(2,100,000)	
（貸 倒 引 当 金）	(42,000)	(2,058,000)
3.（売 掛 金）	(3,500,000)	
（貸 倒 引 当 金）	(70,000)	(3,430,000)
4.（有 価 証 券）		(1,780,000)
5.（商 品）		(4,165,000)
6.（前 払 費 用）		(270,000)
流 動 資 産 合 計			(15,842,000)

II 固 定 資 産

(1) 有 形 固 定 資 産

1.（備 品）	(1,600,000)	
（減価償却累計額）	(925,000)	(675,000)
2.（土 地）		(3,800,000)
3.（建 設 仮 勘 定）		(1,900,000)
有 形 固 定 資 産 合 計		(6,375,000)

(2) 無 形 固 定 資 産

1.（ソ フ ト ウ ェ ア）	(270,000)
無 形 固 定 資 産 合 計	(270,000)

(3) 投 資 そ の 他 の 資 産

1.（投 資 有 価 証 券）	(1,316,000)
投資その他の資産合計	(1,316,000)
固 定 資 産 合 計	(7,961,000)
資 産 合 計	(23,803,000)

負 債 の 部

I 流 動 負 債

1. 支 払 手 形	(1,970,000)	
2. 買 掛 金	(2,310,000)	
3.（前 受 金）	(260,000)	
4.（未 払 法 人 税 等）	(420,000)	
流 動 負 債 合 計		(4,960,000)

II 固 定 負 債

1.（長 期 借 入 金）	(3,550,000)	
2. 退 職 給 付 引 当 金	(510,000)	
固 定 負 債 合 計		(4,060,000)
負 債 合 計		(9,020,000)

純 資 産 の 部

I 株 主 資 本

(1) 資 本 金 　　　　　　　　　　　　　　(10,000,000)

(2) 資 本 剰 余 金

1. 資 本 準 備 金	(1,200,000)	
資 本 剰 余 金 合 計		(1,200,000)

(3) 利 益 剰 余 金

1. 利 益 準 備 金	(170,000)	
2. その他利益剰余金		
①（新 築 積 立 金）	(800,000)	
②（別 途 積 立 金）	(610,000)	
③ 繰 越 利 益 剰 余 金	(1,863,000)	
利 益 剰 余 金 合 計		(3,443,000)
株 主 資 本 合 計		(14,643,000)

II 評価・換算差額等

1. その他有価証券評価差額金	(140,000)	
評価・換算差額等合計		(140,000)
純 資 産 合 計		(14,783,000)
負 債 及 び 純 資 産 合 計		(23,803,000)

検定問題　　　　　　　　　　　　　　　　　　　　解答 ▶ p.36

27-3 鹿児島物産株式会社の総勘定元帳勘定残高と付記事項および決算整理事項によって，報告式
頻出!! の貸借対照表を完成しなさい。　　　　　　　　　　　　　　　　　　　（第74回改題）

ただし， i 　会社計算規則によること。

　　　　 ii 　会計期間は令和○2年4月1日から令和○3年3月31日までとする。

元帳勘定残高

現　　　　金	¥ 1,195,000	当 座 預 金	¥ 4,876,000	電子記録債権	¥ 4,300,000
売　掛　金	2,900,000	貸倒引当金	14,000	売買目的有価証券	3,200,000
繰 越 商 品	4,914,000	仮払法人税等	1,200,000	備　　　品	3,600,000
備品減価償却累計額	720,000	リース資産	600,000	リース資産減価償却累計額	120,000
満期保有目的債券	980,000	電子記録債務	2,752,000	買　掛　金	3,795,000
長 期 借 入 金	1,650,000	リース債務	360,000	退職給付引当金	1,820,000
資　本　金	7,000,000	資本準備金	1,300,000	利益準備金	470,000
別途積立金	360,000	繰越利益剰余金	241,000	売　　　上	73,014,000
有価証券利息	49,000	仕　　　入	53,687,000	給　　　料	6,924,000
発　送　費	1,279,000	広　告　料	1,290,000	支 払 家 賃	1,896,000
保　険　料	405,000	租 税 公 課	231,000	雑　　　費	121,000
支 払 利 息	67,000				

付記事項

①リース債務¥360,000は令和○6年3月31日までリース契約をしているコピー機に対するものであり，決算日の翌日から1年以内の部分は流動負債として表示する。

決算整理事項

a．期 末 商 品 棚 卸 高　　　¥4,608,000

b．貸 倒 見 積 高　　　電子記録債権と売掛金の期末残高に対し，それぞれ1%と見積もり，貸倒引当金を設定する。

c．売買目的有価証券評価高　　　売買目的有価証券は次の株式であり，時価によって評価する。

　　　　　　　　宮崎商事株式会社　400株　　　時　　価　　1株　¥7,800

d．減 価 償 却 高　　　備　　　品：定率法により，毎期の償却率を20%とする。

　　　　　　　　リース資産：リース料総額¥600,000　残存価額は零（0）　耐用年数は5年とし，定額法により計算している。

e．満期保有目的債券評価高　　　満期保有目的債券は，償却原価法（定額法）によって¥984,000に評価する。

f．保 険 料 前 払 高　　　保険料のうち¥324,000は，令和○2年7月1日から1年分の保険料として支払ったものであり，前払高を次期に繰り延べる。

g．利 息 未 払 高　　　¥ 22,000

h．退職給付引当金繰入額　　　¥ 490,000

i．法人税・住民税及び事業税額　　　¥1,630,000

貸 借 対 照 表

鹿児島物産株式会社 　　　令和○3年3月31日 　　　　　　（単位：円）

資 産 の 部

I 流 動 資 産
　1. 現 金 預 金 　　　　　　　　　　　　　（　　6,071,000）
　2. 電 子 記 録 債 権 　（　　4,300,000）
　　　（貸 倒 引 当 金） 　（　　　　43,000）　（　　4,257,000）
　3.（売　　　掛　　　金）　（　　2,900,000）
　　　（貸 倒 引 当 金） 　（　　　　29,000）　（　　2,871,000）
　4.（有 価 証 券） 　　　　　　　　　　　（　　3,120,000）
　5.（商　　　　　　品） 　　　　　　　　　（　　4,608,000）
　6.（前 払 費 用） 　　　　　　　　　　　（　　　81,000）
　　　　流 動 資 産 合 計 　　　　　　　　　　　　　　　（　 21,008,000）
II 固 定 資 産
　(1) 有 形 固 定 資 産
　1.（備　　　　　　品） 　（　　3,600,000）
　　　（減 価 償 却 累 計 額） 　（　　1,296,000）　（　　2,304,000）
　2.（リ ー ス 資 産） 　（　　　600,000）
　　　（減 価 償 却 累 計 額） 　（　　　240,000）　（　　　360,000）
　　　　有 形 固 定 資 産 合 計 　　　　　　　　　（　　2,664,000）
　(2) 投 資 そ の 他 の 資 産
　1.（投 資 有 価 証 券） 　　　　　　　　（　　　984,000）
　　　　投資その他の資産合計 　　　　　　　（　　　984,000）
　　　　固 定 資 産 合 計 　　　　　　　　　　　　　　　（　　3,648,000）
　　　　資 産 合 計 　　　　　　　　　　　　　　　　　（　 24,656,000）

負 債 の 部

I 流 動 負 債
　1. 電 子 記 録 債 務 　　　　　　　　　　（　　2,752,000）
　2. 買　　　掛　　　金 　　　　　　　　　（　　3,795,000）
　3.（リ ー ス 債 務） 　　　　　　　　　　（　　　120,000）
　4.（未 払 費 用） 　　　　　　　　　　　（　　　22,000）
　5.（未 払 法 人 税 等） 　　　　　　　　（　　　430,000）
　　　　流 動 負 債 合 計 　　　　　　　　　　　　　　　（　　7,119,000）
II 固 定 負 債
　1.（長 期 借 入 金） 　　　　　　　　　　（　　1,650,000）
　2.（リ ー ス 債 務） 　　　　　　　　　　（　　　240,000）
　3.（退 職 給 付 引 当 金） 　　　　　　　（　　2,310,000）
　　　　固 定 負 債 合 計 　　　　　　　　　　　　　　　（　　4,200,000）
　　　　負 債 合 計 　　　　　　　　　　　　　　　　　（　 11,319,000）

純 資 産 の 部

I 株 主 資 本
　(1) 資 本 金 　　　　　　　　　　　　　　　　　　　（　　7,000,000）
　(2) 資 本 剰 余 金
　1.（資 本 準 備 金） 　　　　　　　　　　（　　1,300,000）
　　　　資 本 剰 余 金 合 計 　　　　　　　　　　　　　（　　1,300,000）
　(3) 利 益 剰 余 金
　1.（利 益 準 備 金） 　　　　　　　　　　（　　　470,000）
　2. そ の 他 利 益 剰 余 金
　　① 別 途 積 立 金 　　　　　　　　　　　（　　　360,000）
　　②（繰 越 利 益 剰 余 金） 　　　　　　　（　　4,207,000）
　　　　利 益 剰 余 金 合 計 　　　　　　　　　　　　　（　　5,037,000）
　　　　株 主 資 本 合 計 　　　　　　　　　　　　　　　（　 13,337,000）
　　　　純 資 産 合 計 　　　　　　　　　　　　　　　　（　 13,337,000）
　　　　負 債 及 び 純 資 産 合 計 　　　　　　　　　　（　 24,656,000）

27-4 関東商事株式会社の総勘定元帳勘定残高と付記事項および決算整理事項によって，報告式の
◀頻出‼ 貸借対照表を完成しなさい。 (第77回改題)

ただし，ⅰ　会社計算規則によること。
　　　　ⅱ　会計期間は平成24年4月1日から平成25年3月31日までとする。

元帳勘定残高

現　　　　金	¥ 716,000	当 座 預 金	¥ 2,862,000	受 取 手 形	¥ 1,100,000
売　掛　金	2,920,000	貸倒引当金	6,000	売買目的有価証券	2,510,000
繰越商品	3,321,000	仮払法人税等	823,000	建　　　物	5,700,000
建物減価償却累計額	855,000	備　　　品	3,200,000	備品減価償却累計額	800,000
土　　　地	7,960,000	子会社株式	6,480,000	支 払 手 形	1,530,000
買　掛　金	2,862,000	借　入　金	2,500,000	退職給付引当金	1,410,000
資　本　金	17,000,000	資本準備金	1,200,000	利益準備金	525,000
別途積立金	400,000	繰越利益剰余金	486,000	売　　　上	76,652,000
受 取 地 代	216,000	受 取 配 当 金	74,000	仕　　　入	55,860,000
給　　　料	9,225,000	発　送　費	1,675,000	広　告　料	1,204,000
保　険　料	530,000	消 耗 品 費	157,000	租 税 公 課	206,000
支 払 利 息	67,000				

付　記　事　項

①借入金の返済期限は¥500,000が平成25年7月31日であり¥2,000,000が平成27年11月30日
　である。

決算整理事項

a．期末商品棚卸高　　　¥3,125,000

b．外貨建取引の円換算　　当社が保有している外貨建取引による売掛金および買掛金は，
取引日の為替レートで円換算しており，為替予約はおこなってい
ない。

	取引額	取引日の為替レート	決算日の為替レート
売掛金	5,000ドル	1ドル126円	1ドル122円
買掛金	6,000ドル	1ドル124円	1ドル122円

c．貸 倒 見 積 高　　　受取手形と売掛金の期末残高に対し，それぞれ2%として貸倒
引当金を設定する。ただし，税法上，損金算入限度額は¥40,000
であった。なお，法定実効税率30%による税効果会計を適用して
いる。

d．売買目的有価証券評価高　　売買目的有価証券は次の株式であり，時価によって評価する。
　　埼玉商事株式会社　150株　　時　　価　1株　¥7,600
　　千葉商事株式会社　200株　　時　　価　1株　¥6,400

e．減 価 償 却 高　　　建　物：定額法により，残存価額は取得原価の10%　耐用年数
　　　　　　　　　　　　　　　　は30年とする。
　　　　　　　　　　　　備　品：定率法により，毎期の償却率を25%とする。

f．子会社株式評価高　　支配を目的として保有する次の株式について，時価がいちじる
しく下落し，回復の見込みがないため，時価によって評価する。
　　北西商事株式会社　900株　　帳簿価額　1株　¥7,200
　　　　　　　　　　　　　　　　時　　価　1株　¥3,400

g．保 険 料 前 払 高　　保険料のうち¥330,000は，平成24年12月1日からの1年分を
支払ったものであり，前払高を次期に繰り延べる。

h．利 息 未 払 高　　　借入金の内訳は次のとおりであり，利息は利払日に経過した
6か月分を支払っている。よって，利息の未払高を計上する。

金　　額	返済期限	利率	利 払 日
¥　500,000	平成25年7月31日	年3.6%	1月末・7月末
¥2,000,000	平成27年11月30日	年3.9%	5月末・11月末

i．退職給付引当金繰入額　¥　310,000

j．法人税・住民税及び事業税額　¥1,014,000

貸　借　対　照　表

関東商事株式会社　　　　　　　　　　平成25年３月31日　　　　　　　　　　（単位：円）

資　産　の　部

Ⅰ　流　動　資　産
　　1．現　金　預　金　　　　　　　　　　　　　　　　（　　3,578,000）
　　2．受　取　手　形　　　　（　　1,100,000）
　　　　（貸　倒　引　当　金）　（　　　22,000）　（　　1,078,000）
　　3．(売　　　掛　　　金)　（　　2,900,000）
　　　　（貸　倒　引　当　金）　（　　　58,000）　（　　2,842,000）
　　4．(有　価　証　券)　　　　　　　　　　　　　　（　　2,420,000）
　　5．(商　　　　　　　品)　　　　　　　　　　　　（　　3,125,000）
　　6．(前　払　費　用)　　　　　　　　　　　　　　（　　　220,000）
　　　　流　動　資　産　合　計　　　　　　　　　　　　　　　　　（　　13,263,000）
Ⅱ　固　定　資　産
　(1)　有　形　固　定　資　産
　　1．建　　　　　　　物　　（　　5,700,000）
　　　　（減価償却累計額）　　（　　1,026,000）　（　　4,674,000）
　　2．(備　　　　　　　品)　（　　3,200,000）
　　　　（減価償却累計額）　　（　　1,400,000）　（　　1,800,000）
　　3．(土　　　　　　　地)　　　　　　　　　　　　（　　7,960,000）
　　　　有　形　固　定　資　産　合　計　　　　　　　（　　14,434,000）
　(2)　投　資　そ　の　他　の　資　産
　　1．(関　係　会　社　株　式)　　　　　　　　　　（　　3,060,000）
　　2．(繰　延　税　金　資　産)　　　　　　　　　　（　　　10,200）
　　　　投資その他の資産合計　　　　　　　　　　　（　　3,070,200）
　　　　固　定　資　産　合　計　　　　　　　　　　　　　　　　　（　　17,504,200）
　　　　　資　産　合　計　　　　　　　　　　　　　　　　　　　　（　　30,767,200）

負　債　の　部

Ⅰ　流　動　負　債
　　1．支　払　手　形　　　　　　　　　　　　　　　（　　1,530,000）
　　2．買　　掛　　金　　　　　　　　　　　　　　　（　　2,850,000）
　　3．(短　期　借　入　金)　　　　　　　　　　　　（　　　500,000）
　　4．(未　払　費　用)　　　　　　　　　　　　　　（　　　29,000）
　　5．(未　払　法　人　税　等)　　　　　　　　　　（　　　191,000）
　　　　流　動　負　債　合　計　　　　　　　　　　　　　　　　　（　　5,100,000）
Ⅱ　固　定　負　債
　　1．(長　期　借　入　金)　　　　　　　　　　　　（　　2,000,000）
　　2．(退　職　給　付　引　当　金)　　　　　　　　（　　1,720,000）
　　　　固　定　負　債　合　計　　　　　　　　　　　　　　　　　（　　3,720,000）
　　　　　負　債　合　計　　　　　　　　　　　　　　　　　　　　（　　8,820,000）

純　資　産　の　部

Ⅰ　株　主　資　本
　(1)　資　　本　　金　　　　　　　　　　　　　　　　　　　　　（　　17,000,000）
　(2)　資　本　剰　余　金
　　1．(資　本　準　備　金)　　　　　　　　　　　　（　　1,200,000）
　　　　資　本　剰　余　金　合　計　　　　　　　　　　　　　　　（　　1,200,000）
　(3)　利　益　剰　余　金
　　1．(利　益　準　備　金)　　　　　　　　　　　　（　　　525,000）
　　2．その他利益剰余金
　　　①　別　途　積　立　金　　　　　　　　　　　　（　　　400,000）
　　　②　(繰　越　利　益　剰　余　金)　　　　　　　（　　2,822,200）
　　　　利　益　剰　余　金　合　計　　　　　　　　　　　　　　　（　　3,747,200）
　　　　株　主　資　本　合　計　　　　　　　　　　　　　　　　　（　　21,947,200）
　　　　　純　資　産　合　計　　　　　　　　　　　　　　　　　　（　　21,947,200）
　　　　負　債　及　び　純　資　産　合　計　　　　　　　　　　　（　　30,767,200）

27-5 宮崎商事株式会社の総勘定元帳勘定残高と付記事項および決算整理事項によって，報告式の
◀頻出!! 貸借対照表を完成しなさい。　　　　　　　　　　　　　　　　　　　　　　（第86回改題）

ただし，i　会社計算規則によること。
　　　　　ii　会計期間は令和○1年4月1日から令和○2年3月31日までとする。

元帳勘定残高

現　　　金	¥ 685,000	当 座 預 金	¥ 1,300,000	受 取 手 形	¥ 2,000,000
売 掛 金	1,400,000	貸倒引当金	12,000	売買目的有価証券	1,590,000
繰 越 商 品	1,460,000	仮払法人税等	980,000	備　　　品	2,600,000
備品減価償却累計額	1,625,000	土　　　地	10,705,000	建設仮勘定	4,500,000
その他有価証券	2,262,000	子会社株式	1,920,000	支 払 手 形	1,795,000
買 掛 金	1,411,000	長期借入金	2,600,000	退職給付引当金	2,630,000
資 本 金	12,000,000	資本準備金	1,600,000	利益準備金	1,380,000
別途積立金	1,530,000	繰越利益剰余金	247,000	売　　　上	67,620,000
受取配当金	74,000	仕 入 割 引	136,000	有価証券売却益	390,000
仕　　　入	48,375,000	給　　　料	8,280,000	発 送 費	1,025,000
広 告 料	1,772,000	支 払 家 賃	1,920,000	消 耗 品 費	220,000
保 険 料	969,000	租 税 公 課	314,000	雑　　　費	120,000
支 払 利 息	78,000	固定資産除却損	575,000		

付記事項

①3月31日の当座勘定残高証明書の金額は¥1,720,000であり，その不一致の原因を調査したところ，次の資料を得た。

　㋐かねて仕入先長崎商店あてに振り出した小切手¥140,000が，銀行でまだ引き落とされていなかった。

　㋑買掛金支払いのために小切手¥80,000を作成して記帳していたが，まだ仕入先に渡していなかった。

　㋒かねて取り立てを依頼してあった得意先鹿児島商店振り出しの約束手形¥200,000が銀行で取り立て済みとなり，当座預金口座に入金されていたが，当社では未記帳であった。

決算整理事項

a. 期末商品棚卸高

	帳簿棚卸数量	実地棚卸数量	原　価	正味売却価額
A品	1,200個	1,200個	@¥900	@¥840
B品	1,400〃	1,320〃	〃〃550	〃〃660

ただし，棚卸減耗損および商品評価損は売上原価の内訳項目とする。

b. 貸 倒 見 積 高　受取手形と売掛金の期末残高に対し，それぞれ1％と見積もり，貸倒引当金を設定する。

c. 売買目的有価証券評価高　売買目的で保有する次の株式について，時価によって評価する。
熊本株式会社　300株　時価　1株¥5,600

d. その他有価証券評価高　その他有価証券として保有している次の株式について，時価によって評価する。
大分株式会社　300株　時価　1株¥7,740
なお，法定実効税率30％による税効果会計を適用している。

e. 備品減価償却高　定額法により，残存価額は零(0)　耐用年数は8年とする。

f. 保 険 料 前 払 高　保険料のうち¥864,000は，令和○1年8月1日から3年分の保険料として支払ったものであり，前払高を次期に繰り延べる。

g. 利 息 未 払 高　¥ 13,000

h. 退職給付引当金繰入額　¥ 820,000

i. 法人税・住民税及び事業税額　¥1,329,000

貸 借 対 照 表

宮崎商事株式会社　　　　　　　　令和○2年3月31日　　　　　　　　（単位：円）
資 産 の 部

I 流 動 資 産
　1. 現 金 預 金　　　　　　　　　　　　　　（　　2,265,000）
　2. 受 取 手 形　　　　（　　1,800,000）
　　　貸 倒 引 当 金　　（　　　18,000）　（　　1,782,000）
　3. 売 掛 金　　　　　（　　1,400,000）
　　　貸 倒 引 当 金　　（　　　14,000）　（　　1,386,000）
　4. 有 価 証 券　　　　　　　　　　　　　　（　　1,680,000）
　5.(商　　　　品)　　　　　　　　　　　　　（　　1,734,000）
　6.(前 払 費 用)　　　　　　　　　　　　　（　　　288,000）
　　　流 動 資 産 合 計　　　　　　　　　　　　　　　　　　　（　　9,135,000）
II 固 定 資 産
　(1) 有 形 固 定 資 産
　1. 備　　　　　品　　　　2,600,000
　　　減 価 償 却 累 計 額　（　　1,950,000）　（　　650,000）
　2. 土　　　　　地　　　　10,705,000
　3. 建 設 仮 勘 定　　　　4,500,000
　　　有 形 固 定 資 産 合 計　　　　　　（　　15,855,000）
　(2) 投 資 そ の 他 の 資 産
　1. 投 資 有 価 証 券　　　　　　　　　　（　　2,322,000）
　2.(関 係 会 社 株 式)　　　　　　　　　（　　1,920,000）
　3.(長 期 前 払 費 用)　　　　　　　　　（　　　384,000）
　　　投 資 そ の 他 の 資 産 合 計　　　（　　4,626,000）
　　　固 定 資 産 合 計　　　　　　　　　　　　　　　　　　　（　20,481,000）
　　　資 産 合 計　　　　　　　　　　　　　　　　　　　　　　（　29,616,000）

負 債 の 部

I 流 動 負 債
　1. 支 払 手 形　　　　　　　　　　　　　1,795,000
　2. 買 掛 金　　　　　　　　　　　　　（　　1,491,000）
　3.(未 払 費 用)　　　　　　　　　　　（　　　13,000）
　4.(未 払 法 人 税 等)　　　　　　　　（　　　349,000）
　　　流 動 負 債 合 計　　　　　　　　　　　　　　　　　　　（　　3,648,000）
II 固 定 負 債
　1.(長 期 借 入 金)　　　　　　　　　　（　　2,600,000）
　2. 退 職 給 付 引 当 金　　　　　　　　（　　3,450,000）
　3.(繰 延 税 金 負 債)　　　　　　　　（　　　18,000）
　　　固 定 負 債 合 計　　　　　　　　　　　　　　　　　　　（　　6,068,000）
　　　負 債 合 計　　　　　　　　　　　　　　　　　　　　　　（　　9,716,000）

純 資 産 の 部

I 株 主 資 本
　(1) 資 本 金　　　　　　　　　　　　　　　　　　　　　　12,000,000
　(2) 資 本 剰 余 金
　1. 資 本 準 備 金　　　　　　　　　　1,600,000
　　　資 本 剰 余 金 合 計　　　　　　　　　　　　　　1,600,000
　(3) 利 益 剰 余 金
　1. 利 益 準 備 金　　　　　　　　　　1,380,000
　2. そ の 他 利 益 剰 余 金
　　① 別 途 積 立 金　　　　　　　　1,530,000
　　② 繰 越 利 益 剰 余 金　　　　（　　3,348,000）
　　　利 益 剰 余 金 合 計　　　　　　　　　　　　　（　　6,258,000）
　　　株 主 資 本 合 計　　　　　　　　　　　　　　（　19,858,000）
II 評 価・換 算 差 額 等
　1.(その他有価証券評価差額金)　　　　　（　　42,000）
　　　評 価・換 算 差 額 等 合 計　　　　　　　　　（　　42,000）
　　　純 資 産 合 計　　　　　　　　　　　　　　　（　19,900,000）
　　　負 債 及 び 純 資 産 合 計　　　　　　　　　（　29,616,000）

28 損益計算の意味と損益の区分

学習のまとめ

①損益計算書の意味と役割

損益計算書は，企業の経営成績を明らかにするため，一会計期間に属するすべての収益と，これに対応するすべての費用とを記載した報告書である。損益計算書には，当期純利益を算定する役割と，貸借対照表で示される純資産の増減の原因を明らかにする役割がある。

②損益計算の意味

日々，継続している経営活動に一定の会計期間を決め，損益の計算をする。これを期間損益計算という。期間損益計算の方法は，財産法と損益法がある。
(1)財　産　法　当期純損益＝期末資本－期首資本
(2)損　益　法　当期純損益＝収益総額－費用総額

③損益計算書の表示形式

損益計算書の表示形式には，勘定式と報告式がある。

④損益計算書の区分

(1)損益の区分

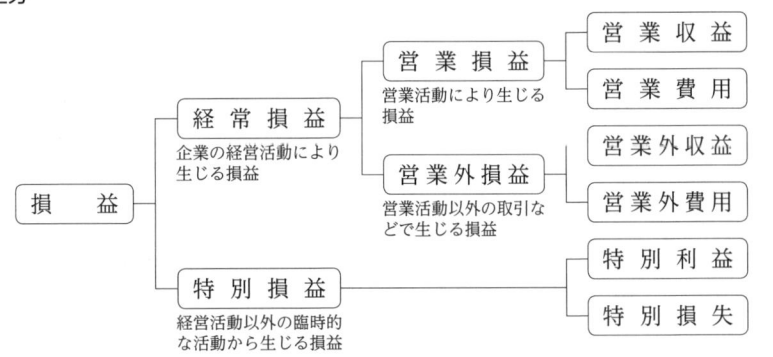

(2)損益計算書の区分と各利益の算定方法

	売　上　高	売上
－	売　上　原　価	期首商品棚卸高＋当期商品仕入高－期末商品棚卸高
	売　上　総　利　益	売上高－売上原価
－	販　売　費　及　び　一　般　管　理　費	給料・広告料・発送費・貸倒引当金繰入・保険料・旅費・交通費・通信費・減価償却費・消耗品費・租税公課・支払家賃・支払地代・水道光熱費・修繕費・開発費・研究開発費・退職給付費用・特許権償却・鉱業権償却・のれん償却・雑費
	営　業　利　益	売上総利益－販売費及び一般管理費
＋	営　業　外　収　益	受取利息・受取家賃・受取地代・有価証券利息・受取配当金・有価証券評価益・有価証券売却益・仕入割引・保証債務取崩益・為替差損益（貸方残高）・雑益
－	営　業　外　費　用	支払利息・手形売却損・電子記録債権売却損・創立費・開業費・株式交付費・保証債務費用・有価証券評価損・有価証券売却損・為替差損益（借方残高）・雑損
	経　常　利　益	営業利益＋営業外収益－営業外費用
＋	特　別　利　益	固定資産売却益・投資有価証券売却益・新株予約権戻入益
－	特　別　損　失	固定資産売却損・固定資産除却損・災害損失・子会社株式評価損・投資有価証券売却損・関連会社株式評価損
	税引前当期純利益	経常利益＋特別利益－特別損失
－	法人税・住民税及び事業税	法人税等
	当　期　純　利　益	税引前当期純利益－法人税・住民税及び事業税

①販売費及び一般管理費（研究開発費）

　新しい知識の発見を目的とした研究や新しい製品・サービス・生産方法の開発のために要した原価
は，**研究開発費勘定**で処理する。この研究開発費は，将来収益を確実に得られるかわからないため，
資産として計上しないで，発生したときに費用として処理する。

　ａ．新商品の開発に要した費用を支払ったとき（小切手払い）

　　（借）研 究 開 発 費　×××　　（貸）当 座 預 金　×××

②営業外損益（仕入割引・電子記録債権売却損）

　ａ．買掛金を支払期日前に支払ったとき（小切手払い）

　　（借）買 　 掛 　 金　×××　　（貸）当 座 預 金　×××
　　　　　　　　　　　　　　　　　　　　仕 入 割 引　　××

　ｂ．電子記録債権を譲渡したさいに損失が発生したとき（当座預金）

　　（借）当 座 預 金　×××　　（貸）電 子 記 録 債 権　×××
　　　　　電子記録債権売却損　　××

売買に関して注意する取引

取　　引	処 理 方 法
仕入返品（売上返品）	仕入（売上）勘定から控除する。
仕入値引（売上値引）	仕入（売上）勘定から控除する。
仕入割引（売上割引）	営業外収益とする。（売上勘定から控除する。）

③特別損益（投資有価証券売却益・災害損失）

　ａ．その他有価証券として保有する株式を，帳簿価額以上の金額で売却したとき（現金受け取り）

　　（借）現 　 　 　 　 金　×××　　（貸）その他有価証券　×××
　　　　　　　　　　　　　　　　　　　投資有価証券売却益　　××

　ｂ．建物が火災で焼失したとき

　　（借）建物減価償却累計額　×××　　（貸）建 　 　 物　×××
　　　　　災 害 損 失　×××

練習問題

解答 ▶ p.42

28-1　次の項目は，損益計算書のどの区分に記載されるか，該当する欄にその番号を記入しなさい。

1．給　　　　　料　　2．受 取 利 息　　3．固定資産売却益　　4．電子記録債権売却損
5．広 告 宣 伝 費　　6．災 害 損 失　　7．固定資産売却損　　8．仕 入 割 引
9．退 職 給 付 費 用　10．有価証券売却益　11．減 価 償 却 費　12．固定資産除却損
13．手 形 売 却 損　14．投資有価証券売却益　15．子会社株式評価損　16．有価証券評価損
17．貸倒引当金繰入　18．為替差損益(借方残高)　19．研 究 開 発 費

販売費及び一般管理費	1，5，9，11，17，19
営 業 外 収 益	2，8，10
営 業 外 費 用	4，13，16，18
特 　 別 　 利 　 益	3，14
特 　 別 　 損 　 失	6，7，12，15

28-2 高知商事株式会社の令和○2年3月31日における総勘定元帳勘定残高（一部）と付記事項および決算整理事項によって，報告式の損益計算書（一部）を作成しなさい。なお，営業利益は¥5,840,000であった。

元帳勘定残高（一部）

現　　　金	¥ 819,000	売　掛　金	¥ 1,540,000	売買目的有価証券	¥ 900,000
満期保有目的債券	1,968,000	子会社株式	3,420,000	借　入　金	1,200,000
有価証券利息	36,000	受取配当金	51,000	有価証券売却益	27,000
雑　　　益	5,000	固定資産売却益	180,000	投資有価証券売却益	73,000
支　払　利　息	30,000	雑　　　損	133,000	災　害　損　失	1,360,000

付記事項

①徳島商店に対する借入金の利払日につき利息¥30,000を，小切手を振り出して支払っていたが，未記帳であった。

②配当金領収証¥8,000を受け取っていたが，未処理であった。

③雑損のうち¥125,000は，不用になった備品を除却して廃棄したときの帳簿価額であったので，適切な科目に修正する。なお，この備品の評価額は零（0）とする。

決算整理事項

　a. 売買目的有価証券評価高　¥880,000

　b. 満期保有目的債券評価高　前期首に発行した満期保有目的債券は，償却原価法（定額法）によって¥1,976,000に評価する。

　c. 子会社株式評価高　子会社の財政状態が悪化したので，保有する子会社の株式600株（1株の帳簿価額¥5,700）を実質価額（1株　¥2,300）によって評価替えする。なお，子会社の発行済株式数は1,000株（市場価格のない株式）である。

損　益　計　算　書（一部）

高知商事株式会社　　　　　令和○1年4月1日から令和○2年3月31日まで　　　　　（単位：円）

営　業　利　益		(	5,840,000)
Ⅳ 営　業　外　収　益			
1.(有 価 証 券 利 息)	(44,000)		
2.(受 取 配 当 金)	(59,000)		
3.(有 価 証 券 売 却 益)	(27,000)		
4.(雑　　　　　　益)	(5,000)	(	135,000)
Ⅴ 営　業　外　費　用			
1.(支 払 利 息)	(60,000)		
2.(有 価 証 券 評 価 損)	(20,000)		
3.(雑　　　　　　損)	(8,000)	(	88,000)
経　常　利　益		(	5,887,000)
Ⅵ 特　別　利　益			
1.(固 定 資 産 売 却 益)	(180,000)		
2.(投 資 有 価 証 券 売 却 益)	(73,000)	(	253,000)
Ⅶ 特　別　損　失			
1.(災 害 損 失)	(1,360,000)		
2.(固 定 資 産 除 却 損)	(125,000)		
3.(関 係 会 社 株 式 評 価 損)	(2,040,000)	(	3,525,000)
税 引 前 当 期 純 利 益		(	2,615,000)

㉙ 損益計算書の作成

①損益計算書の作成

株式会社が株主総会に提出する損益計算書は，会社計算規則によって作成しなければならない。

総額主義の原則

収益・費用を損益計算書に記載するにあたっては，原則としてそれぞれ総額で記載をし，両者を相殺して差額だけを示してはならない。

②報告式の損益計算書

損益計算書の区分を，会社計算規則によって示すと次のとおりである。

```
                損  益  計  算  書
東京商事株式会社   令和○1年4月1日から令和○2年3月31日まで
 Ⅰ  売       上       高                       3,800 ①
 Ⅱ  売    上    原    価
    1. 期 首 商 品 棚 卸 高          80
    2. 当 期 商 品 仕 入 高     (＋) 2,087 ②
            合       計         2,167
    3. 期 末 商 品 棚 卸 高     (－)   75 ③
                              2,092
    4. 棚  卸  減  耗  損     (＋)    3
    5. 商  品  評  価  損     (＋)    5       2,100 ④
        売  上  総  利  益                  1,700
 Ⅲ  販売費及び一般管理費            (－) 1,600
        営    業    利    益                 100 ⑤
 Ⅳ  営    業    外    収    益       (＋)   13
 Ⅴ  営    業    外    費    用       (－)    9
        経    常    利    益                 104
 Ⅵ  特    別    利    益          (＋)    6
 Ⅶ  特    別    損    失          (－)    8
        税 引 前 当 期 純 利 益                102
        法人税・住民税及び事業税     (－)   45
        当    期    純    利    益              57
  (注) ×××××××
```

①＝総売上高－(売上値引＋返品高)

②＝総仕入高－(仕入値引＋返品高)

③は帳簿棚卸高を記載する。

④は売上原価を意味するが，原価性のある棚卸減耗損や商品評価損など売上原価の内訳項目となるものも含まれる。

⑤＝売上総利益－販売費及び一般管理費

③損益計算書の注記

損益計算書の記載内容のうち，説明を要する重要事項については注記をしなければならない。注記をすることにより，利害関係者に重要な情報を示すことができる。

（注）関係会社との営業取引高の総額および営業取引以外の取引高の総額

練習問題

解答 ▶ p.43

29-1 神奈川商事株式会社の総勘定元帳勘定残高と付記事項および決算整理事項によって，報告式の損益計算書を完成しなさい。

ただし，ⅰ　会社計算規則によること。
　　　　ⅱ　会計期間は令和○年1月1日から令和○年12月31日までとする。

元帳勘定残高

現　　　　金	¥　385,000	当 座 預 金	¥ 2,330,000	受 取 手 形	¥ 3,600,000
売　掛　金	4,720,000	クレジット売掛金	200,000	貸倒引当金	50,000
売買目的有価証券	4,000,000	繰 越 商 品	3,250,000	仮払法人税等	1,400,000
備　　　　品	3,000,000	備品減価償却累計額	600,000	土　　　　地	10,060,000
満期保有目的債券	5,800,000	支 払 手 形	2,000,000	買　掛　金	3,320,000
短期借入金	1,200,000	退職給付引当金	2,580,000	資　本　金	15,000,000
資本準備金	1,900,000	利益準備金	500,000	新築積立金	3,250,000
繰越利益剰余金	260,000	売　　　　上	72,950,000	受取配当金	433,000
有価証券利息	87,000	仕 入 割 引	20,000	固定資産売却益	600,000
仕　　　　入	53,400,000	給　　　　料	6,813,000	発 送 費	1,016,000
広　告　料	1,930,000	支 払 家 賃	1,680,000	保　険　料	420,000
雑　　　　費	80,000	支 払 利 息	24,000	手形売却損	50,000
固定資産除却損	592,000				

付 記 事 項

①期限が到来した社債の利札¥87,000と配当金領収証¥6,000が未記帳であった。

決算整理事項

a．期末商品棚卸高　　帳簿棚卸数量　1,000個　　原　　　　価　@¥3,600
　　　　　　　　　　　実地棚卸数量　　950〃　　正味売却価額　〃〃3,600
　　　　　　　　　　　ただし，棚卸減耗損は売上原価の内訳項目とする。

b．外貨建取引の円換算　当社が保有している外貨建取引による売掛金および買掛金は，取引日の為替レートで円換算しており，為替予約はおこなっていない。

	取引額	取引日の為替レート	決算日の為替レート
売掛金	10,000ドル	1ドル123円	1ドル125円
買掛金	8,000ドル	1ドル122円	1ドル125円

c．貸 倒 見 積 高　　売上債権の期末残高に対し，それぞれ1%と見積もり，貸倒引当金を設定する。

d．売買目的有価証券評価高　売買目的で保有する次の株式について，時価によって評価する。
　　　　　　　　　　　札幌商事株式会社　500株　帳簿価額　1株　¥8,000
　　　　　　　　　　　　　　　　　　　　　　　　時　　価　1株　¥8,500

e．備品減価償却高　　定率法により，毎期の償却率を20%とする。

f．保険料前払高　　　保険料勘定のうち¥180,000は，本年9月分から翌年2月分までを支払ったものであり，前払高を次期に繰り延べる。

g．家 賃 未 払 高　　¥ 840,000

h．退職給付引当金繰入額　¥1,350,000

i．法人税・住民税及び事業税額　¥2,070,000

損　益　計　算　書

神奈川商事株式会社　　令和○年1月1日から令和○年12月31日まで　　　　　　（単位：円）

Ⅰ	売　上　高		（　72,950,000）
Ⅱ	売　上　原　価		
	1. 期首商品棚卸高	（　3,250,000）	
	2. 当期商品仕入高	（　53,400,000）	
	合　計	（　56,650,000）	
	3. 期末商品棚卸高	（　3,600,000）	
		（　53,050,000）	
	4.（棚卸減耗損）	（　180,000）	（　53,230,000）
	売　上　総　利　益		（　19,720,000）
Ⅲ	販売費及び一般管理費		
	1. 給　料	6,813,000	
	2. 発　送　費	1,016,000	
	3. 広　告　料	1,930,000	
	4.（貸倒引当金繰入）	（　35,400）	
	5.（減価償却費）	（　480,000）	
	6. 支　払　家　賃	（　2,520,000）	
	7. 保　険　料	（　360,000）	
	8.（退職給付費用）	（　1,350,000）	
	9. 雑　費	80,000	（　14,584,400）
	営　業　利　益		（　5,135,600）
Ⅳ	営　業　外　収　益		
	1. 受　取　配　当　金	（　439,000）	
	2.（有価証券評価益）	（　250,000）	
	3.（有価証券利息）	（　174,000）	
	4. 仕　入　割　引	20,000	（　883,000）
Ⅴ	営　業　外　費　用		
	1. 支　払　利　息	24,000	
	2. 手　形　売　却　損	50,000	
	3.（為　替　差　損）	（　4,000）	（　78,000）
	経　常　利　益		（　5,940,600）
Ⅵ	特　別　利　益		
	1. 固定資産売却益	（　600,000）	（　600,000）
Ⅶ	特　別　損　失		
	1. 固定資産除却損	（　592,000）	（　592,000）
	税引前当期純利益		（　5,948,600）
	法人税・住民税及び事業税		（　2,070,000）
	当　期　純　利　益		（　3,878,600）

検定問題

解答 ▶ p.44

29-2 四国商事株式会社の総勘定元帳勘定残高と付記事項および決算整理事項によって，報告式の
頻出!! 損益計算書を完成しなさい。　　　　　　　　　　　　　　　　　　　（第68回一部修正）

ただし，i　会社計算規則によること。
　　　　ii　会計期間は令和○1年4月1日から令和○2年3月31日までとする。

元帳勘定残高

現　　金	¥ 620,000	当座預金	¥ 2,785,000	受取手形	¥ 3,260,000
売 掛 金	4,340,000	貸倒引当金	29,000	売買目的有価証券	2,710,000
繰越商品	4,690,000	仮払法人税等	1,480,000	仮 払 金	210,000
備　　品	3,400,000	備品減価償却累計額	1,400,000	土　　地	12,560,000
満期保有目的債券	4,000,000	支払手形	2,850,000	買 掛 金	3,964,000
長期借入金	1,800,000	退職給付引当金	1,580,000	資 本 金	17,000,000
資本準備金	1,900,000	利益準備金	470,000	別途積立金	410,000
繰越利益剰余金	260,000	売　　上	73,950,000	有価証券利息	60,000
受取配当金	30,000	固定資産売却益	350,000	仕　　入	54,200,000
給　　料	6,570,000	発 送 費	834,000	広 告 料	748,000
支払家賃	2,760,000	保 険 料	255,000	租税公課	290,000
雑　　費	203,000	支払利息	54,000	固定資産除却損	84,000

付記事項

①仮払金¥210,000のうち¥130,000は商品を売り上げたさいの発送費であり，残額は商品を仕入れたさいの引取費であることがわかった。

②当期中に備品の現状を維持するために修理をおこない，現金¥200,000を支払ったさい，誤って，全額資本的支出として処理していた。

決算整理事項

a．期末商品棚卸高　　帳簿棚卸数量　920個　　原　　価　@¥5,200
　　　　　　　　　　実地棚卸数量　890〃　　正味売却価額　〃〃5,000
　　　　　　　　　　ただし，商品評価損は売上原価の内訳項目とする。また，棚卸減耗損のうち，10個分は売上原価の内訳項目とし，残りは営業外費用とする。

b．貸倒見積高　　　　受取手形と売掛金の期末残高に対し，それぞれ1%と見積もり，貸倒引当金を設定する。

c．売買目的有価証券評価高　売買目的で保有する次の株式について，時価によって評価する。
　　高松商事株式会社　250株
　　　帳簿価額　1株 ¥5,200　　時　　価　1株 ¥4,800
　　松山商事株式会社　300株
　　　帳簿価額　1株 ¥4,700　　時　　価　1株 ¥4,500

d．備品減価償却高　　定率法により，毎期の償却率を25%とする。

e．保険料前払高　　　¥ 51,000

f．利息未払高　　　　長期借入金に対する利息は，毎年6月末と12月末に，経過した6か月分として¥36,000を支払うことになっており，未払高を計上する。

g．退職給付引当金繰入額　¥ 380,000

h．法人税・住民税及び事業税額　¥2,782,000

損 益 計 算 書

四国商事株式会社　　　　令和○1年4月1日から令和○2年3月31日まで　　　　　（単位：円）

Ⅰ	売　　　上　　　高		(73,950,000)
Ⅱ	売　　上　　原　　価		
	1．期 首 商 品 棚 卸 高	(4,690,000)	
	2．当 期 商 品 仕 入 高	(54,280,000)	
	合　　　　計	(58,970,000)	
	3．期 末 商 品 棚 卸 高	(4,784,000)	
		(54,186,000)	
	4．(棚 卸 減 耗 損)	(52,000)	
	5．(商 品 評 価 損)	(178,000)	(54,416,000)
	売　上　総　利　益		(19,534,000)
Ⅲ	販売費及び一般管理費		
	1．給　　　　　　料	(6,570,000)	
	2．発　　送　　費	(964,000)	
	3．広　　告　　料	(748,000)	
	4．(貸 倒 引 当 金 繰 入)	(47,000)	
	5．(減 価 償 却 費)	(450,000)	
	6．(修　　繕　　費)	(200,000)	
	7．(支 払 家 賃)	(2,760,000)	
	8．(保　　険　　料)	(204,000)	
	9．(退 職 給 付 費 用)	(380,000)	
	10．(租 税 公 課)	(290,000)	
	11．(雑　　　　　費)	(203,000)	(12,816,000)
	営　　業　　利　　益		(6,718,000)
Ⅳ	営　業　外　収　益		
	1．(有 価 証 券 利 息)	(60,000)	
	2．(受 取 配 当 金)	(30,000)	(90,000)
Ⅴ	営　業　外　費　用		
	1．支　払　利　息	(72,000)	
	2．(有 価 証 券 評 価 損)	(160,000)	
	3．(棚 卸 減 耗 損)	(104,000)	(336,000)
	経　　常　　利　　益		(6,472,000)
Ⅵ	特　別　利　益		
	1．固 定 資 産 売 却 益	(350,000)	(350,000)
Ⅶ	特　別　損　失		
	1．(固 定 資 産 除 却 損)	(84,000)	(84,000)
	税 引 前 当 期 純 利 益		(6,738,000)
	法人税・住民税及び事業税		(2,782,000)
	当　期　純　利　益		(3,956,000)

29-3 熊本商事株式会社の総勘定元帳勘定残高と付記事項および決算整理事項によって，報告式の
◀頻出!! 損益計算書を完成しなさい。 (第71回改題)

ただし， i 会社計算規則によること。
　　　　 ii 会計期間は令和○1年4月1日から令和○2年3月31日までとする。

元帳勘定残高

現　　　　金	¥ 1,054,000	当 座 預 金	¥ 4,658,000	受 取 手 形	¥ 5,300,000
売　掛　金	4,620,000	貸倒引当金	16,000	売買目的有価証券	2,940,000
繰 越 商 品	4,730,000	仮払法人税等	1,400,000	備　　　品	4,800,000
備品減価償却累計額	1,600,000	土　　　地	5,878,000	ソフトウェア	700,000
繰延税金資産	120,000	支 払 手 形	2,470,000	買　掛　金	4,820,000
短期借入金	2,400,000	仮　受　金	120,000	退職給付引当金	1,634,000
資　本　金	13,000,000	資本準備金	1,200,000	利益準備金	500,000
別途積立金	380,000	繰越利益剰余金	230,000	売　　　上	75,400,000
受取手数料	309,000	受 取 地 代	51,000	仕　　　入	58,490,000
給　　　料	4,080,000	発　送　費	1,722,000	広　告　料	1,270,000
支 払 家 賃	1,440,000	保　険　料	312,000	租 税 公 課	320,000
雑　　　費	93,000	支 払 利 息	48,000	雑　　　損	155,000

付 記 事 項

①仮受金¥120,000は，福岡商店に対する売掛金¥120,000の回収額であることが判明した。
②雑損¥155,000は，不要になった備品を除却して廃棄したときの帳簿価額であったので，
　適切な科目に修正する。なお，この備品の評価額は零（0）とする。

決算整理事項

a．期末商品棚卸高　　帳簿棚卸数量　1,960個　　原　　　価　@¥2,600
　　　　　　　　　　　実地棚卸数量　1,920〃　　正味売却価額　〃〃2,550
　　　　　　　　　　　ただし，商品評価損は売上原価の内訳項目とする。また，棚卸
　　　　　　　　　　減耗損のうち，30個分は売上原価の内訳項目とし，残りは営業外
　　　　　　　　　　費用とする。

b．貸 倒 見 積 高　　売上債権の期末残高に対し，それぞれ1％と見積もり，貸倒引
　　　　　　　　　　当金を設定する。

c．売買目的有価証券評価高　　売買目的で保有する次の株式について，時価によって評価する。
　　　　　　　　　　長崎商事株式会社　600株　　帳簿価額　1株　¥4,900
　　　　　　　　　　　　　　　　　　　　　　　　時　　価　1株　¥4,700

d．備 品 減 価 償 却 高　　残存価額は零（0）　耐用年数は6年とし，定額法による。なお，
　　　　　　　　　　この備品の税法上の耐用年数は8年であり，法定実効税率を30％
　　　　　　　　　　とした税効果会計を適用する。

e．ソフトウェア償却高　　当期首に自社利用の目的で購入したものであり，定額法により
　　　　　　　　　　5年間で償却する。

f．家 賃 前 払 高　　支払家賃のうち¥540,000は，令和○2年2月分から令和○2年
　　　　　　　　　　7月分までを支払ったものであり，前払高を次期に繰り延べる。

g．利 息 未 払 高　　短期借入金に対する利息の未払高¥24,000を計上する。

h．退職給付引当金繰入額　　¥　430,000

i．法人税・住民税及び事業税額　　¥2,088,000

損　益　計　算　書

熊本商事株式会社　　　令和○1年4月1日から令和○2年3月31日まで　　　（単位：円）

Ⅰ　売　　上　　高			(		75,400,000)
Ⅱ　売　上　原　価					
1．期首商品棚卸高	(	4,730,000)			
2．当期商品仕入高	(	58,490,000)			
合　　　計	(	63,220,000)			
3．期末商品棚卸高	(	5,096,000)			
	(	58,124,000)			
4．(棚卸減耗損)	(	78,000)			
5．(商品評価損)	(	96,000)	(		58,298,000)
売上総利益			(		17,102,000)
Ⅲ　販売費及び一般管理費					
1．給　　　　料	(	4,080,000)			
2．発　送　費	(	1,722,000)			
3．広　告　料	(	1,270,000)			
4．(貸倒引当金繰入)	(	82,000)			
5．(減価償却費)	(	800,000)			
6．(支払家賃)	(	1,080,000)			
7．(保険料)	(	312,000)			
8．(退職給付費用)	(	430,000)			
9．(租税公課)	(	320,000)			
10．(ソフトウェア償却)	(	140,000)			
11．(雑　　　費)	(	93,000)	(		10,329,000)
営業利益			(		6,773,000)
Ⅳ　営業外収益					
1．受取手数料	(	309,000)			
2．(受取地代)	(	51,000)	(		360,000)
Ⅴ　営業外費用					
1．(支払利息)	(	72,000)			
2．(有価証券評価損)	(	120,000)			
3．(棚卸減耗損)	(	26,000)	(		218,000)
経常利益			(		6,915,000)
Ⅵ　特別損失					
1．(固定資産除却損)	(	155,000)	(		155,000)
税引前当期純利益			(		6,760,000)
法人税・住民税及び事業税	(	2,088,000)			
法人税等調整額	(	△60,000)	(		2,028,000)
当期純利益			(		4,732,000)

29-4 鳥取商事株式会社の総勘定元帳勘定残高と付記事項および決算整理事項によって，報告式の
◀頻出!! 損益計算書を完成しなさい。　　　　　　　　　　　　　　　　　　　　　　　　（第73回改題）

　　　　ただし，　i　会社計算規則によること。
　　　　　　　　 ii　会計期間は令和○3年4月1日から令和○4年3月31日までとする。

元帳勘定残高

現　　　　金	¥　390,000	当座預金 ¥ 1,156,000	受取手形 ¥ 3,590,000
売　掛　金	2,360,000	貸倒引当金 19,000	売買目的有価証券 2,600,000
繰越商品	4,800,000	仮払法人税等 1,130,000	備　　　品 3,200,000
備品減価償却累計額	1,400,000	リース資産 700,000	リース資産減価償却累計額 175,000
土　　　地	10,263,000	ソフトウェア 350,000	子会社株式 2,695,000
支払手形	1,737,000	買　掛　金 2,500,000	短期借入金 1,600,000
前　受　金	796,000	リース債務 350,000	退職給付引当金 2,478,000
資　本　金	12,250,000	資本準備金 1,000,000	利益準備金 300,000
別途積立金	210,000	繰越利益剰余金 165,000	売　　　上 71,100,000
受取地代	240,000	受取配当金 304,000	仕　　　入 49,070,000
給　　　料	6,870,000	発　送　費 1,400,000	広　告　料 1,860,000
支払家賃	3,360,000	保　険　料 272,000	租税公課 280,000
雑　　　費	119,000	支払利息 49,000	固定資産売却損 110,000

付記事項

①発送費のうち¥80,000は，商品を仕入れたさいの引取運賃であることがわかった。

②島根商店から売掛金¥250,000を期日前に受け取り，契約によって2％の割引をおこない，
　現金¥245,000を受け取っていた。なお，売上割引は売上勘定から控除すること。

決算整理事項

　a．期末商品棚卸高　　　帳簿棚卸数量　1,900個　　原　　　価　@¥2,200
　　　　　　　　　　　　　実地棚卸数量　1,840〃　　正味売却価額　〃〃2,150
　　　　　　　　　　　　　ただし，棚卸減耗損および商品評価損は売上原価の内訳項目と
　　　　　　　　　　　　　する。

　b．貸倒見積高　　　　　受取手形と売掛金の期末残高に対し，それぞれ1％と見積もり，
　　　　　　　　　　　　　貸倒引当金を設定する。

　c．売買目的有価証券評価高　売買目的有価証券は次の株式であり，時価によって評価する。
　　　　　　　　　　　　　岡山商事株式会社　400株　　時　　価　1株　¥6,400

　d．減価償却高　　　　　備　　　品：定率法により，毎期の償却率を25％とする。
　　　　　　　　　　　　　リース資産：リース料総額¥700,000　残存価額は零（0）　耐
　　　　　　　　　　　　　　　　　　用年数は4年とし，定額法により計算している。

　e．ソフトウェア償却高　ソフトウェア¥350,000は，当期首に自社利用の目的で購入し
　　　　　　　　　　　　　たものであり，定額法により，5年間で償却する。

　f．保険料前払高　　　　保険料のうち¥204,000は，令和○3年8月から1年分の保険料
　　　　　　　　　　　　　として支払ったものであり，前払高を次期に繰り延べる。

　g．利息未払高　　　　　¥　21,000

　h．退職給付引当金繰入額　¥　259,000

　i．法人税・住民税及び事業税額　¥1,899,000

損　益　計　算　書

鳥取商事株式会社　　　　令和○3年4月1日から令和○4年3月31日まで　　　　（単位：円）

I　売　　上　　高　　　　　　　　　　　　　　　　　　　（　　　　71,095,000）

II　売　上　原　価
　1. 期 首 商 品 棚 卸 高　　　　（　　　　4,800,000）
　2. 当 期 商 品 仕 入 高　　　　（　　　49,150,000）
　　　　合　　　　　計　　　　　（　　　53,950,000）
　3. 期 末 商 品 棚 卸 高　　　　（　　　　4,180,000）
　　　　　　　　　　　　　　　　（　　　49,770,000）
　4.（棚 卸 減 耗 損）　　　　　（　　　　　132,000）
　5.（商 品 評 価 損）　　　　　（　　　　　　92,000）　　　（　　　49,994,000）
　　　　売　上　総　利　益　　　　　　　　　　　　　　（　　　21,101,000）

III　販売費及び一般管理費
　1. 給　　　　　　　料　　　　（　　　　6,870,000）
　2. 発　　送　　費　　　　　　（　　　　1,320,000）
　3. 広　　告　　料　　　　　　（　　　　1,860,000）
　4.（貸 倒 引 当 金 繰 入）　　（　　　　　　38,000）
　5.（減 価 償 却 費）　　　　　（　　　　　625,000）
　6.（支 払 家 賃）　　　　　　（　　　　3,360,000）
　7.（保 険 料）　　　　　　　　（　　　　　204,000）
　8.（退 職 給 付 費 用）　　　　（　　　　　259,000）
　9.（租 税 公 課）　　　　　　（　　　　　280,000）
　10.（ソフトウェア償却）　　　　（　　　　　　70,000）
　11.（雑　　　　　　費）　　　（　　　　　119,000）　　　（　　　15,005,000）
　　　　営　業　利　益　　　　　　　　　　　　　　　　（　　　　6,096,000）

IV　営　業　外　収　益
　1.（受 取 地 代）　　　　　　（　　　　　240,000）
　2.（受 取 配 当 金）　　　　　（　　　　　304,000）　　　（　　　　　544,000）

V　営　業　外　費　用
　1.（支 払 利 息）　　　　　　（　　　　　70,000）
　2.（有 価 証 券 評 価 損）　　（　　　　　40,000）　　　（　　　　　110,000）
　　　　経　常　利　益　　　　　　　　　　　　　　　　（　　　　6,530,000）

VI　特　別　損　失
　1.（固 定 資 産 売 却 損）　　（　　　　　110,000）　　　（　　　　　110,000）
　　　　税 引 前 当 期 純 利 益　　　　　　　　　　　　（　　　　6,420,000）
　　　　法人税・住民税及び事業税　　　　　　　　　　　（　　　　1,899,000）
　　　　当　期　純　利　益　　　　　　　　　　　　　　（　　　　4,521,000）

29-5 京都商事株式会社の総勘定元帳残高と付記事項および決算整理事項によって，報告式の損益
<頻出!! 計算書を完成しなさい。　　　　　　　　　　　　　　　　　　　　　　　　　　（第76回改題）

　　　ただし，i　会社計算規則によること。
　　　　　　　ii　会計期間は令和○1年4月1日から令和○2年3月31日までとする。

元帳勘定残高

現　　　　金	¥ 975,000	当 座 預 金	¥ 2,130,000	受 取 手 形	¥ 2,000,000
電子記録債権	317,000	売　掛　金	2,800,000	貸倒引当金	5,000
売買目的有価証券	1,430,000	繰 越 商 品	4,129,000	短期貸付金	1,400,000
仮払法人税等	1,080,000	建　　　物	18,000,000	備　　　品	4,000,000
備品減価償却累計額	1,000,000	支 払 手 形	2,950,000	買 　掛 　金	4,526,000
長 期 借 入 金	3,000,000	退職給付引当金	1,350,000	資　本　金	16,000,000
資 本 準 備 金	1,800,000	利 益 準 備 金	930,000	繰越利益剰余金	353,000
売　　　　上	48,687,000	受 取 利 息	57,000	受 取 配 当 金	48,000
固定資産売却益	976,000	仕　　　入	31,916,000	給　　　料	4,986,000
発　送　費	547,000	広　告　料	2,401,000	支 払 手 数 料	180,000
支 払 家 賃	840,000	支 払 地 代	1,632,000	保　険　料	300,000
租 税 公 課	345,000	雑　　　費	19,000	支 払 利 息	70,000
有価証券売却損	185,000				

付記事項

　　①電子記録債権¥317,000を譲渡記録により取引銀行に¥315,000で譲渡し，当座預金口座に
　　　入金されたが未処理であった。
　　②支払手数料勘定の¥180,000は，当期首に取得した建物¥18,000,000の買入手数料と判明
　　　したので，適切な科目に訂正した。

決算整理事項

　　a．期末商品棚卸高

	帳簿棚卸数量	実地棚卸数量	原　　　価	正味売却価額
A品	1,900個	1,900個	@¥1,500	@¥1,480
B品	3,000〃	2,900〃	〃 〃 650	〃 〃 800

　　　　　　　　　　ただし，棚卸減耗損および商品評価損は売上原価の内訳項目と
　　　　　　　　　する。
　　b．貸 倒 見 積 高　　売上債権の期末残高に対し，それぞれ貸倒実績率を1%として
　　　　　　　　　　　　貸倒引当金を設定する。
　　c．売買目的有価証券評価高　売買目的で保有する次の株式について，時価によって評価する。
　　　　　　　　　　　　大阪商事株式会社　　150株
　　　　　　　　　　　　　帳簿価額　1株　¥7,540　　時　　価　1株　¥7,580
　　　　　　　　　　　　滋賀商事株式会社　　100株
　　　　　　　　　　　　　帳簿価額　1株　¥2,990　　時　　価　1株　¥3,150
　　d．減 価 償 却 高　　建　物：定額法により，残存価額は零(0) 耐用年数は30年と
　　　　　　　　　　　　する。
　　　　　　　　　　　　備　品：定率法により，毎期の償却率を25%とする。
　　e．保 険 料 前 払 高　　保険料のうち¥276,000は，令和○1年5月1日から1年分の保
　　　　　　　　　　　　険料として支払ったものであり，前払高を次期に繰り延べる。
　　f．利 息 未 払 高　　長期借入金に対する利息は，毎年4月末と10月末に，経過した
　　　　　　　　　　　　6か月分として¥60,000を支払うことになっており，未払高を計
　　　　　　　　　　　　上する。
　　g．退職給付引当金繰入額　　¥ 240,000
　　h．法人税・住民税及び事業税額　　¥1,650,000

損　益　計　算　書

京都商事株式会社　　　　令和○1年4月1日から令和○2年3月31日まで　　　　　　（単位：円）

Ⅰ　売　　上　　高		(48,687,000)
Ⅱ　売　上　原　価		
1．期首商品棚卸高	(4,129,000)	
2．当期商品仕入高	(31,916,000)	
合　　　計	(36,045,000)	
3．期末商品棚卸高	(4,800,000)	
	(31,245,000)	
4．(棚卸減耗損)	(65,000)	
5．(商品評価損)	(38,000)	(31,348,000)
売上総利益		(17,339,000)
Ⅲ　販売費及び一般管理費		
1．給　　　　　料	(4,986,000)	
2．発　　送　　費	(547,000)	
3．広　　告　　料	(2,401,000)	
4．(貸倒引当金繰入)	(43,000)	
5．(減価償却費)	(1,356,000)	
6．(支払家賃)	(840,000)	
7．(支払地代)	(1,632,000)	
8．(保険料)	(277,000)	
9．(退職給付費用)	(240,000)	
10．(租税公課)	(345,000)	
11．(雑費)	(19,000)	(12,686,000)
営業利益		(4,653,000)
Ⅳ　営業外収益		
1．受取利息	(57,000)	
2．(受取配当金)	(48,000)	
3．(有価証券評価益)	(22,000)	(127,000)
Ⅴ　営業外費用		
1．(支払利息)	(120,000)	
2．(電子記録債権売却損)	(2,000)	
3．(有価証券売却損)	(185,000)	(307,000)
経常利益		(4,473,000)
Ⅵ　特別利益		
1．(固定資産売却益)	(976,000)	(976,000)
税引前当期純利益		(5,449,000)
法人税・住民税及び事業税		(1,650,000)
当期純利益		(3,799,000)

30 その他の財務諸表

①株主資本等変動計算書の意味と役割

株主資本等変動計算書は，純資産の期中変動を明らかにする財務諸表（計算書類）である。貸借対照表と同様に，株主資本，評価・換算差額等の項目で構成されている。

②注記表の意味と役割

注記表とは，財務諸表の記載内容に関連する重要事項を，財務諸表本体とは別に，一括して記載した表である。これにより，重要な事項を詳細に明示することができる。

③附属明細書の意味と役割

附属明細書は，財務諸表の内容を補足するために，重要事項の内容を詳細に記載した表である。

④包括利益計算書の意味と役割

包括利益計算書は，損益計算書を経由せず，直接的に貸借対照表の純資産に計上するその他有価証券評価差額金などの項目について，当期純利益に加減して包括利益を表示する財務諸表（計算書類）である。

練習問題

解答 ▶ p.52

30-1 次の文の□□□にあてはまるもっとも適当な語を，下記の語群のなかから選び，その番号を記入しなさい。ただし，同じ番号を重複して用いてもよい。

a．純資産の期中変動を明らかにする計算書類を　ア　といい，財務諸表の記載内容に関連する重要事項を一括して記載した表を　イ　という。また，財務諸表の内容を補足するために，重要事項の内容詳細を記載した表を　ウ　といい，これらは，会社法の規定により　エ　と　オ　とともに作成が義務づけられている。

b．　カ　は，貸借対照表の　キ　の部に表示される各項目の期首残高が，会計期間中どのように変動し，期末残高になったかを明らかにする財務諸表であり，各項目の変動内容の記載は，新株の発行・　ク　の配当・当期純損益の計上などがある。

c．その他有価証券評価差額金など，直接的に貸借対照表の純資産に計上する項目について，当期純利益に加減して　ケ　を表示する計算書類を　コ　という。

語群

1．貸借対照表	2．附属明細書	3．損益計算書	4．総勘定元帳
5．注記表	6．包括利益	7．株主資本等変動計算書	
8．残高試算表	9．包括利益計算書	10．剰余金	
11．精算表	12．資産	13．配当金	14．純資産

a				
ア	イ	ウ	エ	オ
7	5	2	1 (3)	3 (1)

b			c	
カ	キ	ク	ケ	コ
7	14	10	6	9

30-2 松戸物産株式会社の当期末（決算日　令和○2年3月31日）の株主資本等変動計算書と報告式の貸借対照表（純資産の部）を完成しなさい。

（第16期）　株主資本等変動計算書

松戸物産株式会社　　　　令和○1年4月1日から令和○2年3月31日まで　　　　（単位：千円）

	株主資本							純資産合計
		資本剰余金		利益剰余金				
	資本金	資本準備金	資本剰余金合計	利益準備金	その他利益剰余金		利益剰余金合計	
					別途積立金	繰越利益剰余金		
当期首残高	5,000	600	(600)	300	100	350	(750)	(6,350)
当期変動額								
新株の発行	150	150	(150)					(300)
剰余金の配当				20		△ 220	(△ 200)	(△ 200)
別途積立金の積立					50	△(50)	―	―
当期純利益						240	(240)	(240)
当期変動額合計	(150)	(150)	(150)	(20)	(50)	(△ 30)	(40)	(340)
当期末残高	(5,150)	(750)	(750)	(320)	(150)	(320)	(790)	(6,690)

（第16期）　貸借対照表

松戸物産株式会社　　　　　　令和○2年3月31日　　　　　　（単位：千円）

純資産の部

Ⅰ　株主資本
(1)　資本金　　　　　　　　　　　　　　　　　　　　　　　　(　5,150)
(2)　資本剰余金
　　1.資本準備金　　　　　　　　　　(　750)
　　　　資本剰余金合計　　　　　　　　　　　　　　　(　750)
(3)　利益剰余金
　　1.利益準備金　　　　　　　　　　(　320)
　　2.その他利益剰余金
　　　①　別途積立金　　　　　　　　　(　150)
　　　②　繰越利益剰余金　　　　　　　(　320)
　　　　利益剰余金合計　　　　　　　　　　　　　　　(　790)
　　　　株主資本合計　　　　　　　　　　　　　　　　(　6,690)
　　　　　純資産合計　　　　　　　　　　　　　　　　(　6,690)

30-3 次の資料によって，九州商事株式会社の当期末（決算日　令和○2年3月31日）の株主資本等変動計算書と報告式の貸借対照表（純資産の部）を完成しなさい。

資　　料

純資産の変動に関する情報

4月1日　新株を発行し，払込金¥20,000,000は当座預金とした。なお，会社法に規定する最低限度額を資本金に計上した。

6月30日　株主総会において，繰越利益剰余金を次のとおり配当および処分することを決議した。

利益準備金　¥70,000　　配　当　金　¥700,000　　新築積立金　¥120,000

3月31日　決算の結果，当期純利益¥950,000を計上した。

株 主 資 本 等 変 動 計 算 書

九州商事株式会社　　　　　令和○1年4月1日から令和○2年3月31日まで　　　　（単位：円）

	株 主 資 本							純資産合計
	資 本 金	資本剰余金		利益剰余金				
		資本準備金	資本剰余金合計	利益準備金	その他利益剰余金		利益剰余金合計	
					新築積立金	繰越利益剰余金		
当期首残高	50,000,000	2,000,000	2,000,000	840,000	360,000	920,000	2,120,000	54,120,000
当期変動額								
新株の発行	(10,000,000)	(10,000,000)	(10,000,000)					(20,000,000)
剰余金の配当				(70,000)		△(770,000)	△(700,000)	△(700,000)
新築積立金の積立					(120,000)	△(120,000)	―	―
当期純利益						(950,000)	(950,000)	(950,000)
当期変動額合計	(10,000,000)	(10,000,000)	(10,000,000)	(70,000)	(120,000)	(60,000)	(250,000)	(20,250,000)
当期末残高	(60,000,000)	(12,000,000)	(12,000,000)	(910,000)	(480,000)	(980,000)	(2,370,000)	(74,370,000)

貸 借 対 照 表

九州商事株式会社　　　　　令和○2年3月31日　　　　　（単位：円）

純 資 産 の 部

Ⅰ 株 主 資 本

(1) 資　　本　　金　　　　　　　　　　　　　　　　　　(60,000,000)

(2) 資 本 剰 余 金

　1.(資 本 準 備 金)　　　　　(12,000,000)

　　資 本 剰 余 金 合 計　　　　　　　　　　　　　(12,000,000)

(3) 利 益 剰 余 金

　1.(利 益 準 備 金)　　　　　(　　910,000)

　2. その他利益剰余金

　　①(新 築 積 立 金)　　　　(　　480,000)

　　② 繰 越 利 益 剰 余 金　　(　　980,000)

　　利 益 剰 余 金 合 計　　　　　　　　　　　　　(2,370,000)

　　株 主 資 本 合 計　　　　　　　　　　　　　　(74,370,000)

　　　純 資 産 合 計　　　　　　　　　　　　　　　(74,370,000)

30-4 次の取引と第7期の損益計算書（決算日　令和○2年3月31日）によって，第7期の株主資本等変動計算書と貸借対照表を完成しなさい。

取　　　引

令和○1年6月27日

株主総会において，繰越利益剰余金980千円を次のとおり配当および処分することを決議した。

利益準備金　　80千円

配　当　金　800千円

別途積立金　100千円

（第7期）　損　益　計　算　書

令和○1年4月1日から令和○2年3月31日まで（単位：千円）

費　　用	金　　額	収　　益	金　　額
売 上 原 価	21,000	売 上 高	28,000
販 売 費	4,500	営 業 外 収 益	530
一 般 管 理 費	570	特 別 利 益	90
営 業 外 費 用	630		
特 別 損 失	320		
法 人 税 等	480		
当 期 純 利 益	1,120		
	28,620		28,620

（第7期）　株 主 資 本 等 変 動 計 算 書

令和○1年4月1日から令和○2年3月31日まで　　　　　（単位：千円）

	株　　主　　資　　本							純資産合計
	資 本 金	資本剰余金		利益剰余金				
		資本準備金	資本剰余金合　計	利益準備金	その他利益剰余金		利益剰余金合　計	
					別途積立金	繰越利益剰余金		
当期首残高	10,000	1,000	1,000	800	300	1,200	2,300	13,300
当期変動額								
剰余金の配当				(80)		(△880)	(△800)	(△800)
別途積立金の積立					(100)	(△100)	—	—
当期純利益						(1,120)	(1,120)	(1,120)
当期変動額合計	—	—	—	(80)	(100)	(140)	(320)	(320)
当期末残高	(10,000)	(1,000)	(1,000)	(880)	(400)	(1,340)	(2,620)	(13,620)

（第7期）　貸 借 対 照 表

令和○2年3月31日　　　　　（単位：千円）

資　　　　産	金　　額	負債・純資産	金　　額
現 金 預 金	3,400	支 払 手 形	2,000
受 取 手 形	2,000	買 掛 金	2,580
売 掛 金	2,400	未 払 法 人 税 等	300
有 価 証 券	1,800	退 職 給 付 引 当 金	1,500
商 品	2,100	資 本 金	(10,000)
前 払 費 用	400	資 本 準 備 金	(1,000)
備 品	1,900	利 益 準 備 金	(880)
建 物	2,800	別 途 積 立 金	(400)
土 地	(3,200)	繰 越 利 益 剰 余 金	(1,340)
	(20,000)		(20,000)

30-5 次の資料によって，長野商事株式会社の当期末（決算日　令和○2年3月31日）の株主資本等変動計算書と報告式の貸借対照表（純資産の部）を完成しなさい。

資　　料

純資産の変動に関する情報

6月30日　株主総会において，繰越利益剰余金を次のとおり配当および処分することを決議した。

利益準備金　¥60,000　　配　当　金　¥600,000　　新築積立金　¥150,000

9月30日　新株を発行し，払込金¥10,000,000は当座預金とした。なお，会社法に規定する最低限度額を資本金に計上した。

1月31日　自己株式¥3,000,000を取得し，現金で支払った。

3月31日　決算の結果，当期純利益¥850,000を計上した。

株 主 資 本 等 変 動 計 算 書

長野商事株式会社　　　　　令和○1年4月1日から令和○2年3月31日まで　　　　（単位：千円）

	株 主 資 本								
		資本剰余金		利益剰余金				自己株式	純資産合計
	資 本 金	資本準備金	資本剰余金合　計	利益準備金	その他利益剰余金		利益剰余金合　計		
					新築積立金	繰越利益剰余金			
当期首残高	10,000	1,200	1,200	620	280	840	1,740	－	12,940
当期変動額									
新株の発行	(5,000)	(5,000)	(5,000)						(10,000)
剰余金の配当				(60)		(△ 660)	(△ 600)		(△ 600)
新築積立金の積立					(150)	(△ 150)	－		－
当期純利益						(850)	(850)		(850)
自己株式の取得								(△3,000)	(△3,000)
当期変動額合計	(5,000)	(5,000)	(5,000)	(60)	(150)	(40)	(250)	(△3,000)	(7,250)
当期末残高	(15,000)	(6,200)	(6,200)	(680)	(430)	(880)	(1,990)	(△3,000)	(20,190)

貸 借 対 照 表

長野商事株式会社　　　　　令和○2年3月31日　　　　　（単位：円）

純 資 産 の 部

Ⅰ　株 主 資 本

(1) 資　本　金　　　　　　　　　　　　　　　　　　(15,000,000)

(2) 資 本 剰 余 金

1.資 本 準 備 金　　　　　　(6,200,000)

資 本 剰 余 金 合 計　　　　　　　　　(6,200,000)

(3) 利 益 剰 余 金

1.利 益 準 備 金　　　　　　(680,000)

2.その他利益剰余金

① 新 築 積 立 金　　　　　(430,000)

② 繰 越 利 益 剰 余 金　　　(880,000)

利 益 剰 余 金 合 計　　　　　　　　　(1,990,000)

(4) (自 己 株 式)　　　　　　　　　　　　　　　(△3,000,000)

株 主 資 本 合 計　　　　　　　　　　　(20,190,000)

純 資 産 合 計　　　　　　　　　　　(20,190,000)

30-6 四国商事株式会社（決算年1回　3月31日）の総勘定元帳勘定残高（一部）と決算整理事項（一部）によって，報告式の損益計算書（一部）と株式資本等変動計算書を完成しなさい。

元帳勘定残高（一部）

その他有価証券　¥ *1,010,000*　　資　本　金　¥ *13,000,000*　　資本準備金　¥ *1,100,000*
利益準備金　　　 *780,000*　　別途積立金　　　 *372,000*　　繰越利益剰余金　 *376,000*

決算整理事項（一部）

有価証券評価高　保有する株式は次のとおりである。

その他有価証券：津産業株式会社　100株　時価　1株　¥ *10,500*

損　益　計　算　書

四国商事株式会社　令和○1年4月1日から令和○2年3月31日まで　　（単位：円）

経　常　利　益		*3,420,000*
Ⅵ 特　別　損　失		
1. 固定資産除却損	*320,000*	(*320,000*)
税引前当期純利益		(*3,100,000*)
法人税・住民税及び事業税		*930,000*
当　期　純　利　益		(*2,170,000*)

株主資本等変動計算書

四国商事株式会社　　　令和○1年4月1日から令和○2年3月31日まで　　（単位：円）

	株 主 資 本							
	資 本 金	資本剰余金		利益剰余金				株主資本合計
		資本準備金	資本剰余金合計	利益準備金	その他利益剰余金		利益剰余金合計	
					別途積立金	繰越利益剰余金		
当期首残高	*13,000,000*	*1,100,000*	*1,100,000*	*770,000*	*342,000*	*516,000*	*1,628,000*	*15,728,000*
当期変動額								
剰余金の配当				*10,000*		△*110,000*	△*100,000*	△*100,000*
別途積立金の積立					*30,000*	△*30,000*	—	—
当期純利益						(*2,170,000*)	(*2,170,000*)	(*2,170,000*)
株主資本以外(純額)								
当期変動額合計	—	—	—	*10,000*	*30,000*	(*2,030,000*)	(*2,070,000*)	(*2,070,000*)
当期末残高	*13,000,000*	*1,100,000*	*1,100,000*	*780,000*	*372,000*	(*2,546,000*)	(*3,698,000*)	(*17,798,000*)

下段へ続く

上段より続く

	評価・換算差額等		純資産合計
	その他有価証券評価差額金	評価・換算差額等合計	
当期首残高	—	—	*15,728,000*
当期変動額			
剰余金の配当			△*100,000*
別途積立金の積立			—
当期純利益			(*2,170,000*)
株主資本以外(純額)	(*40,000*)	(*40,000*)	(*40,000*)
当期変動額合計	(*40,000*)	(*40,000*)	(*2,110,000*)
当期末残高	(*40,000*)	(*40,000*)	(*17,838,000*)

第9章　財務諸表分析の基礎

31 財務諸表分析

①財務諸表分析の目的

　財務諸表分析は，財務諸表に記載されている金額を比較・分析して，企業の財政状態（健全性）および経営成績（収益性）の良否を判断したり，経営方針を決定するためにおこなう。企業の債権者や投資家がおこなうものを**外部分析**，経営者がおこなうものを**内部分析**という。

②財務諸表分析の方法

　(1)**比率法**　財務諸表上の項目のうち，関係の深い金額の比率を求めて分析する方法である。

　(2)**実数法**　財務諸表上の金額をそのまま用いて分析する方法である。たとえば，流動資産と流動負債の差によって支払能力を判断したり，2期以上にわたる数値を比較して，その増減を求め，財政状態や経営成績の傾向を観察するもので，これには**比較貸借対照表**や**比較損益計算書**などがある。

③比率法による分析

※計算式の自己資本は，株主資本と評価・換算差額等の合計額である。

　(1)安全性分析

　　a．流動比率(%) $= \dfrac{\text{流動資産}}{\text{流動負債}} \times 100$

　　　企業の1年以内の支払能力を測定するもので，この比率が高いほど支払能力が大きいことを示す。200%以上が望ましい。

　　b．当座比率(%) $= \dfrac{\text{当座資産}}{\text{流動負債}} \times 100$

　　　酸性試験比率ともいわれ，より厳密に企業の即座の支払能力を測定するものである。100%以上が望ましい。

　　c．自己資本比率(%) $= \dfrac{\text{自己資本}}{\text{総資本}} \times 100$

　　　財政状態の安定性を測定するもので，この比率が高いほど企業は安定していることを示す。50%以上が望ましい。

　　d．固定比率(%) $= \dfrac{\text{固定資産}}{\text{自己資本}} \times 100$

　　　固定資産が自己資本でどれだけまかなわれているかを測定するもので，100%以下が望ましい。

　　e．負債比率(%) $= \dfrac{\text{負債（他人資本）}}{\text{自己資本}} \times 100$

　　　負債（他人資本）と自己資本との割合をみる比率であり，低いほど安全である。100%未満が望ましい。

　(2)収益性分析

　　a．売上高純利益率(%) $= \dfrac{\text{当期純利益}^*}{\text{売上高}} \times 100$

　　　売上高に対する当期純利益の割合を測定するもので，この比率が高いほど収益性が高いことを示す。

　　　＊分子を売上総利益としたときは売上高総利益率という。

　　b．売上原価率(%) $= \dfrac{\text{売上原価}}{\text{売上高}} \times 100$

　　　売上高に対する売上原価の割合を測定するもので，この比率が低いほど利幅が大きく収益性が高いことを示す。

　　c．商品回転率(回) $= \dfrac{\text{売上原価}}{\text{平均商品棚卸高}^*}$

　　　販売効率を測定するもので，この回転率が高いほど商品の在庫期間が短く，販売効率が高いことを示す。

　　　＊平均商品棚卸高＝(期首商品棚卸高＋期末商品棚卸高)÷2

　　d．商品の平均在庫日数(日) $= \dfrac{365}{\text{商品回転率}}$

　　　仕入れた商品が，年間で平均してどれだけの期間，在庫として残っていたかを示す。

　　e．受取勘定回転率(回) $= \dfrac{\text{売上高}}{\text{受取勘定}^*}$

　　　売上債権が現金化する速さを測定するもので，この回転率が高いほど回収が速いことを示す。

　　　＊受取勘定は，受取手形・電子記録債権・売掛金など，販売による債権である。

　　f．受取勘定の平均回収日数(日) $= \dfrac{365}{\text{受取勘定回転率}}$

　　　売上債権の回収に，平均して何日かかったかを示す。

g．固定資産回転率（回）＝$\dfrac{売上高}{固定資産}$　$\left(\begin{array}{l}固定資産が効率よく使われているかを測定する \\ もので，この回転率が高いほど固定資産の利用 \\ 状態がよいことを示す。\end{array}\right)$

h．自己資本回転率（回）＝$\dfrac{売上高}{自己資本^*}$　$\left(\begin{array}{l}自己資本の活動能率を測定するもので，この回 \\ 転率が高いほど資本が効率的に活用されている \\ ことを示す。\end{array}\right)$

　　　＊分母を総資本（自己資本＋他人資本）としたときは，総資本回転率という。

i．自己資本利益率（％）＝$\dfrac{当期純利益}{自己資本^*}\times100$　$\left(\begin{array}{l}自己資本に対する収益力を測定するもので，こ \\ の比率が高いほど収益性が大きいことを示す。\end{array}\right)$

　　　＊分母を総資本としたときは，総資本利益率という。なお，この当期純利益は，ふつう，税引後当期純利益をさす。

⑶成長性分析

a．売上高成長率（％）＝$\dfrac{当期売上高－前期売上高}{前期売上高}\times100$　$\left(\begin{array}{l}前期の売上高に対する，当期の売上高 \\ の伸び率を示す。\end{array}\right)$

b．経常利益成長率（％）＝$\dfrac{当期経常利益－前期経常利益}{前期経常利益}\times100$　$\left(\begin{array}{l}前期の経常利益に対する，当期の経常 \\ 利益の伸び率を示す。売上高成長率を \\ 上回っている場合は，順調に成長して \\ いるとみることができる。\end{array}\right)$

c．総資本増加率*（％）＝$\dfrac{当期総資本－前期総資本}{前期総資本}\times100$　$\left(\begin{array}{l}前期の総資本に対する，当期の総資本 \\ の伸び率を示す。売上高成長率を下回 \\ っている場合は，バランスのとれた成 \\ 長をしているとみることができる。\end{array}\right)$

　　　＊総資本を総資産としたときは，総資産成長率という。

⑷期間比較と他社との比較

a．期　間　比　較　過去何年間かの数値と比較すること。期間比較によって，流動性や収益性など
　　　　　　　　　　の善し悪しを判断できる。

b．他社との比較　他社の数値と比較すること。他社との比較によって，自社の流動性や収益性な
　　　　　　　　　どの良否が判断できる。

④連結財務諸表の目的

企業では，経営の多角化や国際化などに対応するため，事業や地域ごとに子会社等をつくって**企業集団**を形成することが多い。この場合，単独の企業の財務諸表（**個別財務諸表**）だけでは企業集団全体の財政状態や経営成績を知ることができず，利害関係者が誤った判断をする可能性がある。そのため，企業集団全体の財政状態や経営成績などを示した**連結財務諸表**を作成することが必要となる。

⑤連結の範囲

企業集団においてほかの企業を支配している企業を**親会社**といい，親会社に支配されている企業を**子会社**という。ほかの企業を支配しているとは，ほかの企業の株主総会などの意思決定機関を支配していることをいい，次の基準によって判断する。

①ほかの企業の議決権のある株式の過半数を保
　有している。

$$\boxed{P社}\xrightarrow{\text{60\%}}\boxed{S社}$$

②ほかの企業の議決権のある株式の過半数を保
　有していない場合でも，高い比率で議決権の
　ある株式を保有し，かつ，その企業の意思決
　定機関を支配している。

45%（過半数の取締役を派遣）
$$\boxed{P社}\xrightarrow{}\boxed{S社}$$

③親会社と子会社でほかの企業を実質的に支配
　している。

$$\boxed{P社}\xrightarrow{\text{60\%}}\boxed{S社}$$
25%　　　　　　30%
$$\boxed{D社}$$
（P社とS社あわせて55％）

④子会社だけでほかの企業を実質的に支配して
　いる。

$$\boxed{P社}\xrightarrow{\text{60\%}}\boxed{S社}$$
　　　　　　　　60%
$$\boxed{D社}$$

なお，親会社は連結財務諸表の作成にあたり，原則としてすべての子会社をその範囲に含めなければならない。

⑥連結財務諸表作成の基礎

連結財務諸表は，原則として親会社の会計期間にもとづいて作成する。この日を**連結決算日**という。連結財務諸表は，親会社および子会社の個別財務諸表の金額を基礎として次の手順で親会社が作成する。

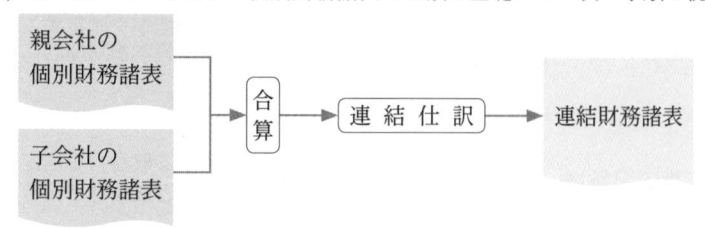

なお，個別財務諸表の合算や連結上の修正仕訳（連結仕訳）は，連結財務諸表の作成において用いるだけのものであり，実際に個別財務諸表の数値修正，総勘定元帳への転記をおこなうものではない。

練 習 問 題

解答 ▶ p.56

31-1 次の各文の下線を引いてある語が正しいときは○印を，誤っているときは正しい語を記入しなさい。

(1)受取勘定回転率が<u>高い</u>ことは，売上債権の回収速度が<u>速い</u>ことを意味する。
　　　　　　　　　　ア　　　　　　　　　　　　　　　　イ

(2)当座比率は<u>200</u>％以上，流動比率は<u>100</u>％<u>未満</u>であることが望ましい。
　　　　　　ウ　　　　　　　　　　　エ　　オ

(3)固定比率は100％<u>以上</u>，負債比率は100％<u>未満</u>が望ましい。
　　　　　　　　　カ　　　　　　　　　　　　キ

(4)負債比率が100％以上のときは，<u>負債</u>が自己資本と比較して<u>過小</u>であることを示す。
　　　　　　　　　　　　　　　　ク　　　　　　　　　　　ケ

(5)自己資本回転率が<u>高い</u>ことは，少ない資本で多額の<u>売上高</u>を上げていることを示す。
　　　　　　　　　　コ　　　　　　　　　　　　　　　　　サ

(6)商品回転率が<u>低い</u>ほど<u>在庫管理</u>能力が高いことを示す。
　　　　　　シ　　　　ス

(7)売上高総利益率が<u>高い</u>ほど，利幅が大きいことを示す。
　　　　　　　　　　セ

ア	○	イ	○	ウ	100	エ	200	オ	以　上
カ	以　下	キ	○	ク	○	ケ	過　大	コ	○
サ	○	シ	高　い	ス	販　売	セ	○		

31-2 次の各文の□□□にあてはまるもっとも適当な語を，下記の語群のなかから選び，その番号を記入しなさい。

(1)流動比率も a も，企業の b を測定するもので，比率が高いほど良いとされている。

(2)固定比率は，固定資産が c でどれだけまかなわれているかを測定するもので，これが大きいことは d に注意する必要がある。

(3)自己資本利益率は，自己資本に対する e を測定するもので，比率が f ほど良いとされている。

(4)売上原価率が g ほど h が大きいことを示している。

(5)財務諸表分析は，財務諸表に記載されている金額を比較・分析し，財政状態および経営成績の良否を判断する。経営者がおこなう分析を i といい，分析の方法には，財務諸表上の項目のうち，関係の深い金額の比率を求めて分析する比率法と，財務諸表上の金額をそのまま用いて分析する j がある。

語群

1. 高　　　い	2. 低　　　い	3. 当 座 比 率	4. 支 払 能 力
5. 負 債 比 率	6. 回 収 速 度	7. 利　　　幅	8. 自 己 資 本
9. 流　動　性	10. 資 金 繰 り	11. 他 人 資 本	12. 収　益　力
13. 内 部 分 析	14. 財　産　法	15. 実　数　法	16. 外 部 分 析

a	b	c	d	e	f	g	h	i	j
3	4	8	10	12	1	2	7	13	15

31-3 次の資料によって，(1)下記の各比率を計算し，(2)分析結果の□□□のなかに，適当な語句を記入しなさい。

資　料

	前　期	当　期
売　上　高	¥57,400,000	¥61,992,000
経　常　利　益	¥3,200,000	¥3,616,000
総　資　本	¥34,200,000	¥36,594,000

(1)

	計　　　算	比　率
売 上 高 成 長 率	$\dfrac{(¥61,992,000 - ¥57,400,000)}{¥57,400,000} \times 100 = 8\%$	8 %
経 常 利 益 成 長 率	$\dfrac{(¥3,616,000 - ¥3,200,000)}{¥3,200,000} \times 100 = 13\%$	13 %
総 資 本 増 加 率	$\dfrac{(¥36,594,000 - ¥34,200,000)}{¥34,200,000} \times 100 = 7\%$	7 %

(2)〈分析結果〉

売上高は a 期と比べて伸びている。経常利益成長率は b を上回っているので，順調に成長している。総資本増加率は c を下回っているので，バランスのとれた成長をしているといえる。

a	前	b	売上高成長率	c	売上高成長率

31-4 次の期首の資料と，期末の貸借対照表・損益計算書によって，下記の各比率を計算しなさい。ただし，自己資本は期末の金額を用いること。

期首資料：資産総額　￥9,540,000（うち商品　￥1,185,000）

貸借対照表
令和○年12月31日　（単位：円）

現金預金	3,865,000	買掛金	1,800,000
売掛金	1,250,000	短期借入金	1,500,000
商品	1,815,000	長期借入金	2,257,000
建物	3,000,000	資本金	3,500,000
備品	627,000	資本準備金	300,000
		繰越利益剰余金	1,200,000
	10,557,000		10,557,000

損益計算書
令和○年1月1日から令和○年12月31日まで　（単位：円）

売上原価	6,900,000	売上高	10,000,000
販売費	1,160,000		
管理費	550,000		
支払利息	190,000		
当期純利益	1,200,000		
	10,000,000		10,000,000

当座比率　$\dfrac{￥5,115,000}{￥3,300,000}\times100=$　155　%

流動比率　$\dfrac{￥6,930,000}{￥3,300,000}\times100=$　210　%

固定比率　$\dfrac{￥3,627,000}{￥5,000,000}\times100=$　72.54　%

商品回転率　$\dfrac{￥6,900,000}{(￥1,185,000＋￥1,815,000)\div2}=$　4.6　回

商品回転率の計算は，商品有高の平均と売上原価を用いる方法によること。

受取勘定回転率　$\dfrac{￥10,000,000}{￥1,250,000}=$　8　回

自己資本回転率　$\dfrac{￥10,000,000}{￥5,000,000}=$　2　回

自己資本利益率　$\dfrac{￥1,200,000}{￥5,000,000}\times100=$　24　%

売上原価率　$\dfrac{￥6,900,000}{￥10,000,000}\times100=$　69　%

売上高総利益率　$\dfrac{￥3,100,000}{￥10,000,000}\times100=$　31　%

31-5 次の各文の □ のなかに，適当な語を記入しなさい。

(1)企業では，経営の多角化や国際化などに対応するため，事業や地域ごとに子会社等をつくって ア を形成することが多い。この場合，単独の企業の財務諸表だけでは イ が誤った判断をする可能性があるため，企業集団全体の財政状態や経営成績などを示した ウ を作成することが必要となる。

(2)企業集団においてほかの企業を支配している企業を エ といい，親会社に支配されている企業を オ という。連結財務諸表は，原則として エ の会計期間にもとづいて作成する。この日を カ という。

ア	企 業 集 団	イ	利 害 関 係 者	ウ	連結財務諸表
エ	親 会 社	オ	子 会 社	カ	連 結 決 算 日

31-6 次の資料にもとづいて，株式会社横浜商事の子会社となる企業名を答えなさい。ただし，％は議決権のある株式の所有割合を示している。なお，議決権のある株式の過半数を所有していない場合には，その企業の意思決定機関を支配している一定の事実は認められないものとする。

(1) ㈱横浜商事 60% A社 / 45% B社

(2) ㈱横浜商事 70% A社 → 20% B社 / 35% B社

(3) ㈱横浜商事 80% A社 30% / 30% B社 40% → C社

(4) ㈱横浜商事 60% → A社 40% → B社

(1)	A 社	(2)	A社, B社	(3)	A 社	(4)	A 社

検定問題

解答 ▶ p.56

31-7 次の各文の □ にあてはまるもっとも適当な語を，下記の語群のなかから選び，その番号を記入しなさい。ただし，同じ番号を重複して用いてもよい。

a．ある企業集団において，P社がS社の議決権の ア を所有しているなど，S社の意思決定機関を実質的に支配している場合，P社を イ といい，連結財務諸表はこの企業によって作成される。 (第61回一部修正)

b．企業は，法的に独立した企業ごとに財務諸表を作成して，企業の会計情報を ウ に提供している。しかし，企業が他の企業を支配することにより企業集団を形成している場合，支配している企業は エ を作成して，より有用な会計情報を提供する必要がある。 (第76回一部修正)

c．企業集団を構成する複数の企業の財政状態と経営成績を，総合的に報告する目的で企業集団に属する複数の企業を一つの会計主体とみなし， オ を作成することが求められている。これは，企業集団の中で，他の企業の意思決定機関を支配している カ が作成する。 (第83回)

語群 1. 子 会 社　2. 過 半 数　3. 4 分 の 1　4. 利 害 関 係 者
5. 親 会 社　6. 個別財務諸表　7. 取 締 役　8. 連結財務諸表

	a		b		c	
ア	イ	ウ	エ	オ	カ	
2	5	4	8	8	5	

31-8 次の各文の｛　　　　｝のなかの番号をつけた語のうち，もっとも適当なものを選び，解答欄にその番号を記入しなさい。

(1)受取手形や売掛金の平均残高または期末残高に対する売上高の割合を ｛ 1. 商品回転率　2. 受取勘定回転率 ｝ といい，この数値が ｛ 3. 高い　4. 低い ｝ ほど売上債権の回収期間が短いことを示している。

(第39回一部修正)

(2)商品の平均有高に対する売上原価の割合を ｛ 1. 売上原価率　2. 商品回転率 ｝ といい，販売効率を判定するために用いる。この割合が ｛ 3. 高い　4. 低い ｝ ほど，商品の在庫期間が短く，販売効率が良好であることを示している。

(第42回一部修正)

(3)沖縄商事株式会社の貸借対照表では受取手形は¥700,000　売掛金は¥550,000であり，損益計算書では売上高は¥20,000,000　売上原価は¥15,000,000であるとき，この会社の受取勘定（売上債権）回転率は ｛ 1. 12回　2. 16回 ｝ である。この回転率が高いほど ｛ 3. 金銭債権　4. 売上債権 ｝ の回収速度が速いことを示す。

(第45回一部修正)

(4)財務諸表の分析をおこなった次の4社の資料によれば，短期の支払い能力のもっとも高い会社は ｛ 1. A社　2. D社 ｝ で，利幅がもっとも大きいと判断される会社は ｛ 3. A社　4. B社 ｝ である。

(第48回一部修正)

	A社	B社	C社	D社
受取勘定回転率	12.8回	7.2回	9.7回	10.6回
流　動　比　率	183%	115%	114%	211%
売　上　原　価　率	67%	88%	83%	72%

(1)	2	3	(2)	2	3	(3)	2	4	(4)	2	3

31-9 次の各文の　　　　　にあてはまるもっとも適当な語を，下記の語群のなかから選び，その番号を記入しなさい。

(1)売上高総利益率は，　a　に対する売上総利益の割合で，この比率が高いほど，　b　が大きいことを示している。

(第24回一部修正)

(2)流動資産の　c　に対する割合を　d　といい，短期支払能力を判断するのに用いられる。

(第15回)

(3)財務諸表分析は，株主や債権者の立場からおこなう　e　と，経営者の立場からおこなうものとに分類することができる。また，財務諸表分析の方法には，財務諸表の金額によって財務比率を求めて分析する方法と，財務諸表の金額を用いて分析する方法があり，後者を　f　という。

(第85回)

語群
1. 売　上　原　価　　2. 内　部　分　析　　3. 売　　上　　高　　4. 外　部　分　析
5. 利　　　幅　　6. 流　動　資　産　　7. 比率法(比率分析)　　8. 固　定　資　産
9. 流　動　負　債　　10. 実数法(実数分析)　　11. 流　動　比　率　　12. 当　座　比　率

a	3	b	5	c	9	d	11	e	4	f	10

31-10 同業他社のＡ社，Ｂ社，Ｃ社の次の資料によって，収益性がもっとも高い会社を選び，その会社の自己資本利益率を答えなさい。 (第86回一部修正)

		Ａ 社	Ｂ 社	Ｃ 社
総 資 本	¥	9,000,000	¥ 16,000,000	¥ 14,500,000
他 人 資 本		4,800,000	6,200,000	8,200,000
経 常 利 益		2,310,000	3,430,000	2,520,000
当 期 純 利 益		924,000	1,764,000	1,260,000

収益性がもっとも高い会社	自己資本利益率
Ａ 社	22 ％

31-11 次の資料から，Ａ社の商品回転率を求めなさい。ただし，商品有高は平均によること。また，同じ商品を扱う４つの会社のうち，商品の在庫期間が短く，もっとも商品の販売効率がよいと判断できる会社名を答えなさい。 (第49回)

	Ａ 社	Ｂ 社	Ｃ 社	Ｄ 社
期首商品棚卸高	¥ 760,000	¥ 4,800,000	¥ 350,000	¥ 980,000
当期商品仕入高	9,530,000	35,400,000	4,480,000	17,180,000
期末商品棚卸高	540,000	4,200,000	390,000	760,000

商 品 回 転 率	15 回	会 社 名	Ｄ 社

31-12 次の資料から①短期の支払能力がもっとも高い会社名，②総資本利益率による収益性がもっとも高い会社名を答えなさい。 (第51回)

	Ａ 社	Ｂ 社	Ｃ 社	Ｄ 社
流 動 比 率	90％	210％	150％	180％
当 期 純 利 益	¥ 2,625,000	¥ 2,964,000	¥ 3,540,000	¥ 2,880,000
総 資 本	50,000,000	52,000,000	60,000,000	48,000,000

①	会 社 名	Ｂ 社	②	会 社 名	Ｄ 社

31-13 次の商品に関する資料から，売上原価によって商品回転率を求めなさい。なお，商品有高は平均によること。 (第47回)

資　　料
- i　当期純売上高　　¥ 17,100,000　　ii　当期純仕入高　　¥ 14,420,000
- iii　期首商品棚卸高　¥ 950,000　　iv　期末商品棚卸高　¥ 1,090,000

商 品 回 転 率	14 回

31-14 青森物産株式会社は，令和○年４月１日に南西商会を取得した。よって，下記の貸借対照表と資料から次の金額を求めなさい。 (第77回一部修正)

a．南西商会の買掛金（アの金額）　　b．のれんの代価

貸 借 対 照 表

南西商会	令和○年４月１日	（単位：円）
受取手形	514,000	支払手形　512,000
売 掛 金	786,000	買 掛 金（　ア　）
商　　品	630,000	長期借入金　250,000
備　　品	570,000	資 本 金（　　　）
	2,500,000	2,500,000

資　　料
- i　南西商会の取得直前の各比率は次のとおりである。
  - 当 座 比 率　104 ％
  - 自己資本比率　40 ％
- ii　南西商会の資産と負債の時価は，帳簿価額に等しい。
- iii　収益還元価値を求め，取得対価とする。
- iv　南西商会の年平均利益額　¥ 90,000
- v　同種企業の平均利益率　8 ％

a	南西商会の買掛金(アの金額) ¥ 738,000	b	の れ ん の 代 価 ¥ 125,000

31-15 同種の企業である南北物産株式会社と東西物産株式会社の下記の資料と損益計算書によって，
(1)南北物産株式会社の次の金額を求めなさい。

　　　　ａ．経　常　利　益　　　ｂ．当期商品仕入高
(2)東西物産株式会社の次の金額を求めなさい。

　　　　ａ．営　業　利　益　　　ｂ．自　己　資　本
(3)次の各文の◯◯◯のなかに適当な比率を記入しなさい。また，{　　}のなかから，いずれか適当な語を選び，その番号を記入しなさい。なお，商品回転率は商品有高の平均と売上原価により求めること。　　　　　　　　　　　　　　　　　　　　　　　　　　　　　（第72回一部修正）

ａ．南北物産株式会社の売上原価率は　ア　％である。よって，東西物産株式会社より

　　イ $\left\{\begin{array}{l}1.\ 安全性\\2.\ 収益性\end{array}\right\}$ が　ウ $\left\{\begin{array}{l}3.\ 高い\\4.\ 低い\end{array}\right\}$ といえる。

ｂ．南北物産株式会社の商品回転率は　エ　回である。よって，東西物産株式会社より商

　　品の平均在庫日数が　オ $\left\{\begin{array}{l}5.\ 長く\\6.\ 短く\end{array}\right\}$ 販売効率が　カ $\left\{\begin{array}{l}7.\ 良い\\8.\ 悪い\end{array}\right\}$ といえる。

<u>南北物産株式会社の資料</u>　　　　　　　<u>東西物産株式会社の資料</u>

ⅰ　期首商品棚卸高　　¥370,000　　　ⅰ　商　品　回　転　率　20回
ⅱ　期末商品棚卸高　　¥390,000　　　ⅱ　売　上　原　価　率　75％
　　（棚卸減耗損および商品評価損は発生　　ⅲ　売上高純利益率　9％
　　していない）　　　　　　　　　　　　　　　（当期純利益による）
　　　　　　　　　　　　　　　　　　　ⅳ　自己資本利益率　4％
　　　　　　　　　　　　　　　　　　　　　　　（当期純利益による）

損　益　計　算　書	
南北物産株式会社　令和◯1年4月1日から令和◯2年3月31日まで (単位：円)	
Ⅰ　売　上　高	（　　　　　）
Ⅱ　売　上　原　価	3,800,000
（　　　　）	950,000
Ⅲ　販売費及び一般管理費	617,500
（　　　　）	（　　　　）
Ⅳ　営　業　外　収　益	168,500
Ⅴ　営　業　外　費　用	（　　　　）
（　　　　）	（　　　　）
Ⅵ　特　別　利　益	220,500
Ⅶ　特　別　損　失	58,000
（　　　　）	（　　　　）
法人税・住民税及び事業税	171,000
当　期　純　利　益	256,500

損　益　計　算　書	
東西物産株式会社　令和◯1年4月1日から令和◯2年3月31日まで (単位：円)	
Ⅰ　売　上　高	4,800,000
Ⅱ　売　上　原　価	（　　　　）
（　　　　）	（　　　　）
Ⅲ　販売費及び一般管理費	672,000
（　　　　）	（　　　　）
Ⅳ　営　業　外　収　益	169,000
Ⅴ　営　業　外　費　用	121,000
（　　　　）	（　　　　）
Ⅵ　特　別　利　益	194,000
Ⅶ　特　別　損　失	50,000
（　　　　）	（　　　　）
法人税・住民税及び事業税	288,000
当　期　純　利　益	（　　　　）

(1)

a	経　常　利　益	¥	265,000	b	当期商品仕入高　¥	3,820,000

(2)

a	営　業　利　益	¥	528,000	b	自　己　資　本　¥	10,800,000

(3)

	a			b		
ア	イ	ウ	エ	オ	カ
80　％	2	4	10　回	5	8

31-16 鳥取商事株式会社（決算年1回　3月31日）の下記の資料によって，

◀頻出‼(1)次の文の◯◯◯のなかに入る適当な比率を記入しなさい。また，{　}のなかから，いずれか適当な語を選び，その番号を記入しなさい。

商品回転率を商品有高の平均と売上原価を用いて計算すると，第8期は21.0回で，第9期は　ア　回となり，第9期は第8期に比べ，イ{1．安全性　2．収益性}が高くなっている。

当座比率により即時の支払能力を判断すると，第8期の　ウ　％に対して，第9期は147.5％で，流動比率により短期的な支払能力を判断しても，第8期の207.5％に対して，第9期は　エ　％となり，ともに改善されてきている。さらに，負債比率によりオ{3．短期　4．長期}の支払能力を判断すると，第8期の78.5％に対して，第9期は　カ　％であり，安全性に問題はないと思われる。

(2)次の金額を求めなさい。

　　　a．第8期の自己資本　　　b．第8期の固定負債　　　c．第9期の有形固定資産

（第90回一部修正）

資　　料

i　第9期における純資産の部に関する事項

4月18日　新株式300株を1株につき1.2千円で発行した。ただし，会社法に規定する最高限度額を資本金に組み入れないことにした。

6月27日　株主総会において，次のとおり繰越利益剰余金を配当および処分することを決議した。

利益準備金　140千円　　配当金　1,400千円　　別途積立金　50千円

3月31日　当期純利益1,640千円を計上した。

ii　比較貸借対照表

比較貸借対照表　（単位：千円）

資　産	第8期	第9期	負債及び純資産	第8期	第9期
現金預金	5,730	(　)	支払手形	4,620	4,530
受取手形	3,850	4,250	買掛金	5,795	5,605
売掛金	5,650	5,050	短期借入金	3,240	3,740
有価証券	4,370	4,280	未払法人税等	345	365
商品	9,240	9,090	長期借入金	9,600	9,100
前払費用	210	166	退職給付引当金	(　)	3,894
建物	12,100	11,500	資本金	(　)	20,180
備品	5,480	(　)	資本準備金	2,500	2,680
土地	14,645	14,645	利益準備金	1,300	(　)
長期貸付金	1,200	1,200	別途積立金	(　)	2,650
			繰越利益剰余金	8,600	(　)
	(　)	(　)		(　)	(　)

iii　第8期に関する金額および財務比率

売上原価　193,200千円
売上原価率　80.0％
期首の売上債権　9,820千円
受取勘定回転率　25.0回
（期首と期末の平均による）
期首商品棚卸高　9,160千円
固定比率　95.5％

iv　第9期に関する金額および財務比率

売上原価　205,296千円
売上原価率　78.0％
受取勘定回転率　28.0回
（期首と期末の平均による）
固定比率　91.5％

v　第8期・第9期ともに棚卸減耗損および商品評価損は発生していない。

(1)

ア	イ	ウ	エ	オ	カ
22.4　回	2	140.0　％	212.5　％	4	76.5　％

(2)

a	第8期の自己資本	35,000　千円
b	第8期の固定負債	13,475　千円
c	第9期の有形固定資産	31,374　千円

31-17 長崎商事株式会社（決算年1回　3月31日）の次の資料と比較損益計算書および比較貸借対
◀頻出!! 照表によって，□ア□から□ケ□のなかに入る適当な比率または金額を求めなさい。

（第89回一部修正）

資　　料
i　発行済株式総数　1,000千株
ii　第7期における純資産の部に関する事項
　(1)　6月28日　剰余金の配当　　1株につき¥40
　(2)　　〃　　　利益準備金の計上　□□□千円
　(3)　11月26日　自己株式の取得　1株あたり¥1,000×77千株
　(4)　3月31日　当期純利益　252,000千円
iii　財務比率

		第6期	第7期
(1)	当 座 比 率	115.0%	ア %
(2)	流 動 比 率	イ %	206.0%
(3)	自己資本比率	ウ %	62.5%
(4)	売上高純利益率	1.6%	エ %
(5)	総資本利益率	オ %	10.0%

　　　期末の総資本と税引後の当期純利益を用い
　　　ている。
　(6)　売上高成長率(増収率)　12.5%　□カ□%
　　　第5期の売上高　4,000,000千円
　(7)　商 品 回 転 率　　11.4回　　　12.0回
　　　期首と期末の商品有高の平均と売上原価を
　　　用いている。ただし，棚卸減耗損と商品評価
　　　損は発生していない。
　(8)　第6期の期首商品棚卸高　291,000千円

比 較 損 益 計 算 書 （単位：千円）

項　　目	第6期	第7期
売 上 高	4,500,000	5,040,000
売 上 原 価	( )	3,840,000
売 上 総 利 益	( )	1,200,000
販売費及び一般管理費	キ	860,000
営 業 利 益	( )	340,000
営 業 外 収 益	74,000	78,000
営 業 外 費 用	52,000	37,000
経 常 利 益	172,000	381,000
特 別 損 失	72,000	31,000
税引前当期純利益	( )	350,000
法人税・住民税及び事業税	28,000	( )
当 期 純 利 益	( )	252,000

比 較 貸 借 対 照 表 （単位：千円）

資　　産	第6期	第7期	負債・純資産	第6期	第7期
現 金 預 金	217,000	209,000	支 払 手 形	149,000	137,000
受 取 手 形	92,000	73,000	買 掛 金	215,000	179,000
売 掛 金	78,000	96,000	未払法人税等	16,000	84,000
有 価 証 券	50,000	70,000	長 期 借 入 金	300,000	300,000
商 品	309,000	ク	退職給付引当金	280,000	245,000
前 払 費 用	33,000	45,000	資 本 金	1,000,000	1,000,000
建 物	480,000	464,000	資 本 準 備 金	100,000	100,000
土 地	500,000	500,000	利 益 準 備 金	46,000	( )
長 期 貸 付 金	277,000	( )	繰越利益剰余金	294,000	ケ
投 資 有 価 証 券	364,000	367,000	自 己 株 式	──	△77,000
	2,400,000	( )		2,400,000	( )

ア	イ	ウ	エ	オ
112.0 %	205.0 %	60.0 %	5.0 %	3.0 %

カ	キ	ク	ケ
12.0 %	930,000 千円	331,000 千円	502,000 千円

31-18 A社の下記の資料によって，次の◻◻◻◻のなかに入る適当な比率または金額を記入しなさ

◀頻出!!　い。また，｛　　　｝のなかから，いずれか適当な語を選び，その番号を記入しなさい。

（第95回一部修正）

　　企業の成長性を調べるため，売上高成長率（増収率）を計算すると，第5期は20.0％であり，第6期は◻ア◻％である。このことから，第5期よりも第6期の成長性は鈍化していることがわかる。

　　収益性を調べるため，売上高総利益率を計算すると，第5期は42.0％であり，第6期は◻イ◻％である。次に，税引後の当期純利益を用いて売上高純利益率を計算すると，第5期は◻ウ◻％であり，第6期は4.0％である。このことから，第5期よりも第6期の収益性はエ｛1．上昇　2．低下｝していることがわかる。

資　料

i　第4期の売上高　¥7,500,000

ii　比較損益計算書

比 較 損 益 計 算 書　（単位：円）

項　　目	第5期	第6期
売　上　高	9,000,000	9,450,000
売　上　原　価	(　　　　)	5,670,000
売上総利益	3,780,000	(　　　　)
販売費及び一般管理費	2,700,000	(　　　　)
営　業　利　益	(　　　　)	オ
営　業　外　収　益	44,600	(　　　　)
営　業　外　費　用	269,600	(　　　　)
経　常　利　益	(　　　　)	510,300
特　別　利　益	16,800	15,200
特　別　損　失	3,200	3,300
税引前当期純利益	(　　　　)	522,200
法人税・住民税及び事業税	238,600	144,200
当　期　純　利　益	(　　　　)	378,000

iii　第6期の販売費及び一般管理費と営業外費用は次のとおりである。ただし，金額の大きい順に示している。

給　　　　料	¥ 1,476,000
減　価　償　却　費	724,000
広　　告　　料	449,000
保　　険　　料	131,400
支　払　利　息	118,000
退　職　給　付　費　用	112,000
有価証券売却損	109,000
雑　　　損	82,600
租　税　公　課	74,900
雑　　　費	37,800

ア	イ	ウ	エ
5.0　%	40.0　%	7.0　%	2
オ		カ	
¥　　774,900		¥　　1,170,000	

iv　貸借対照表の金額（一部）　　　　　　　　　　　　　　（単位：円）

	第4期末	第5期末	第6期末
資産合計	11,650,000	12,040,000	14,574,000
うち，受取勘定（売上債権）	1,080,000	カ	1,350,000
商　　品	374,000	(　　　　)	584,000
固定資産合計	6,517,000	6,440,000	7,350,000
純資産合計（自己資本と同額）	6,650,000	7,000,000	(　　　　)

v　財務比率

	第5期	第6期
売上高経常利益率	9.5%	◻キ◻%
自己資本利益率	◻ク◻%	4.5%

（当期純利益は税引後の金額を，自己資本は期末の金額による）

	第5期	第6期
固　定　比　率	92.0%	87.5%
負　債　比　率	72.0%	◻ケ◻%
受取勘定回転率	8.0回	7.5回

（期首と期末の平均による）

	第5期	第6期
商　品　回　転　率	◻コ◻回	10.5回

（期首と期末の商品有高の平均と売上原価による）

キ
5.4　%
ク
9.0　%
ケ
73.5　%
コ
12.0　回

総合問題Ⅳ

解答 ▶ p.59

1 次の各文の□□□にあてはまるもっとも適当な語を，下記の語群のなかから選び，その番号を記入しなさい。

(1)決算貸借対照表は，　a　によって作成するので，　b　の原則に従って，正確な会計帳簿を作成しなければならない。

(2)売掛金勘定と　c　勘定の残高を相殺して，そのどちらかの残高だけを貸借対照表に表示することは，　d　主義の原則に反することになる。

(3)一定の契約に従い，継続して役務の提供を受ける場合，まだ提供されていない役務に対し支払われた対価を　e　という。これらのうち，1年以内に費用となるものは，貸借対照表の　f　の区分に記載する。

(4)株式会社が，剰余金の配当をする場合は，その配当金の配当により減少する剰余金の額の　g　を資本金の　h　に達するまで，資本準備金または利益準備金として計上しなければならない。

語群			
1. 正規の簿記	2. 明 瞭 性	3. 重 要 性	4. 買 掛 金
5. 誘 導 法	6. 棚 卸 法	7. 総 額	8. 2分の1
9. 流 動 資 産	10. 固 定 資 産	11. 前 払 費 用	12. 過 半 数
13. 未 払 費 用	14. 資 本 金	15. 4分の1	16. 10分の1

a	b	c	d	e	f	g	h
5	1	4	7	11	9	16	15

2 次の1年間の資料から，原価によって商品回転率と平均在庫日数を計算しなさい。なお，商品回転率は商品有高の平均と売上原価を用いて求めること。

期首商品棚卸高	¥ 2,500,000	当期総売上高	¥24,000,000
当期総仕入高	19,120,000	仕入値引高	120,000
売上返品高	150,000	期末商品棚卸高	1,500,000

	〈計算〉	〈答〉
商品回転率	$$\frac{¥2,500,000 + ¥19,120,000 - ¥120,000 - ¥1,500,000}{(¥2,500,000 + ¥1,500,000) \div 2} = 10回$$	10 回
平均在庫日数	〈計算〉　365日 ÷ 10回 = 36.5日	〈答〉 36.5 日

3 福井建設株式会社は，当期に，5年後完成の予定で岐阜工業株式会社の工場の建設を請け負った。次の資料によって，当期の工事収益を求めなさい。ただし，工事進行基準によること。

(第66回一部修正)

ⅰ 工事収益総額は¥337,500,000であり，工事原価総額は¥270,000,000と見積もることができた。

ⅱ 当期発生工事原価は¥48,600,000である。

工 事 収 益 ¥	60,750,000

4 次の各問いに答えなさい。 (第75回一部修正)

(1)岐阜産業株式会社の下記の比較貸借対照表と比較損益計算書によって，次の文の □□□ のなかに入る比率を求めなさい。また，{ } のなかから，いずれか適当な語を選び，その番号を記入しなさい。

　　岐阜産業株式会社の比較損益計算書をみると，売上高が¥3,280,000から¥3,850,000に増加しているが，当期純利益は¥336,000から¥324,000に減少している。売上高総利益率を調べてみると，第96期は a ％ 第97期は53％と，b {1．安全性　2．収益性} には大きな変化はなかった。

　　比較貸借対照表をみると，借方側では固定資産の増加が目につく。特にc {3．有形固定資産　4．無形固定資産} の増加が著しい。貸方側ではd {5．他人資本　6．自己資本} の増加が目立っている。総資本回転率を調べてみると0.82回から e 回に悪化している。

　　これらのことから，岐阜産業株式会社は利益を保ちながら将来のために投資をおこなっており，事業を f {7．拡大　8．縮小} している企業であると予想される。今後，投資の効果が売上に反映されるかを注目していく必要がある。

比 較 貸 借 対 照 表 （単位：円）

資　産	第96期	第97期	負債·純資産	第96期	第97期
現金預金	320,000	280,000	支払手形	270,000	270,000
受取手形	350,000	320,000	買掛金	400,000	266,000
売掛金	400,000	300,000	短期借入金	—	345,000
有価証券	132,000	90,000	未払法人税等	60,000	104,000
商品	280,000	295,000	長期借入金	—	740,000
機械装置	450,000	270,000	退職給付引当金	10,000	15,000
建物	300,000	480,000	資本金	380,000	380,000
土地	1,100,000	1,340,000	資本剰余金	590,000	520,000
建設仮勘定	—	1,000,000	利益剰余金	2,290,000	2,360,000
のれん	268,000	225,000			
投資有価証券	400,000	400,000			
	4,000,000	5,000,000		4,000,000	5,000,000

比 較 損 益 計 算 書 （単位：円）

項　目	第96期	第97期
売上高	3,280,000	3,850,000
売上原価	1,574,400	1,809,500
売上総利益	1,705,600	2,040,500
販売費及び一般管理費	1,082,400	1,308,900
営業利益	623,200	731,600
営業外収益	16,000	20,000
営業外費用	81,600	172,600
経常利益	557,600	579,000
特別利益	2,400	—
特別損失	—	39,000
税引前当期純利益	560,000	540,000
法人税·住民税及び事業税	224,000	216,000
当期純利益	336,000	324,000

a	52 ％	b	2	c	3
d	5	e	0.77 回	f	7

(2)福井商事株式会社は令和○年4月1日に東西商会を取得した。よって，下記の貸借対照表と資料により次の金額を求めなさい。なお，東西商会の取得直前の当座比率は125％である。
　　a．備品（アの金額）　　　b．のれんの代価

貸 借 対 照 表

東西商会　　令和○年4月1日　（単位：円）

受取手形	325,000	支払手形	420,000
売掛金	500,000	買掛金	（　　）
商品	975,000	長期借入金	1,020,000
備品	（ ア ）	資本金	1,520,000
	（　　）		（　　）

資　料
i 東西商会の資産と負債の時価は，帳簿価額に等しい。
ii 収益還元価値を求め，取得の対価とする。
iii 東西商会の年平均利益額　¥132,000
iv 同種企業の平均利益率　8％

a	備品（アの金額）　¥	1,400,000	b	のれんの代価　¥	130,000

5 香川商事株式会社の前期（第17期）と当期（第18期）の下記の資料によって，

(1)（ア）～（オ）に入る比率および金額を求めなさい。

(2)損益計算書の営業外収益に属する項目（科目）を次のなかから1つ選び，その番号を記入しなさい。

  1．投資有価証券売却益 2．前受利息 3．固定資産売却益 4．有価証券利息

(3)次の文の□□□□にあてはまる適当な語を記入しなさい。

  収益性について調べるため，前期と当期の総資本利益率を求めたところ，ともに1.0％で変化がなかった。さらに収益性について詳しく分析するために，総資本利益率を次のように売上高純利益率と□□□□に分解した。

$$\frac{\text{当期純利益}}{\text{総資本}} = \frac{\text{当期純利益}}{\text{売上高}} \times \frac{\text{売上高}}{\text{総資本}}$$

(4)上記(3)により判明したことを説明している文を次のなかから1つ選び，その番号を記入しなさい。

                      （第88回一部修正）

  1．総資本は一定で，売価の値引き等により，売上高を増加させたが，費用を減少できなかった。

  2．総資本は一定で，費用を減少させて利益を増加させようとしたが，売上高も減少してしまった。

  3．総資本を増加させて販売活動を強化したが，売上高が増加しなかった。

  4．総資本を増加させて販売活動を強化したが，売上高総利益率が高くなってしまった。

資　料

		第17期	第18期
ⅰ	売上原価率	88.5％	（ウ）％
ⅱ	売上高総利益率	（ア）％	（　）％
ⅲ	総資本利益率	1.0％	1.0％
ⅳ	自己資本利益率	3.5％	（エ）％
ⅴ	売上高純利益率	2.0％	（　）％
ⅵ	総資本回転率	0.5回	（オ）回
ⅶ	自己資本	（イ）千円	40,000千円
ⅷ	売上総利益	8,050千円	7,000千円

※当期純利益は税引後の金額を用いること。

※総資本と自己資本は期末の金額を用いること。

（第18期）　損益計算書

香川商事株式会社　令和○1年4月1日から令和○2年3月31日まで（単位：千円）

Ⅰ	売　上　高	56,000
Ⅱ	売　上　原　価	49,000
	売　上　総　利　益	7,000
Ⅲ	販売費及び一般管理費	4,500
	営　業　利　益	2,500
Ⅳ	営　業　外　費　用	450
	経　常　利　益	2,050
Ⅴ	特　別　損　失	50
	税引前当期純利益	2,000
	法人税・住民税及び事業税	600
	当　期　純　利　益	1,400

（第18期）　株主資本等変動計算書

香川商事株式会社 令和○1年4月1日から令和○2年3月31日まで （単位：千円）

	資　本　金	資本剰余金		利益剰余金				純資産合計
		資本準備金	資本剰余金合　計	利益準備金	その他利益剰余金		利益剰余金合　計	
					別途積立金	繰越利益剰余金		
当期首残高	34,000	3,000	3,000	600	500	1,900	3,000	（　　）
当期変動額								
剰余金の配当				140		△1,540	△1,400	（　　）
別途積立金の積立					200	△200	——	（　　）
当期純利益						1,400	1,400	（　　）
当期変動額合計	——	——	——	140	200	△340	——	（　　）
当期末残高	34,000	3,000	3,000	740	700	1,560	3,000	（　　）

(1)

ア	イ	ウ	エ	オ
11.5　％	40,000　千円	87.5　％	3.5　％	0.4　回

(2) ｜ 4 ｜ (3) ｜ 総資本回転率 ｜ (4) ｜ 2 ｜

6 広島商事株式会社の総勘定元帳勘定残高と付記事項および決算整理事項によって，

(1)報告式の損益計算書を完成しなさい。

(2)報告式の貸借対照表を完成しなさい。　　　　　　　　　　　　　（第79回改題）

　　　ただし，ⅰ　会社計算規則によること。

　　　　　　　ⅱ　会計期間は令和○1年4月1日から令和○2年3月31日までとする。

元帳勘定残高

現　　　　　金	¥　762,000	当 座 預 金	¥ 2,169,000	受 取 手 形	¥ 3,400,000
売　掛　金	2,000,000	クレジット売掛金	800,000	貸倒引当金	17,000
売買目的有価証券	4,500,000	繰 越 商 品	4,030,000	仮払法人税等	640,000
備　　品	2,000,000	備品減価償却累計額	720,000	土　　　地	12,000,000
その他有価証券	4,600,000	支 払 手 形	1,513,000	買　掛　金	2,865,000
仮　受　金	200,000	長期借入金	3,600,000	退職給付引当金	4,680,000
資　本　金	12,000,000	資本準備金	2,400,000	利益準備金	600,000
新築積立金	1,800,000	別途積立金	970,000	繰越利益剰余金	836,000
売　　上	64,698,000	受取配当金	151,000	固定資産売却益	147,000
仕　　入	46,126,000	給　　料	6,840,000	発　送　費	1,781,000
広　告　料	1,491,000	支 払 家 賃	2,400,000	保　険　料	474,000
水道光熱費	359,000	租 税 公 課	230,000	雑　　費	186,000
支 払 利 息	96,000	有価証券売却損	120,000	固定資産除却損	193,000

付 記 事 項

　①仮受金¥200,000は，山口商店に対する売掛金の回収額であることが判明した。

　②島根商店に対する買掛金¥250,000を期日前に支払い，契約によって2％の割り引きを受け，割引額を差し引いた金額は小切手を振り出して支払ったが，未記帳であった。

決算整理事項

　a．期末商品棚卸高　　帳簿棚卸数量　3,700個　　原　　　価　＠¥1,100

　　　　　　　　　　　　実地棚卸数量　3,600〃　　正味売却価額　〃〃1,050

　　　　　　　　　　　　ただし，棚卸減耗損および商品評価損は売上原価の内訳項目とする。

　b．外貨建取引の円換算　買掛金期末残高のうち¥880,000は外貨$8,000を仕入時の為替相場で換算したものである。なお，決算日の為替相場は$1あたり¥108である。

　c．貸 倒 見 積 高　　受取手形，売掛金，クレジット売掛金の期末残高に対し，それぞれ1％と見積もり，貸倒引当金を設定する。

　d．売買目的有価証券評価高　売買目的で保有する次の株式について，時価によって評価する。

　　　　　　　　　　　西部物産株式会社　600株

　　　　　　　　　　　　帳簿価額　1株　¥7,500　　時　価　1株　¥7,300

　e．備 品 減 価 償 却 高　定率法により，毎期の償却率を20％とする。

　f．その他有価証券評価高　その他有価証券について，時価¥4,650,000によって評価する。なお，時価と帳簿価額との差額¥50,000は，その他有価証券評価差額金として，貸借対照表の純資産の部に記載する。

　g．保 険 料 前 払 高　　保険料のうち¥384,000は，令和○1年7月1日から1年分の保険料として支払ったものであり，前払高を次期に繰り延べる。

　h．利 息 未 払 高　　¥　48,000

　i．退職給付引当金繰入額　¥　430,000

　j．法人税・住民税及び事業税額　¥1,241,000

(1)

損　益　計　算　書

広島商事株式会社　　　　令和○1年4月1日から令和○2年3月31日まで　　　　（単位：円）

Ⅰ 売　　　上　　　高			（　64,698,000）
Ⅱ 売　上　原　価			
1．期 首 商 品 棚 卸 高	（　4,030,000）		
2．当 期 商 品 仕 入 高	（　46,126,000）		
合　　　計	（　50,156,000）		
3．期 末 商 品 棚 卸 高	（　4,070,000）		
	（　46,086,000）		
4．(棚 卸 減 耗 損)	（　110,000）		
5．(商 品 評 価 損)	（　180,000）	（　46,376,000）	
売　上　総　利　益		（　18,322,000）	
Ⅲ　販売費及び一般管理費			
1．給　　　　　　　料	（　6,840,000）		
2．発　　送　　費	（　1,781,000）		
3．広　　告　　料	（　1,491,000）		
4．(貸 倒 引 当 金 繰 入)	（　43,000）		
5．(減 価 償 却 費)	（　256,000）		
6．支　払　家　賃	（　2,400,000）		
7．(保　　険　　料)	（　378,000）		
8．水　道　光　熱　費	（　359,000）		
9．(退 職 給 付 費 用)	（　430,000）		
10．租　税　公　課	（　230,000）		
11．(雑　　　　　費)	（　186,000）	（　14,394,000）	
営　業　利　益		（　3,928,000）	
Ⅳ 営　業　外　収　益			
1．(受 取 配 当 金)	（　151,000）		
2．(仕　入　割　引)	（　5,000）		
3．(為　替　差　益)	（　16,000）	（　172,000）	
Ⅴ 営　業　外　費　用			
1．(支　払　利　息)	（　144,000）		
2．(有 価 証 券 売 却 損)	（　120,000）		
3．(有 価 証 券 評 価 損)	（　120,000）	（　384,000）	
経　常　利　益		（　3,716,000）	
Ⅵ 特　別　利　益			
1．(固 定 資 産 売 却 益)	（　147,000）	（　147,000）	
Ⅶ 特　別　損　失			
1．(固 定 資 産 除 却 損)	（　193,000）	（　193,000）	
税 引 前 当 期 純 利 益		（　3,670,000）	
法人税・住民税及び事業税		（　1,241,000）	
当　期　純　利　益		（　2,429,000）	

(2)

貸 借 対 照 表

広島商事株式会社 　　　　　　　　　 令和○2年3月31日 　　　　　　　　　（単位：円）

資 産 の 部

Ⅰ 流 動 資 産
　1. 現 金 預 金 　　　　　　　　　　　　　　　（　　2,686,000）
　2. 受 取 手 形 　　　　　（　　3,400,000）
　　　（貸 倒 引 当 金）　（　　　　34,000）　（　　3,366,000）
　3. 売 　 掛 　 金 　　　（　　2,600,000）
　　　（貸 倒 引 当 金）　（　　　　26,000）　（　　2,574,000）
　4.（有 価 証 券）　　　　　　　　　　　　　（　　4,380,000）
　5.（商 　 　 品）　　　　　　　　　　　　　（　　3,780,000）
　6.（前 払 費 用）　　　　　　　　　　　　　（　　　96,000）
　　　流 動 資 産 合 計 　　　　　　　　　　　　　　　　　　（　16,882,000）
Ⅱ 固 定 資 産
　⑴ 有 形 固 定 資 産
　　1.（備 　 　 　 品）　（　　2,000,000）
　　　（減 価 償 却 累 計 額）（　　　976,000）（　　1,024,000）
　　2.（土 　 　 　 地）　　　　　　　　　　　（　12,000,000）
　　　有 形 固 定 資 産 合 計 　　　　　　　　（　13,024,000）
　⑵ 投 資 そ の 他 の 資 産
　　1.（投 資 有 価 証 券）　　　　　　　　　　（　　4,650,000）
　　　投資その他の資産合計 　　　　　　　　　（　　4,650,000）
　　　固 定 資 産 合 計 　　　　　　　　　　　　　　　　　　（　17,674,000）
　　　資 産 合 計 　　　　　　　　　　　　　　　　　　　　　（　34,556,000）

負 債 の 部

Ⅰ 流 動 負 債
　1. 支 払 手 形 　　　　　　　　　　　　　　（　　1,513,000）
　2. 買 　 掛 　 金 　　　　　　　　　　　　　（　　2,599,000）
　3.（未 払 費 用）　　　　　　　　　　　　　（　　　48,000）
　4.（未 払 法 人 税 等）　　　　　　　　　　　（　　　601,000）
　　　流 動 負 債 合 計 　　　　　　　　　　　　　　　　　　（　　4,761,000）
Ⅱ 固 定 負 債
　1. 長 期 借 入 金 　　　　　　　　　　　　　（　　3,600,000）
　2.（退 職 給 付 引 当 金）　　　　　　　　　　（　　5,110,000）
　　　固 定 負 債 合 計 　　　　　　　　　　　　　　　　　　（　　8,710,000）
　　　負 債 合 計 　　　　　　　　　　　　　　　　　　　　　（　13,471,000）

純 資 産 の 部

Ⅰ 株 主 資 本
　⑴ 資 　 本 　 金 　　　　　　　　　　　　　　　　　　　　（　12,000,000）
　⑵ 資 本 剰 余 金
　　1. 資 本 準 備 金 　　　　　　　　　　　　（　　2,400,000）
　　　資 本 剰 余 金 合 計 　　　　　　　　　　　　　　　　　（　　2,400,000）
　⑶ 利 益 剰 余 金
　　1. 利 益 準 備 金 　　　　　　　　　　　　（　　　600,000）
　　2. そ の 他 利 益 剰 余 金
　　　① 新 築 積 立 金 　　　　　　　　　　　（　　1,800,000）
　　　② 別 途 積 立 金 　　　　　　　　　　　（　　　970,000）
　　　③ 繰 越 利 益 剰 余 金 　　　　　　　　　（　　3,265,000）
　　　利 益 剰 余 金 合 計 　　　　　　　　　　　　　　　　　（　　6,635,000）
　　　株 主 資 本 合 計 　　　　　　　　　　　　　　　　　　（　21,035,000）
Ⅱ 評 価・換 算 差 額 等
　　1. その他有価証券評価差額金 　　　　　　　（　　　50,000）
　　　評価・換算差額等合計 　　　　　　　　　　　　　　　　（　　　50,000）
　　　純 資 産 合 計 　　　　　　　　　　　　　　　　　　　　（　21,085,000）
　　　負債及び純資産合計 　　　　　　　　　　　　　　　　　　（　34,556,000）

第10章　連結会計

㉜ 連結貸借対照表の作成

①連結財務諸表の目的

企業では，経営の多角化や国際化などに対応するため，事業や地域ごとに子会社等をつくって**企業集団**を形成することが多い。この場合，単独の企業の財務諸表（**個別財務諸表**）だけでは企業集団全体の財政状態や経営成績を知ることができず，利害関係者が誤った判断をする可能性がある。そのため，企業集団全体の財政状態や経営成績などを示した**連結財務諸表**を作成することが必要となる。

②連結の範囲

企業集団においてほかの企業を支配している企業を**親会社**といい，親会社に支配されている企業を**子会社**という。ほかの企業を支配しているとは，ほかの企業の株主総会などの意思決定機関を支配していることをいい，次の基準によって判断する。

①ほかの企業の議決権のある株式の過半数を所有している。

$$P社 \xrightarrow{60\%} S社$$

②ほかの企業の議決権のある株式の過半数を所有していない場合でも，高い比率で議決権のある株式を所有し，かつ，その企業の意思決定機関を支配している。

45%（過半数の取締役を派遣）
$$P社 \xrightarrow{} S社$$

③親会社と子会社でほかの企業を実質的に支配している。

$$P社 \xrightarrow{60\%} S社$$
25%　　　30%
D社
（P社とS社あわせて55%）

④子会社だけでほかの企業を実質的に支配している。

$$P社 \xrightarrow{60\%} S社$$
60%
D社

なお，親会社は連結財務諸表の作成にあたり，原則としてすべての子会社をその範囲に含めなければならない。

③連結財務諸表作成の基礎

連結財務諸表は，原則として親会社の会計期間にもとづいて作成する。この日を**連結決算日**という。
連結財務諸表は，親会社および子会社の個別財務諸表の金額を基礎として次の手順で親会社が作成する。

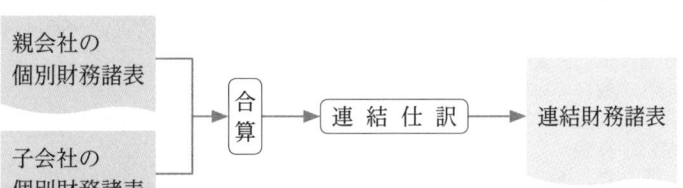

─連結財務諸表の種類─
・連結貸借対照表　　　　・連結株主資本等変動計算書
・連結損益計算書　　　　・連結キャッシュ・フロー計算書
・連結包括利益計算書　　・連結附属明細表

なお，個別財務諸表の合算や連結上の修正仕訳（連結仕訳）は，連結財務諸表の作成において用いるだけのものであり，実際に個別財務諸表の数値修正，総勘定元帳への転記をおこなうものではない。

④連結貸借対照表の作成手順

連結財務諸表は，親会社が子会社を支配すると認められた時点（**支配獲得日**）から作成する。この時点では連結貸借対照表のみを作成し，次の手順で作成する。

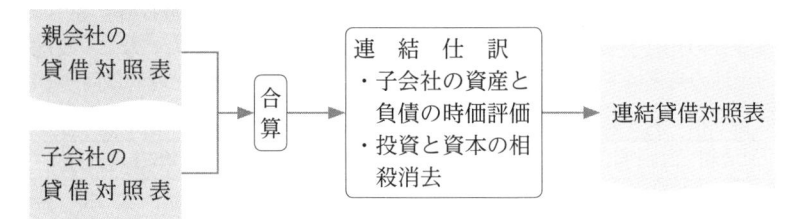

⑤子会社の資産および負債の時価評価

連結貸借対照表を作成するさい，親会社は子会社の資産および負債を，支配獲得日の時価で評価しなければならない。この資産および負債の時価による評価額と帳簿価額との差額は，**評価差額**（純資産）で処理する。

　　例　土地の帳簿価額¥*100*を時価¥*120*に評価替えした。

　　　　（借）土　　　　地　*20*　　　　（貸）評　価　差　額　*20*

⑥投資と資本の相殺消去

連結貸借対照表を作成する場合には，支配獲得日における親会社の投資（子会社株式）と子会社の資本（資本金・資本剰余金・利益剰余金および評価差額）を相殺消去しなければならない。

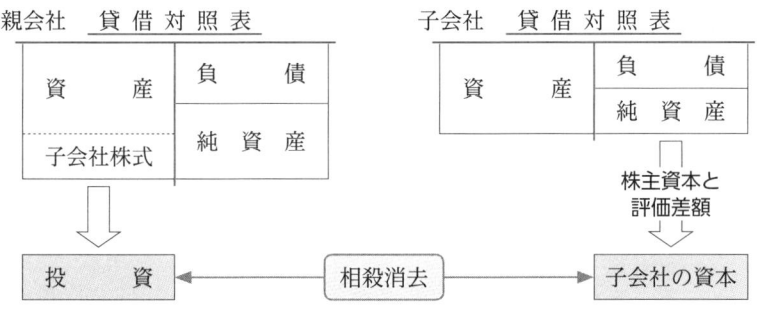

(1)子会社の株式を一括して100％取得した場合

　①親会社の投資と子会社の資本が一致する場合

　　　（借）資　　本　　金　×××　　　　（貸）子会社株式　×××
　　　　　　資本剰余金　×××
　　　　　　利益剰余金　×××
　　　　　　評　価　差　額　×××

　②親会社の投資と子会社の資本が一致しない場合

　　　親会社の投資のほうが子会社の資本より大きい場合は，相殺消去したときに差額が生じる。この差額は**のれん**（無形固定資産）で処理する。

　　　（借）資　　本　　金　×××　　　　（貸）子会社株式　×××
　　　　　　資本剰余金　×××
　　　　　　利益剰余金　×××
　　　　　　評　価　差　額　×××
　　　　　　の　れ　ん　×××

⑵子会社の株式を一括して50％を超えて取得した場合

　ほかの企業の株式を過半数所有していればその企業は子会社となり連結の範囲となる。子会社の発行している株式を親会社以外も所有している場合，子会社を支配している親会社以外の株主を**非支配株主**といい，この非支配株主の部分は**非支配株主持分**（純資産）に振り替える。

　例　P社はS社の発行する株式の80％を¥300で取得し，子会社とした。なお，支配獲得日におけるS社の土地の時価は¥120で，それ以外の資産・負債の帳簿価額と時価は同一である。

貸 借 対 照 表				貸 借 対 照 表		
P社	令和○年3月31日			S社	令和○年3月31日	
現 金 預 金	400	買 掛 金	300	現 金 預 金	200	買 掛 金	150
売 掛 金	200	資 本 金	600	売 掛 金	150	資 本 金	300
商 品	120	資本剰余金	100	商 品	50	資本剰余金	40
土 地	130	利益剰余金	150	土 地	100	利益剰余金	10
子会社株式	300				500		500
	1,150		1,150				

①評価替えの仕訳

　　　（借）土　　　　地　　20　　（貸）評 価 差 額　　20

②相殺消去の仕訳

　　　（借）資　本　金　300　　（貸）子 会 社 株 式　300

　　　　　　資本剰余金　 40　　　　　非支配株主持分　 74

　　　　　　利益剰余金　 10

　　　　　　評 価 差 額　 20　　　　　非支配株主の所有割合20％

　　　　　　の れ ん　　 4

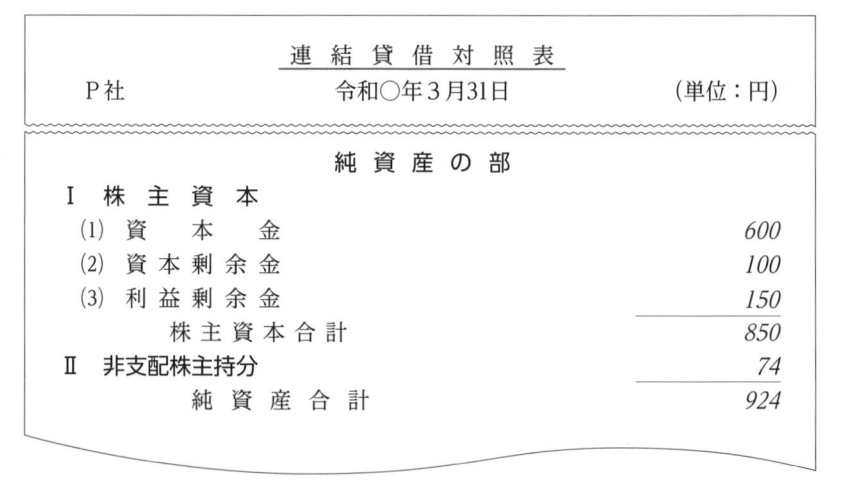

⑦報告式連結貸借対照表の作成

　連結貸借対照表の「純資産の部」の報告式による区分表示は，次のようになる。

連 結 貸 借 対 照 表		
P社	令和○年3月31日	（単位：円）
純 資 産 の 部		
Ⅰ　株 主 資 本		
（1）資　本　金		600
（2）資 本 剰 余 金		100
（3）利 益 剰 余 金		150
株 主 資 本 合 計		850
Ⅱ　非支配株主持分		74
純 資 産 合 計		924

練習問題

解答 ▶ p.62

32-1 次の各文の ▢ のなかに，適当な語を記入しなさい。

(1)企業では，経営の多角化や国際化などに対応するため，事業や地域ごとに子会社等をつくって ア を形成することが多い。この場合，単独の企業の財務諸表だけでは イ が誤った判断をする可能性があるため，企業集団全体の財政状態や経営成績などを示した ウ を作成することが必要となる。

(2)企業集団においてほかの企業を支配している企業を エ といい，親会社に支配されている企業を オ という。連結財務諸表は，原則として エ の会計期間にもとづいて作成する。この日を カ という。

ア	企 業 集 団	イ	利 害 関 係 者	ウ	連 結 財 務 諸 表
エ	親 会 社	オ	子 会 社	カ	連 結 決 算 日

32-2 令和○年3月31日に，西南商事株式会社の株式（発行済株式総数の60%）を取得し，子会社とした。なお，支配獲得日における同社の貸借対照表の土地の金額は¥12,000,000　時価は¥13,000,000である。よって，評価替えの仕訳を示しなさい。

土 　 　 　 　 地	1,000,000	評 　 価 　 差 　 額	1,000,000

32-3 令和○年3月31日に，四国物産株式会社の株式（発行済株式総数の100%）を¥16,000,000で取得した。ただし，この時点での同社の資本金は¥12,000,000　資本剰余金は¥2,000,000　利益剰余金は¥600,000であった。なお，同社の貸借対照表の土地の金額は¥5,000,000　支配獲得日における時価は¥5,400,000である。よって，
(1)評価替えの仕訳を示しなさい。
(2)投資と資本の相殺消去の仕訳を示しなさい。

(1)	土 　 　 　 　 地	400,000	評 　 価 　 差 　 額	400,000
(2)	資 　 　 本 　 　 金	12,000,000	子 会 社 株 式	16,000,000
	資 　 本 　 剰 　 余 　 金	2,000,000		
	利 　 益 　 剰 　 余 　 金	600,000		
	評 　 価 　 差 　 額	400,000		
	の 　 　 れ 　 　 ん	1,000,000		

32-4 令和○年3月31日に，北西商事株式会社の株式（発行済株式総数の75%）を¥9,000,000で取得した。ただし，この時点での同社の資本金は¥10,000,000　資本剰余金は¥800,000　利益剰余金は¥400,000であった。なお，支配獲得日における同社の貸借対照表の土地の金額は¥2,000,000　時価は¥2,300,000である。よって，
(1)評価替えの仕訳を示しなさい。
(2)投資と資本の相殺消去の仕訳を示しなさい。

(1)	土 　 　 　 　 地	300,000	評 　 価 　 差 　 額	300,000
(2)	資 　 　 本 　 　 金	10,000,000	子 会 社 株 式	9,000,000
	資 　 本 　 剰 　 余 　 金	800,000	非 支 配 株 主 持 分	2,875,000
	利 　 益 　 剰 　 余 　 金	400,000		
	評 　 価 　 差 　 額	300,000		
	の 　 　 れ 　 　 ん	375,000		

32-5 令和○年3月31日に，中国物産株式会社の株式（発行済株式総数の70%）を¥13,000,000で取得した。ただし，この時点での同社の資本金は¥14,000,000　資本剰余金は¥2,000,000　利益剰余金は¥1,000,000であった。なお，同社の貸借対照表の土地の金額は¥4,000,000　支配獲得日における時価は¥4,600,000である。よって，

(1)評価替えの仕訳を示しなさい。

(2)投資と資本の相殺消去の仕訳を示しなさい。

(1)	土　　　　　地	600,000	評　価　差　額	600,000
(2)	資　　本　　金	14,000,000	子　会　社　株　式	13,000,000
	資　本　剰　余　金	2,000,000	非　支　配　株　主　持　分	5,280,000
	利　益　剰　余　金	1,000,000		
	評　価　差　額	600,000		
	の　　れ　　ん	680,000		

32-6 P社はS社の発行する株式の100%を取得し，S社を子会社とした。なお，支配獲得日におけるP社およびS社の個別貸借対照表は次のとおりであり，同日における土地の時価は5,300千円で，それ以外の資産・負債の帳簿価額と時価は同一である。よって，

(1)S社の評価替えの仕訳を示しなさい。

(2)投資と資本の相殺消去の仕訳を示しなさい。

(3)連結貸借対照表を完成しなさい。

貸　借　対　照　表
P社　　令和○年3月31日　（単位：千円）

現　金　預　金	10,000	買　　掛　　金	16,000
売　　掛　　金	12,000	資　　本　　金	30,000
商　　　　品	8,000	資　本　剰　余　金	5,000
土　　　　地	9,000	利　益　剰　余　金	500
子　会　社　株　式	12,500		
	51,500		51,500

貸　借　対　照　表
S社　　令和○年3月31日　（単位：千円）

現　金　預　金	4,500	買　　掛　　金	6,000
売　　掛　　金	6,500	資　　本　　金	10,000
商　　　　品	2,000	資　本　剰　余　金	1,500
土　　　　地	5,000	利　益　剰　余　金	500
	18,000		18,000

（単位：千円）

(1)	土　　　　　地	300	評　価　差　額	300
(2)	資　　本　　金	10,000	子　会　社　株　式	12,500
	資　本　剰　余　金	1,500		
	利　益　剰　余　金	500		
	評　価　差　額	300		
	の　　れ　　ん	200		

(3)

連　結　貸　借　対　照　表
P社　　令和○年3月31日　（単位：千円）

資　　　　　　産	金　　額	負債及び純資産	金　　額
現　金　預　金	14,500	買　　掛　　金	22,000
売　　掛　　金	18,500	資　　本　　金	30,000
商　　　　品	10,000	資　本　剰　余　金	5,000
土　　　　地	14,300	（利　益　剰　余　金）	500
（の　　れ　　ん）	200		
	57,500		57,500

32-7 新潟物産株式会社は佐渡物産株式会社の発行する株式の65%を取得し，子会社とした。なお，支配獲得日における新潟物産株式会社および佐渡物産株式会社の個別貸借対照表は次のとおりであり，土地の時価は¥4,200,000で，それ以外の資産・負債の帳簿価額と時価は同一である。よって，

(1)佐渡物産株式会社の評価替えの仕訳を示しなさい。

(2)投資と資本の相殺消去の仕訳を示しなさい。

(3)連結貸借対照表を作成しなさい。

貸 借 対 照 表

新潟物産株式会社	令和○年3月31日	（単位：千円）	
現 金 預 金	13,500	買 掛 金	9,200
売 掛 金	10,300	資 本 金	30,000
商 品	9,500	資本剰余金	6,000
土 地	4,700	利益剰余金	800
子会社株式	8,000		
	46,000		46,000

貸 借 対 照 表

佐渡物産株式会社	令和○年3月31日	（単位：千円）	
現 金 預 金	2,700	買 掛 金	2,800
売 掛 金	3,300	資 本 金	10,000
商 品	4,200	資本剰余金	1,000
土 地	3,800	利益剰余金	200
	14,000		14,000

（単位：千円）

(1)	土 地	400	評 価 差 額	400
(2)	資 本 金	10,000	子 会 社 株 式	8,000
	資 本 剰 余 金	1,000	非支配株主持分	4,060
	利 益 剰 余 金	200		
	評 価 差 額	400		
	の れ ん	460		

(3)

連 結 貸 借 対 照 表

新潟物産株式会社		令和○年3月31日		（単位：千円）

資　　　産	金　　額	負債及び純資産	金　　額
現 金 預 金	16,200	買 掛 金	12,000
売 掛 金	13,600	資 本 金	30,000
商 品	13,700	資 本 剰 余 金	6,000
土 地	8,900	利 益 剰 余 金	800
の れ ん	460	非 支 配 株 主 持 分	4,060
	52,860		52,860

32-8 東京商事株式会社は，令和○年3月31日に南西商事株式会社の発行する株式の70%を18,000千円で取得し支配した。取得日における南西商事株式会社の貸借対照表は次のとおりである。よって，投資と資本の相殺消去仕訳における非支配株主持分の金額を求めなさい。ただし，南西商事株式会社の資産と負債の時価は帳簿価額に等しいものとする。

貸 借 対 照 表

南西商事株式会社	令和○年3月31日	（単位：千円）	
現 金 預 金	18,000	買 掛 金	16,000
売 掛 金	12,000	資 本 金	17,000
商 品	5,000	資本剰余金	7,000
備 品	6,000	利益剰余金	1,000
	41,000		41,000

投資と資本の相殺消去仕訳における
非 支 配 株 主 持 分 の 金 額

7,500 千円

33 連結第1年度末の連結財務諸表の作成

①連結財務諸表の作成手順

支配獲得日後の連結決算日には，すべての連結財務諸表を作成する。連結の対象となった会計期間（連結第1年度）の連結決算日における連結財務諸表は次の手順で作成する。

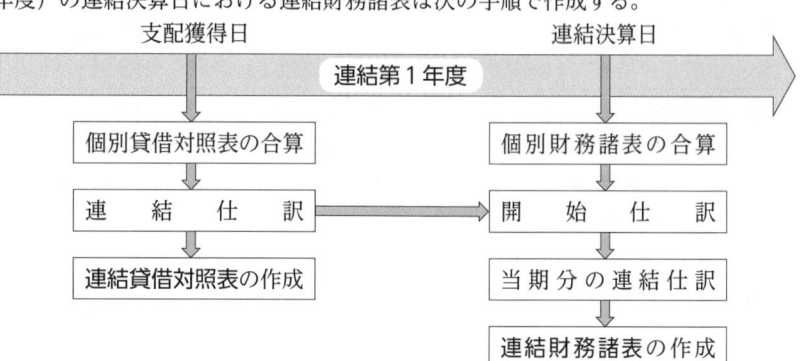

②開始仕訳

親会社および子会社がそれぞれ作成した個別財務諸表には，過去におこなった連結仕訳は反映されていない。よって，支配獲得日以降におこなった連結仕訳を再度おこなわなければならない。これを**開始仕訳**という。

(1)子会社の資産および負債の時価評価（土地の時価評価の場合）

　　　　（借）土　　　　　　地　×××　　　（貸）評　価　差　額　×××

(2)投資と資本の相殺消去

　支配獲得日以降におこなった連結仕訳は，開始仕訳においては連結株主資本等変動計算書における期首残高の変更となるので，それぞれ次の科目を用いる。

　　資本金→「**資本金当期首残高**」　　資本剰余金→「**資本剰余金当期首残高**」

　　利益剰余金→「**利益剰余金当期首残高**」　　非支配株主持分→「**非支配株主持分当期首残高**」

　　　（借）資本金当期首残高　×××　　　（貸）子　会　社　株　式　×××
　　　　　　資本剰余金当期首残高　×××　　　　　　非支配株主持分当期首残高　×××
　　　　　　利益剰余金当期首残高　×××
　　　　　　評　価　差　額　×××
　　　　　　の　　れ　　ん　×××

③当期分の連結仕訳

当期分の連結仕訳には，のれんの償却，子会社の当期純利益の配分，子会社の配当金の修正がある。

(1)のれんの償却

　のれんが生じた場合には，原則として20年以内に，定額法やその他の合理的な方法により償却をしなければならない。のれんの償却は**のれん償却**（販売費及び一般管理費）の借方で処理する。

　　　　（借）の　れ　ん　償　却　×××　　　（貸）の　　　れ　　　ん　×××

(2)子会社の当期純利益の配分

　子会社が計上した当期純利益は，株式の所有割合によって親会社と非支配株主にあん分する。そのさい，非支配株主の配分額を当期純利益から控除して非支配株主持分に振り替え，借方は**非支配株主に帰属する当期純利益**を用いる。

　例　P社はS社の発行する株式の80％を取得し，S社を子会社としている。連結決算にあたり，S社が計上した当期純利益3,000千円のうち，非支配株主へ株式の所有割合による利益の配分をする。

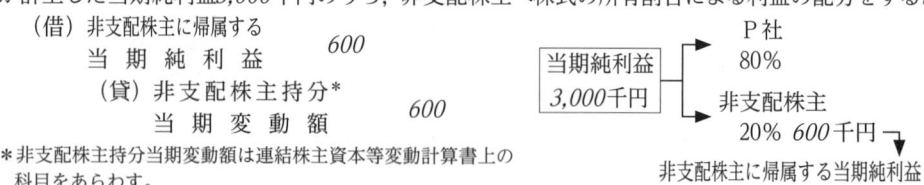

　　　　（借）非支配株主に帰属する
　　　　　　　当　期　純　利　益　　600
　　　　　　（貸）非支配株主持分*
　　　　　　　　　当　期　変　動　額　　600

　　＊非支配株主持分当期変動額は連結株主資本等変動計算書上の
　　　科目をあらわす。

⑶子会社の配当金の修正

　　①子会社が親会社に対して支払った配当金は，連結上，企業集団内の単なる資金の移動にすぎないので，親会社が計上した受取配当金と子会社が計上した配当金を相殺消去する。

　　②子会社が非支配株主に対して支払った配当金は，企業集団外への資金の流出とみることができるので，非支配株主に配当した金額だけ非支配株主持分を減額する。

　例　P社はS社の発行する株式の80％を取得し，S社を子会社としている。連結決算にあたり，当期にS社が株主に支払った配当金200千円についての連結仕訳をおこなった。

　　　①子会社が親会社に対して支払った配当金

　　　　（借）受 取 配 当 金　160

　　　　　　　　（貸）剰余金の配当*　　160

　　　②子会社が非支配株主に対して支払った配当金

　　　　（借）非支配株主持分*　　40
　　　　　　　当 期 変 動 額

　　　　　　　　（貸）剰余金の配当*　　40

配当金
200千円

→ P社
80%　160千円 → 配当金の相殺消去

→ 非支配株主
20%　40千円 → 非支配株主持分の減額

　　　*非支配株主持分当期変動額および剰余金の配当は連結株主資本等変動計算書上の科目をあらわす。

④連結損益計算書への表示方法（非支配株主に帰属する当期純利益）

　　利益を配分したときは「非支配株主に帰属する当期純利益」として，連結損益計算書に表示する。また，企業集団全体の当期純利益から「非支配株主に帰属する当期純利益」を控除した後の金額は，「親会社株主に帰属する当期純利益」として表示する。

練 習 問 題

解答 ▶ p.63

33-1　次の連続した取引について，連結第１年度末の連結仕訳を示しなさい。ただし，連結決算日は令和○2年３月31日である（単位：千円）。なお，P社は親会社であり，S社は子会社である。

⑴令和○1年３月31日に，S社の発行する株式の60％を8,900千円で取得した。取得日のS社の資本は，資本金12,000千円，資本剰余金1,600千円，利益剰余金400千円であり，資産・負債の帳簿価額は時価と同一であった。よって，開始仕訳を示しなさい。

資本金当期首残高	12,000	子 会 社 株 式	8,900
資本剰余金当期首残高	1,600	非支配株主持分当期首残高	5,600
利益剰余金当期首残高	400		
の　　れ　　ん	500		

⑵連結決算にあたり，のれんを償却した。ただし，のれんは20年間で毎期均等額を償却する。

の れ ん 償 却	25	の　　れ　　ん	25

⑶連結決算にあたり，S社が計上した当期純利益1,400千円のうち，非支配株主へ株式の所有割合による利益の配分をする。

非支配株主に帰属する当期純利益	560	非支配株主持分当期変動額	560

⑷連結決算にあたり，当期にS社が株主に支払った配当金400千円について，配当金の修正仕訳をおこなった。

受 取 配 当 金	240	剰 余 金 の 配 当	240
非支配株主持分当期変動額	160	剰 余 金 の 配 当	160

33-2 連結第1年度（令和○1年4月1日～令和○2年3月31日）の次の資料によって，
(1)連結仕訳を示しなさい。なお，のれんは5年間で毎期均等額を償却する。
(2)連結損益計算書，連結株主資本等変動計算書および連結貸借対照表を完成しなさい。
　　ただし，P社は令和○1年3月31日にS社の発行する株式の70％を12,500千円で取得した。
　　なお，S社の帳簿価額は時価と同一とする。

令和○2年3月31日における個別財務諸表

損　益　計　算　書
P社　令和○1年4月1日から令和○2年3月31日まで　（単位：千円）

売 上 原 価	65,300	売 上 高	92,100
販売費及び一般管理費	20,920	受取配当金	420
当期純利益	6,300		
	92,520		92,520

損　益　計　算　書
S社　令和○1年4月1日から令和○2年3月31日まで　（単位：千円）

売 上 原 価	28,100	売 上 高	40,200
販売費及び一般管理費	11,300		
当期純利益	800		
	40,200		40,200

株 主 資 本 等 変 動 計 算 書
令和○1年4月1日から令和○2年3月31日まで　　（単位：千円）

	資 本 金		利益剰余金	
	P社	S社	P社	S社
当期首残高	43,000	16,000	5,500	1,000
当期変動額　剰余金の配当			△5,080	△600
当期純利益			6,300	800
当期末残高	43,000	16,000	6,720	1,200

貸　借　対　照　表
P社　令和○2年3月31日　（単位：千円）

諸 資 産	31,770	諸 負 債	14,700
商 品	9,150	資 本 金	43,000
土 地	11,000	利益剰余金	6,720
子会社株式	12,500		
	64,420		64,420

貸　借　対　照　表
S社　令和○2年3月31日　（単位：千円）

諸 資 産	19,400	諸 負 債	7,000
商 品	4,800	資 本 金	16,000
		利益剰余金	1,200
	24,200		24,200

(1)

〔開始仕訳〕　　　　　　　　　　　　　　　　　　　　　　　　　　　　（単位：千円）

資本金当期首残高	16,000	子 会 社 株 式	12,500
利益剰余金当期首残高	1,000	非支配株主持分当期首残高	5,100
の れ ん	600		

〔のれんの償却〕

の れ ん 償 却	120	の れ ん	120

〔子会社の当期純利益の配分〕

非支配株主に帰属する当期純利益	240	非支配株主持分当期変動額	240

〔配当金の修正〕

受 取 配 当 金	420	剰 余 金 の 配 当	420
非支配株主持分当期変動額	180	剰 余 金 の 配 当	180

(2)

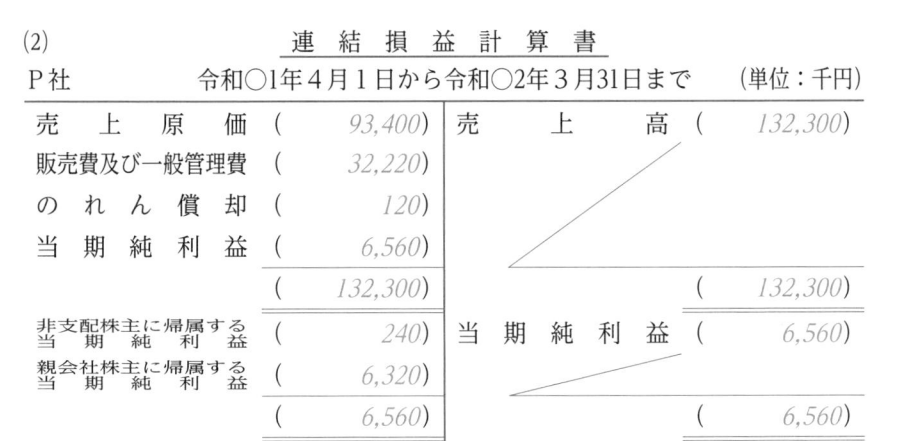

連 結 損 益 計 算 書

P社　　　令和○1年4月1日から令和○2年3月31日まで　　（単位：千円）

売　上　原　価	（ 93,400）	売　　　上　　　高	（ 132,300）
販売費及び一般管理費	（ 32,220）		
の　れ　ん　償　却	（ 120）		
当　期　純　利　益	（ 6,560）		
	（ 132,300）		（ 132,300）
非支配株主に帰属する当期純利益	（ 240）	当　期　純　利　益	（ 6,560）
親会社株主に帰属する当期純利益	（ 6,320）		
	（ 6,560）		（ 6,560）

連結株主資本等変動計算書

令和○1年4月1日から令和○2年3月31日まで　　　　（単位：千円）

	資　本　金	利 益 剰 余 金	非支配株主持分
当期首残高	43,000	5,500	5,100
当期変動額　剰　余　金　の　配　当		（ △5,080）	
親会社株主に帰属する当期純利益		（ 6,320）	
株主資本以外の項目の当期変動額(純額)			（ 60）
当期末残高	43,000	（ 6,740）	（ 5,160）

連 結 貸 借 対 照 表

P社　　　　　　　令和○2年3月31日　　　　　（単位：千円）

諸　　資　　産	（ 51,170）	諸　　負　　債	（ 21,700）
商　　　　　品	（ 13,950）	資　　本　　金	（ 43,000）
土　　　　　地	（ 11,000）	利　益　剰　余　金	（ 6,740）
の　　れ　　ん	（ 480）	非 支 配 株 主 持 分	（ 5,160）
	（ 76,600）		（ 76,600）

33-3　次の資料により，令和○3年3月31日（連結決算日）における連結損益計算書・連結株主資本等変動計算書・連結貸借対照表の（　ア　）から（　エ　）にあてはまる金額を答えなさい。

連 結 損 益 計 算 書

P社　　　　　　　令和○2年4月1日から令和○3年3月31日まで　　　（単位：千円）

売 上 原 価	275,500	売 上 高	362,000
給 料	78,400	受 取 配 当 金 （　　　　　）	
支 払 利 息	300		
の れ ん 償 却 （　　　　　）			
当 期 純 利 益 （　　　　　）			
（　　　　　）		（　　　　　）	
非支配株主に帰属する 当 期 純 利 益 （　　　　　）		当 期 純 利 益 （　　ア　　）	
親会社株主に帰属する 当 期 純 利 益 （　　　　　）			
（　　　　　）		（　　　　　）	

連結株主資本等変動計算書

令和○2年4月1日から令和○3年3月31日まで　　　（単位：千円）

	資 本 金	利 益 剰 余 金	非支配株主持分
当期首残高	85,000	16,000	（　　　　）
当期変動額　剰　余　金　の　配　当		△　4,000	
親会社株主に帰属する当期純利益		（　　イ　　）	
株主資本以外の項目の当期変動額(純額)			（　　　　）
当期末残高	85,000	（　　　　）	（　　　　）

連 結 貸 借 対 照 表

P社　　　　　　　　　令和○3年3月31日　　　　　　　（単位：千円）

諸 資 産	161,300	諸 負 債	51,100
の れ ん （　ウ　）		資 本 金 （　　　　　）	
		利 益 剰 余 金 （　　　　　）	
		非 支 配 株 主 持 分 （　　エ　　）	
（　　　　　）		（　　　　　）	

資　　料

i　令和○3年３月31日における個別財務諸表

損益計算書

P社　令和○2年４月１日から令和○3年３月31日まで　（単位：千円）

売上原価	205,300	売上高	269,000
給料	58,900	受取配当金	2,200
当期純利益	7,000		
	271,200		271,200

損益計算書

S社　令和○2年４月１日から令和○3年３月31日まで　（単位：千円）

売上原価	70,200	売上高	93,000
給料	19,500		
支払利息	300		
当期純利益	3,000		
	93,000		93,000

株主資本等変動計算書

令和○2年４月１日から令和○3年３月31日まで　（単位：千円）

	資　本　金		利益剰余金	
	P社	S社	P社	S社
当期首残高	85,000	30,000	16,000	7,000
当期変動額　剰余金の配当			△4,000	△1,800
当期純利益			7,000	3,000
当期末残高	85,000	30,000	19,000	8,200

貸借対照表

P社　令和○3年３月31日　（単位：千円）

諸資産	106,000	諸負債	34,000
子会社株式	32,000	資本金	85,000
		利益剰余金	19,000
	138,000		138,000

貸借対照表

S社　令和○3年３月31日　（単位：千円）

諸資産	55,300	諸負債	17,100
		資本金	30,000
		利益剰余金	8,200
	55,300		55,300

ii　P社は，令和○2年３月31日にS社の発行する株式の80％を32,000千円で取得し支配した。なお，取得日のS社の資本は，資本金30,000千円　利益剰余金7,000千円であった。また，諸資産および諸負債の時価は帳簿価額に等しかった。

iii　のれんは償却期間を10年間とし，定額法により償却する。

iv　P社とS社相互間の債権・債務の取引や資産の売買はなかった。

ア	8,320 千円	イ	7,720 千円
ウ	2,160 千円	エ	7,640 千円

検定問題

解答 ▶ p.65

33-4 次の資料により，令和3年3月31日（連結決算日）における連結損益計算書，連結株主資本等変動計算書および連結貸借対照表を作成しなさい。　（第92回）

資　料

i　令和3年3月31日における個別財務諸表

貸借対照表
P社　令和3年3月31日　（単位：千円）

諸　資　産	18,000	諸　負　債	20,000
土　　　地	9,000	資　本　金	10,000
子会社株式	8,000	利益剰余金	5,000
	35,000		35,000

損益計算書
P社　令和2年4月1日から令和3年3月31日まで　（単位：千円）

売上原価	30,000	売　上　高	40,000
給　　料	9,000	受取配当金	300
当期純利益	1,300		
	40,300		40,300

貸借対照表
S社　令和3年3月31日　（単位：千円）

諸　資　産	17,000	諸　負　債	8,500
土　　　地	1,000	資　本　金	5,000
		利益剰余金	4,500
	18,000		18,000

損益計算書
S社　令和2年4月1日から令和3年3月31日まで　（単位：千円）

売上原価	28,000	売　上　高	38,000
給　　料	9,000		
当期純利益	1,000		
	38,000		38,000

株主資本等変動計算書
令和2年4月1日から令和3年3月31日まで　（単位：千円）

	資　本　金		利益剰余金	
	P社	S社	P社	S社
当期首残高	10,000	5,000	4,500	4,000
当期変動額　　剰余金の配当			△800	△500
当期純利益			1,300	1,000
当期末残高	10,000	5,000	5,000	4,500

ii　P社は，令和2年3月31日にS社の発行する株式の60%を8,000千円で取得し支配した。取得日のS社の資本は，資本金5,000千円　利益剰余金4,000千円であった。なお，S社の令和2年3月31日における土地の帳簿価額は1,000千円，時価は2,000千円であり，当期中に土地の売買取引はなかった。また，他の資産および負債の時価は帳簿価額に等しかった。

iii　のれんは償却期間を20年間とし，定額法により償却する。

iv　P社とS社相互間の債権・債務の取引や資産の売買はなかった。

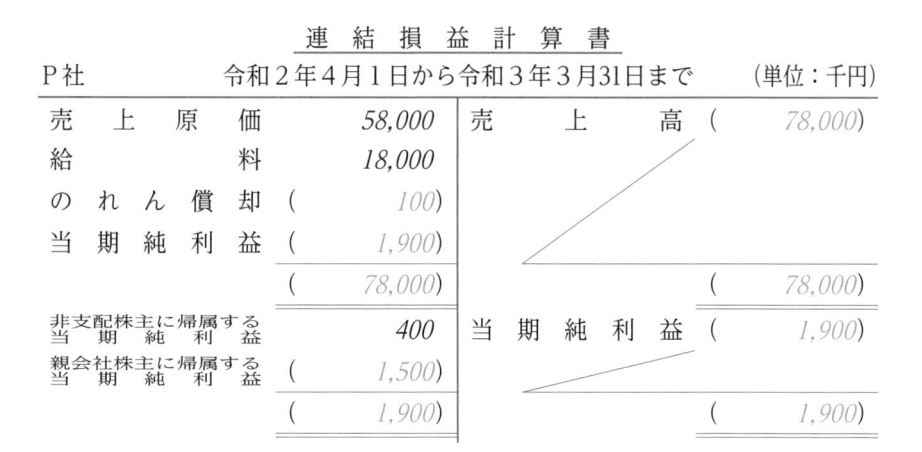

連 結 損 益 計 算 書

P社　　　　令和２年４月１日から令和３年３月31日まで　　　（単位：千円）

売 上 原 価	58,000	売 上 高（	78,000）
給 料	18,000		
の れ ん 償 却（	100）		
当 期 純 利 益（	1,900）		
（	78,000）	（	78,000）
非支配株主に帰属する当期純利益	400	当 期 純 利 益（	1,900）
親会社株主に帰属する当期純利益（	1,500）		
（	1,900）	（	1,900）

連結株主資本等変動計算書

令和２年４月１日から令和３年３月31日まで　　　　　　（単位：千円）

	資 本 金	利 益 剰 余 金	非支配株主持分
当期首残高	10,000	4,500	4,000
当期変動額　剰 余 金 の 配 当		△800	
親会社株主に帰属する当期純利益		（　1,500）	
株主資本以外の項目の当期変動額(純額)			200
当期末残高	10,000	（　5,200）	4,200

連 結 貸 借 対 照 表

P社　　　　　　　　令和３年３月31日　　　　　　（単位：千円）

諸 資 産	35,000	諸 負 債	28,500
土 地	11,000	資 本 金（	10,000）
の れ ん（	1,900）	利 益 剰 余 金（	5,200）
		非 支 配 株 主 持 分（	4,200）
（	47,900）	（	47,900）

33-5 次の資料により，令和5年3月31日（連結決算日）における連結損益計算書，連結株主資本
等変動計算書および連結貸借対照表を作成しなさい。　　　　　　　　　　（第96回）
　　資　　　料
　　i　令和5年3月31日における個別財務諸表

損　益　計　算　書

P社　令和4年4月1日から令和5年3月31日まで　（単位：千円）

売 上 原 価	34,700	売　上　高	46,000
給　　　料	8,900	受取配当金	490
支 払 利 息	190		
当 期 純 利 益	2,700		
	46,490		46,490

損　益　計　算　書

S社　令和4年4月1日から令和5年3月31日まで　（単位：千円）

売 上 原 価	20,400	売　上　高	26,800
給　　　料	5,040	受 取 利 息	200
支 払 利 息	60		
当 期 純 利 益	1,500		
	27,000		27,000

株 主 資 本 等 変 動 計 算 書

令和4年4月1日から令和5年3月31日まで　　（単位：千円）

		資　本　金		利益剰余金	
		P社	S社	P社	S社
当期首残高		16,000	6,000	5,700	2,800
当期変動額　　剰余金の配当				△1,400	△700
当 期 純 利 益				2,700	1,500
当期末残高		16,000	6,000	7,000	3,600

貸 借 対 照 表

P社　令和5年3月31日　（単位：千円）

諸　資　産	32,300	諸　負　債	25,000
土　　　地	8,500	資　本　金	16,000
子会社株式	7,200	利益剰余金	7,000
	48,000		48,000

貸 借 対 照 表

S社　令和5年3月31日　（単位：千円）

諸　資　産	16,800	諸　負　債	9,000
土　　　地	1,800	資　本　金	6,000
		利益剰余金	3,600
	18,600		18,600

　　ii　P社は，令和4年3月31日にS社の発行する株式の70％を7,200千円で取得し支配した。
　　　なお，取得日におけるS社の土地の帳簿価額は1,800千円，時価は2,000千円であり，当期
　　　中に土地の売買取引はなかった。また，他の資産および負債の時価は帳簿価額に等しかっ
　　　た。
　　iii　のれんは償却期間20年間とし，定額法により償却する。
　　iv　P社とS社相互間の債権・債務の取引や資産の売買はなかった。

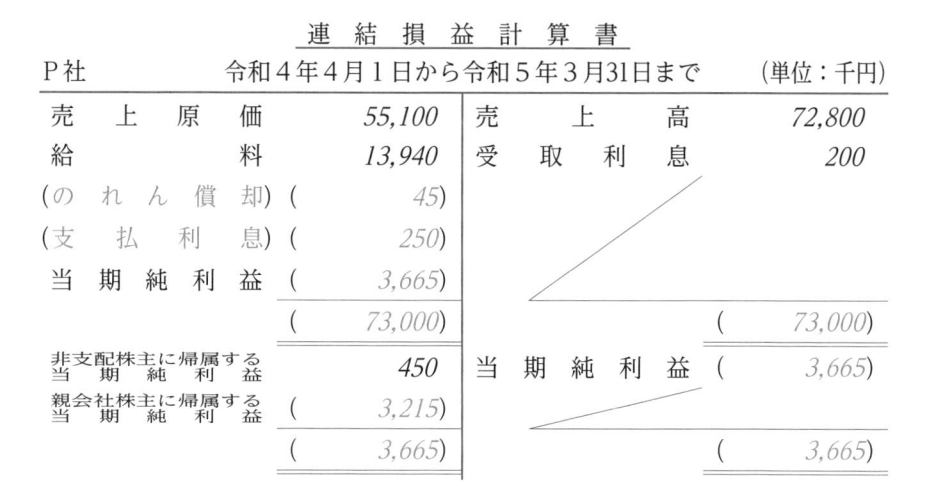

連結損益計算書

P社　　　　令和4年4月1日から令和5年3月31日まで　　　（単位：千円）

		売　上　高	72,800
売　上　原　価	55,100	受　取　利　息	200
給　　　料	13,940		
（のれん償却）	（ 45）		
（支　払　利　息）	（ 250）		
当　期　純　利　益	（ 3,665）		
	（ 73,000）		（ 73,000）
非支配株主に帰属する当期純利益	450	当　期　純　利　益	（ 3,665）
親会社株主に帰属する当期純利益	（ 3,215）		
	（ 3,665）		（ 3,665）

連結株主資本等変動計算書

P社　　　　令和4年4月1日から令和5年3月31日まで　　　（単位：千円）

	資　本　金	利益剰余金	非支配株主持分
当期首残高	（ 16,000）	（ 5,700）	（ 2,700）
当期変動額　剰　余　金　の　配　当		△1,400	
親会社株主に帰属する当期純利益		（ 3,215）	
株主資本以外の項目の当期変動額(純額)			（ 240）
当期末残高	（ 16,000）	（ 7,515）	（ 2,940）

連結貸借対照表

P社　　　　令和5年3月31日　　　（単位：千円）

		諸　負　債	（ 34,000）
諸　資　産	49,100	資　本　金	（ 16,000）
土　　　地	（ 10,500）	利　益　剰　余　金	（ 7,515）
（の　れ　ん）	（ 855）	非　支　配　株　主　持　分	（ 2,940）
	（ 60,455）		（ 60,455）

34 連結精算表の作成

学習のまとめ

①連結精算表

連結精算表とは，連結財務諸表を作成する手続きを一覧表にしたものであり，連結第1年度末の連結精算表を作成する場合は次の手順で作成する。

①個別財務諸表の金額を連結精算表の個別財務諸表欄に記入して合計金額を算出。
　（親会社株主に帰属する当期純利益には当期純利益の金額を記入。）

②**開始仕訳**（評価替え・投資と資本の相殺消去），**当期分の連結仕訳**（のれんの償却・子会社の当期純利益の配分・子会社の配当金の修正）を連結精算表の**修正消去欄**に記入する。

③損益計算書の修正消去欄を合計し，連結財務諸表欄を作成する。**親会社株主に帰属する当期純利益を株主資本等変動計算書の同じ行に移記**する。

④株主資本等変動計算書の修正消去欄を合計し，連結財務諸表欄を作成する。**各科目の当期末残高を貸借対照表の各行に移記**する。

⑤貸借対照表の修正消去欄を合計し，連結財務諸表欄を作成する。**資産合計と負債・純資産合計が一致することを確認。**

練習問題

解答 ▶ p.67

34-1 連結第1年度（令和○1年4月1日～令和○2年3月31日）の次の資料によって，連結精算表を完成しなさい。

資　　料（単位：千円）

【開始仕訳】

〔投資と資本の相殺消去〕

資本金当期首残高	17,000	子会社株式	13,000
利益剰余金当期首残高	1,000	非支配株主持分当期首残高	5,400
のれん	400		

【当期分の連結仕訳】

〔のれんの償却〕

| のれん償却 | 80 | のれん | 80 |

〔子会社の当期純利益の配分〕

| 非支配株主に帰属する当期純利益 | 210 | 非支配株主持分当期変動額 | 210 |

〔子会社の配当金の修正〕

| 受取配当金 | 280 | 剰余金の配当 | 280 |
| 非支配株主持分当期変動額 | 120 | 剰余金の配当 | 120 |

連 結 精 算 表　　　　　　　　（単位：千円）

科 目	個 別 財 務 諸 表			修 正 消 去		連 結財務諸表
	親 会 社	子 会 社	合 計	借 方	貸 方	
(貸 借 対 照 表)						
諸　　資　　産	55,050	27,200	82,250			82,250
子 会 社 株 式	13,000		13,000		13,000	
の　　れ　　ん				400	80	320
資 産 合 計	68,050	27,200	95,250	400	13,080	82,570
諸　　負　　債	[13,700]	[8,900]	[22,600]			[22,600]
資　　本　　金	[38,000]	[17,000]	[55,000]	17,000		[38,000]
資 本 剰 余 金	[9,000]		[9,000]			[9,000]
利 益 剰 余 金	[7,350]	[1,300]	[8,650]	1,570	400	[7,480]
非 支 配 株 主 持 分				120	5,610	[5,490]
負債・純資産合計	[68,050]	[27,200]	[95,250]	18,690	6,010	[82,570]
(損 益 計 算 書)						
売　　上　　高	[94,100]	[42,200]	[136,300]			[136,300]
受 取 配 当 金	[280]		[280]	280		
売 上 原 価	67,300	30,100	97,400			97,400
諸　　費　　用	20,180	11,400	31,580			31,580
の れ ん 償 却				80		80
当 期 純 利 益	[6,900]	[700]	[7,600]	360		[7,240]
非支配株主に帰属する当 期 純 利 益				210		210
親会社株主に帰属する当 期 純 利 益	[6,900]	[700]	[7,600]	570		[7,030]
(株主資本等変動計算書)						
資本金当期首残高	[38,000]	[17,000]	[55,000]	17,000		[38,000]
資本金当期末残高	[38,000]	[17,000]	[55,000]	17,000		[38,000]
資本剰余金当期首残高	[9,000]		[9,000]			[9,000]
資本剰余金当期末残高	[9,000]		[9,000]			[9,000]
利益剰余金当期首残高	[5,300]	[1,000]	[6,300]	1,000		[5,300]
剰 余 金 の 配 当	4,850	400	5,250		400	4,850
親会社株主に帰属する当 期 純 利 益	[6,900]	[700]	[7,600]	570		[7,030]
利益剰余金当期末残高	[7,350]	[1,300]	[8,650]	1,570	400	[7,480]
非支配株主持分当期首残高					5,400	[5,400]
非支配株主持分当期変動額				120	210	[90]
非支配株主持分当期末残高				120	5,610	[5,490]

*①［　　　　　］の金額は，貸方を示す。②法人税・住民税及び事業税は省略している。③連結包括利益計算書は省略している。

第11章　形式別復習問題

35 仕訳に関する問題

解答 ▶ p.68

35-1　下記の取引の仕訳を示しなさい。ただし，勘定科目は，次のなかからもっとも適当なものを使用すること。

現　　　　　金	当　座　預　金	売買目的有価証券	不　渡　手　形
建　　　　　物	車　両　運　搬　具	車両運搬具減価償却累計額	建　設　仮　勘　定
満期保有目的債券	未　　払　　金	保　証　債　務	有　価　証　券　売　却　益
有　価　証　券　利　息	保　証　債　務　取　崩　益	固　定　資　産　売　却　損	固　定　資　産　除　却　損

(1)かねて，商品代金として熊本商店に裏書譲渡していた約束手形¥750,000が，期日に不渡りとなり，同店から償還請求を受けた。よって，手形金額および償還請求の諸費用¥2,500をともに小切手を振り出して支払い，同時に振出人大分商店に償還請求をおこなった。なお，この手形を裏書譲渡したさい，保証債務を¥15,000と評価している。

(2)売買目的で保有している奈良物産株式会社の株式500株を1株につき¥2,870で売却し，代金は当店の当座預金口座に振り込まれた。ただし，この株式の当期首の帳簿価額は¥1,072,000 株式数は400株であった。また，当期中に追加で同社の株式300株を1株につき¥2,750で購入している。なお，単価の計算は移動平均法によっている。

(3)満期まで保有する目的で，額面¥800,000の国債を額面¥100につき¥99.80で買い入れ，この代金は，端数利息¥4,000とともに小切手を振り出して支払った。

(4)事務所の建物が完成したので，引き渡しを受け，建築代金¥12,000,000のうち¥4,000,000を小切手を振り出して支払った。ただし，建築代金のうち，すでに¥6,000,000は支払済みであり，残額は翌月末に支払うことにした。

(5)香川工業株式会社（決算年1回　3月31日）は，第9期初頭に営業用自動車を¥1,800,000で買い入れ，この代金はこれまで使用してきた営業用自動車を¥500,000で引き取らせ，新車との差額は小切手を振り出して支払った。ただし，この旧車は，第7期初頭に¥1,600,000で買い入れたもので，定率法により毎期の償却率を25%として減価償却費を計上し，間接法で記帳してきた。

(1)	不　渡　手　形	752,500	当　座　預　金	752,500
	保　証　債　務	15,000	保　証　債　務　取　崩　益	15,000
(2)	当　座　預　金	1,435,000	売買目的有価証券	1,355,000
			有　価　証　券　売　却　益	80,000
(3)	満期保有目的債券	798,400	当　座　預　金	802,400
	有　価　証　券　利　息	4,000		
(4)	建　　　　　物	12,000,000	建　設　仮　勘　定	6,000,000
			当　座　預　金	4,000,000
			未　　払　　金	2,000,000
(5)	車　両　運　搬　具	1,800,000	車　両　運　搬　具	1,600,000
	車両運搬具減価償却累計額	700,000	当　座　預　金	1,300,000
	固　定　資　産　売　却　損	400,000		

35-2 下記の取引の仕訳を示しなさい。ただし，勘定科目は，次のなかからもっとも適当なものを使用すること。

現　　金　　当 座 預 金　　売　掛　金　　建　　　物
機 械 装 置　　備　　　　品　　の　れ　ん　　満期保有目的債券
その他有価証券　　買　掛　金　　長 期 借 入 金　　資　本　金
その他有価証券評価差額金　　有 価 証 券 利 息　　修　繕　費　　社 債 利 息

形式別復習問題

(1)名古屋産業株式会社は機械設備の改良および修繕をおこない，その代金¥2,900,000を小切手を振り出して支払ったさい，全額を資本的支出として処理していたが，その代金のうち¥700,000は機械設備の通常の維持・管理のために支出していたことが判明したため，本日，これを訂正した。

(2)兵庫産業株式会社は，次の財政状態にある神戸商店を取得し，取得代金¥6,500,000は小切手を振り出して支払った。なお，神戸商店の貸借対照表に示されている資産および負債の帳簿価額は時価に等しいものとする。

神戸商店	貸　借　対　照　表		（単位：円）
売　　掛　　金	4,200,000	買　　掛　　金	2,800,000
建　　　　物	3,600,000	長 期 借 入 金	1,000,000
備　　　　品	2,000,000	資　　本　　金	6,000,000
	9,800,000		9,800,000

(3)満期保有目的で発行時に買い入れた次の宮崎産業株式会社の社債について，半年分の利息を現金で受け取った。
　　社債額面　¥3,000,000　　取得原価　額面¥100につき¥96
　　償還期限　8年　　　　　利　率　年6％　　利払い　年2回

(4)満期保有目的で発行時に買い入れた次の大分産業株式会社の社債について，評価替えをおこなった。なお，社債の額面金額と取得原価との差額については，帳簿価額に加算する方法（償却原価法）を用いている。
　　社債額面　¥4,000,000　　取得原価　額面¥100につき¥97
　　償還期限　10年　　　　　利　率　年5％　　利払い　年2回

(5)決算にあたり，その他有価証券として保有する次の株式を時価によって評価した。
　　水戸商事株式会社　200株　帳簿価額　1株　¥60,000　時　価　1株　¥65,000
　　日立物産株式会社　100株　帳簿価額　1株　¥55,000　時　価　1株　¥53,000

(1)	修　繕　費	700,000	機 械 装 置	700,000	
(2)	売　掛　金	4,200,000	買　掛　金	2,800,000	
	建　　　物	3,600,000	長 期 借 入 金	1,000,000	
	備　　　品	2,000,000	当 座 預 金	6,500,000	
	の　れ　ん	500,000			
(3)	現　　　金	90,000	有 価 証 券 利 息	90,000	
(4)	満期保有目的債券	12,000	有 価 証 券 利 息	12,000	
(5)	その他有価証券	800,000	その他有価証券評価差額金	800,000	

35-3 下記の取引の仕訳を示しなさい。ただし，勘定科目は，次のなかからもっとも適当なものを使用すること。

当　座　預　金	売　　掛　　金	建　　　　　物	備　　　　　品
建　設　仮　勘　定	の　　れ　　ん	買　　掛　　金	未　　払　　金
未　払　配　当　金	資　　本　　金	資　本　準　備　金	その他資本剰余金
利　益　準　備　金	新　築　積　立　金	繰越利益剰余金	株　式　交　付　費

(1)白石商事株式会社は，繰越利益剰余金勘定の借方残高¥7,350,000をてん補するため，資本金¥7,500,000を減少した。

(2)甲府商事株式会社は，事業規模拡大のため，株式300株を1株につき¥65,000で発行し，全額の引き受け・払い込みを受け，払込金は当座預金とした。ただし，払込金額のうち，資本金に計上しない金額は，会社法に規定する最高限度額とした。なお，株式の発行に要した諸費用¥530,000は小切手を振り出して支払った。

(3)宇都宮商事株式会社は，株主総会の決議により，その他資本剰余金¥7,000,000を原資に配当をおこなうことになった。なお，配当金の10分の1を資本準備金とした。

(4)松戸商事株式会社は，次の財政状態にある東西物産株式会社を吸収合併することになり，株式80株を1株¥65,000で発行し，東西物産株式会社の株主に交付した。なお，この合併により，松戸商事株式会社において増加する資本金は¥4,000,000　資本準備金は¥1,000,000とする。ただし，東西物産株式会社の資産・負債の時価と貸借対照表価額は同一である。

東西物産株式会社	貸　借　対　照　表		（単位：円）
売　　掛　　金	3,800,000	買　　掛　　金	4,100,000
建　　　　物	4,200,000	未　　払　　金	800,000
備　　　　品	1,500,000	資　　本　　金	4,400,000
		利　益　準　備　金	200,000
	9,500,000		9,500,000

(5)店舗用建物が完成して引き渡しを受けたので，この総建築費用の最終支払分として¥3,000,000を小切手を振り出して支払った。ただし，建築費用として契約時に¥3,500,000第2回目に¥3,500,000を支払ってある。なお，新築積立金¥10,000,000を取り崩した。

(1)	資　　本　　金	7,500,000	その他資本剰余金	7,500,000
	その他資本剰余金	7,350,000	繰越利益剰余金	7,350,000
(2)	当　座　預　金	19,500,000	資　　本　　金	9,750,000
			資　本　準　備　金	9,750,000
	株　式　交　付　費	530,000	当　座　預　金	530,000
(3)	その他資本剰余金	7,700,000	未　払　配　当　金	7,000,000
			資　本　準　備　金	700,000
(4)	売　　掛　　金	3,800,000	買　　掛　　金	4,100,000
	建　　　　物	4,200,000	未　　払　　金	800,000
	備　　　　品	1,500,000	資　　本　　金	4,000,000
	の　　れ　　ん	600,000	資　本　準　備　金	1,000,000
			その他資本剰余金	200,000
(5)	建　　　　物	10,000,000	建　設　仮　勘　定	7,000,000
			当　座　預　金	3,000,000
	新　築　積　立　金	10,000,000	繰越利益剰余金	10,000,000

35-4　下記の取引の仕訳を示しなさい。ただし，勘定科目は，次のなかからもっとも適当なものを使用すること。

現　　　　　金	当　座　預　金	受　取　手　形	売　　掛　　金
子　会　社　株　式	支　払　手　形	買　　掛　　金	未　払　配　当　金
資　本　準　備　金	その他資本剰余金	利　益　準　備　金	減　債　積　立　金
配当平均積立金	別　途　積　立　金	繰越利益剰余金	自　己　株　式
売　　　　　上	受　取　手　数　料	仕　　　　　入	支　払　手　数　料

(1) 成田商事株式会社は，株主総会の決議により，配当平均積立金￥30,000,000を取り崩して，当期の配当￥30,000,000にあてた。

(2) 柏物産株式会社は，株主総会において，剰余金￥8,500,000（その他資本剰余金￥6,000,000　繰越利益剰余金￥2,500,000）の配当をおこなうことを決議した。なお，配当にともない，資本準備金￥600,000　利益準備金￥250,000を計上する。

(3) 八幡商事株式会社は，株主総会の決議により，配当平均積立金￥8,000,000を取り崩して，当期の配当￥8,000,000にあてた。なお，配当にともない，利益準備金￥800,000を計上する。

(4) 前橋物産株式会社は，自社が発行している株式のうち80株を1株につき￥50,000で取得し，手数料￥50,000とともに現金で支払った。

(5) 船橋物産株式会社は，さきに取得していた自己株式のうち30株（1株の帳簿価額￥50,000）を1株につき￥55,000で処分し，代金は当座預金に振り込まれた。

(6) 阿波商事株式会社は，さきに取得していた自己株式（1株の帳簿価額￥60,000）のうち80株を消却した。

(7) 徳島商事株式会社は，自社の発行済株式総数のうち2％にあたる株式を1株につき￥530で取得し，代金は小切手を振り出して支払った。なお，自社の発行可能株式総数は200万株と定款に定めてあり，発行済株式総数は120万株である。　　　　　　　　　　　　（第96回）

	借方		貸方	
(1)	配 当 平 均 積 立 金	30,000,000	繰 越 利 益 剰 余 金	30,000,000
	繰 越 利 益 剰 余 金	30,000,000	未 払 配 当 金	30,000,000
(2)	その他資本剰余金	6,600,000	未 払 配 当 金	8,500,000
	繰 越 利 益 剰 余 金	2,750,000	資 本 準 備 金	600,000
			利 益 準 備 金	250,000
(3)	配 当 平 均 積 立 金	8,000,000	繰 越 利 益 剰 余 金	8,000,000
	繰 越 利 益 剰 余 金	8,800,000	未 払 配 当 金	8,000,000
			利 益 準 備 金	800,000
(4)	自 己 株 式	4,000,000	現　　　　　金	4,050,000
	支 払 手 数 料	50,000		
(5)	当 座 預 金	1,650,000	自 己 株 式	1,500,000
			その他資本剰余金	150,000
(6)	その他資本剰余金	4,800,000	自 己 株 式	4,800,000
(7)	自 己 株 式	12,720,000	当 座 預 金	12,720,000

形式別復習問題

35-5　下記の取引の仕訳を示しなさい。ただし，勘定科目は，次のなかからもっとも適当なものを使用すること。

現　　　　　金	当　座　預　金	普　通　預　金	定　期　預　金
売　　掛　　金	建　　　　　物	建物減価償却累計額	備　　　　　品
備品減価償却累計額	リ　ー　ス　資　産	リース資産減価償却累計額	買　　掛　　金
リ　ー　ス　債　務	売　　　　　上	受　取　利　息	雑　　　　　益
仕　　　　　入	支払リース料	支　払　利　息	雑　　　　　損
固　定　資　産　売　却　損	固　定　資　産　除　却　損	災　害　損　失	為　替　差　損　益

(1)取得原価￥800,000の事務用パーソナルコンピュータを取得後8年目の初頭に除却し，廃棄処分した。ただし，残存価額は取得原価の10％　耐用年数8年として定額法によって減価償却費を計算し，間接法で記帳してきた。なお，廃棄したパーソナルコンピュータの評価額は零（0）である。

(2)取得原価￥6,000,000　減価償却累計額￥3,600,000の建物が，火災によって焼失した。

(3)関東商店は，令和○1年4月1日（期首）に備品のリース契約（ファイナンス・リース取引）を次の条件で締結した。なお，利息相当額の処理は利子抜き法による。

　　　年間リース料　￥200,000（毎年3月末払い）　　　見積現金購入価額　￥860,000
　　　リース期間　5年

(4)関東商店は，上記(3)の備品に対するリース取引について，令和○2年3月31日にリース料を現金で支払った。なお，利息相当額については，リース期間中の各期に定額で配分する。

(5)宮崎商事株式会社は，米国にある取引先から商品$20,000を掛けにより仕入れた。なお，仕入時の為替相場は$1あたり￥134であった。

(6)宮崎商事株式会社は，上記(5)の買掛金を決済し，代金は小切手を振り出して支払った。なお，決済日の為替相場は$1あたり$135であった。

(7)大分商事株式会社は，米国にある取引先へ商品を$15,000で掛け販売した。なお，売上時の為替相場は$1あたり￥127であった。

(8)大分商事株式会社は，上記(7)の売掛金について，本日，決算日をむかえたため，決算日の為替相場に円換算し直すこととした。なお，決算日の為替相場は$1あたり￥129であった。

	借方		貸方	
(1)	備品減価償却累計額 固　定　資　産　除　却　損	630,000 170,000	備　　　　　品	800,000
(2)	建物減価償却累計額 災　　害　　損　　失	3,600,000 2,400,000	建　　　　　物	6,000,000
(3)	リ　ー　ス　資　産	860,000	リ　ー　ス　債　務	860,000
(4)	リ　ー　ス　債　務 支　　払　　利　　息	172,000 28,000	現　　　　　金	200,000
(5)	仕　　　　　入	2,680,000	買　　掛　　金	2,680,000
(6)	買　　掛　　金 為　替　差　損　益	2,680,000 20,000	当　座　預　金	2,700,000
(7)	売　　掛　　金	1,905,000	売　　　　　上	1,905,000
(8)	売　　掛　　金	30,000	為　替　差　損　益	30,000

35-6 下記の取引の仕訳を示しなさい。ただし，勘定科目は，次のなかからもっとも適当なものを使用すること。

現　　　　　金	当　座　預　金	備品減価償却累計額	ソフトウェア
繰延税金資産	繰延税金負債	資　本　金	資　本　準　備　金
その他資本剰余金	自　己　株　式	新　株　予　約　権	売　　　　　上
役　務　収　益	役　務　原　価	支　払　手　数　料	減　価　償　却　費
ソフトウェア償却	電子記録債権売却損	株　式　交　付　費	法人税等調整額

(1)旅行代理店を営む宮崎観光株式会社は，本日国内旅行のツアーを実施し，サービスの提供にともなう費用¥381,000を小切手を振り出して支払った。

(2)熊本商事株式会社は，次の条件で発行した新株予約権のうち15個の権利行使があったので，新株75株を発行し，権利行使価額の払込金を当座預金とした。ただし，会社法に規定する最高限度額を資本金に計上しないことにした。

　　発 行 条 件
　　　　発 行 総 数　30個（新株予約権１個につき５株を付与）
　　　　払 込 金 額　新株予約権１個につき¥90,000
　　　　権利行使価額　１株につき¥140,000
　　　　権利行使期間　令和○5年８月１日から令和○6年７月31日

(3)熊本商事株式会社は，上記(2)の条件で発行した新株予約権のうち５個の権利行使があったので自己株式¥3,700,000を交付し，権利行使価額の払込額を当座預金とした。

(4)決算において，次の資料により備品の減価償却費を計上した。なお，間接法により記帳し，法定実効税率を30％とした税効果会計を適用している。

　　資　　　料
　　　　取得・使用開始日　令和○1年４月１日　　決 算 日　　令和○2年３月31日
　　　　取 得 原 価　¥800,000　　　　耐用年数　　４年（税法上の耐用年数５年）
　　　　残 存 価 額　零(0)　　　　　　償却方法　　定額法

(5)期首に，自社利用目的でソフトウェア¥500,000を購入し，代金は業務用の設定をするための費用¥50,000とともに現金で支払った。

(6)決算にあたり，当期首に¥800,000で購入したソフトウェアの償却をおこなった。なお，当該ソフトウェアは定額法により５年間で償却する。

(1)	役　務　原　価	381,000	当　座　預　金	381,000
(2)	当　座　預　金 新　株　予　約　権	10,500,000 1,350,000	資　　本　　金 資　本　準　備　金	5,925,000 5,925,000
(3)	当　座　預　金 新　株　予　約　権	3,500,000 450,000	自　己　株　式 その他資本剰余金	3,700,000 250,000
(4)	減　価　償　却　費 繰延税金資産	200,000 12,000	備品減価償却累計額 法人税等調整額	200,000 12,000
(5)	ソフトウェア	550,000	現　　　　　金	550,000
(6)	ソフトウェア償却	160,000	ソフトウェア	160,000

36 計算に関する問題

解答 ▶ p.69

36-1 次の記録は，函館商会におけるA品の1か月間の取引である。先入先出法，移動平均法，総平均法によって，それぞれの場合のA品の月末棚卸高と売上原価を求めなさい。

```
10/ 1　前月繰越　200個 @¥　800
   6　仕　　入　400〃 〃〃　830
  15　売　　上　500〃 〃〃 1,050
  20　仕　　入　400〃 〃〃　850
  30　売　　上　300〃 〃〃 1,050
```

	先 入 先 出 法	移 動 平 均 法	総 平 均 法
月末棚卸高	¥　170,000	¥　168,800	¥　166,400
売 上 原 価	¥　662,000	¥　663,200	¥　665,600

36-2 次の資料から，売価還元法によって，期末商品棚卸高（原価）を求めなさい。（第74回一部修正）

資　　　料

		原　　価	売　　価
ⅰ	期首商品棚卸高	¥ 1,680,000	¥ 2,400,000
ⅱ	当期純仕入高	15,525,000	20,850,000
ⅲ	期末商品棚卸高		1,900,000

期末商品棚卸高（原価）
¥　1,406,000

36-3 次の2つの工事について，当期の工事収益を求めなさい。

(1)当期に請け負った次の工事について，工事進行基準により工事収益を計上する。
　　ⅰ　工事収益総額は¥476,000,000であり，工事原価総額を¥357,000,000と見積もることができた。
　　ⅱ　当期発生工事原価は¥114,240,000であった。

(2)前期に請け負った次の工事が当期に完成し，引き渡した。よって，工事完成基準により工事収益を計上する。
　　ⅰ　工事収益総額は¥60,000,000であり，工事原価総額は合理的に見積もることができなかった。
　　ⅱ　実際発生工事原価は，前期が¥22,500,000　当期が¥27,500,000であった。

(1)	工事進行基準による 当 期 の 工 事 収 益	¥　152,320,000	(2)	工事完成基準による 当 期 の 工 事 収 益	¥　60,000,000

36-4 帯広商事株式会社は，次の財政状態にある日高商会を取得し，同店の年平均利益額を¥600,000　同種企業の平均利益率を8％として収益還元価値を求め，その金額を取得代金とした。取得代金およびのれんの代価はいくらになるか，計算式を示して答えなさい。なお，日高商会の貸借対照表に示されている資産と負債の帳簿価額は時価に等しいものとする。

日高商会　　貸 借 対 照 表　　（単位：円）

売掛金	4,370,000	買掛金	5,000,000
商　品	4,430,000	借入金	2,600,000
建　物	6,000,000	資本金	7,200,000
	14,800,000		14,800,000

〔計算式〕
取 得 代 金…¥600,000÷0.08＝¥7,500,000
のれんの代価…¥7,500,000－（¥14,800,000
　　　　　　　　　－¥7,600,000）＝¥300,000

　　〔取 得 代 金 ¥　7,500,000〕
　　〔のれんの代価 ¥　300,000〕

36-5 旭川商店（決算は年1回）の次の貸借対照表と損益計算書によって，下記の比率を求めなさい。ただし，パーセントまたは回数の小数第1位未満を四捨五入する。なお，商品回転率は売上原価を用いて計算し，受取勘定回転率は売上債権の金額を，期首と期末の平均を用いて計算すること。

旭川商店	貸借対照表		（単位：円）
現金預金	820,000	支払手形	1,000,000
受取手形	980,000	買掛金	1,500,000
売掛金	1,700,000	長期借入金	1,800,000
商品	1,750,000	資本金	5,500,000
建物	5,300,000	資本準備金	1,200,000
備品	1,200,000	当期純利益	750,000
	11,750,000		11,750,000

旭川商店	損益計算書		（単位：円）
期首商品棚卸高	1,250,000	売上高	9,800,000
当期商品仕入高	8,000,000	期末商品棚卸高	1,750,000
売上総利益	2,300,000		
	11,550,000		11,550,000
販売費及び一般管理費	1,550,000	売上総利益	2,300,000
当期純利益	750,000		
	2,300,000		2,300,000

流動比率	210 %	当座比率	140 %	固定比率	87.2 %
負債比率	57.7 %	商品回転率	5 回	受取勘定回転率	3.7 回
自己資本利益率	10.1 %	売上高純利益率	7.7 %	売上高総利益率	23.5 %

36-6 小樽商店の次の資料から，営業利益・営業外収益・営業外費用・税引前当期純利益を求めなさい。

期首商品棚卸高	¥300,000	期末商品棚卸高	¥400,000	総売上高	¥8,526,500
売上値引・返品高	60,000	総仕入高	6,150,000	仕入値引・返品高	50,000
仕入割引	35,000	売上割引	40,000	支払利息	170,000
雑損	10,000	有価証券売却益	100,000	受取利息	40,000
給料	600,000	広告料	230,000	貸倒引当金繰入	70,000
減価償却費	260,000	固定資産売却損	120,000	固定資産除却損	45,000

営業利益	¥	1,266,500	営業外収益	¥	175,000
営業外費用	¥	180,000	税引前当期純利益	¥	1,096,500

36-7 九州産業株式会社の決算整理後の損益勘定により，次のa～fの金額を求めなさい。なお，決算整理前の繰越利益剰余金勘定の貸方残高は¥320,000である。

a. 営業利益
b. 営業外収益の合計額
c. 営業外費用の合計額
d. 特別利益の合計額
e. 特別損失の合計額
f. 繰越利益剰余金

損		益	
12/31 仕入	55,246,000	12/31 売上	70,300,000
〃 給料	5,389,000	〃 受取配当金	150,000
〃 広告料	1,191,000	〃 有価証券利息	92,000
〃 貸倒引当金繰入	107,000	〃 固定資産売却益	97,000
〃 減価償却費	610,000		
〃 退職給付費用	590,000		
〃 雑費	243,000		
〃 支払利息	123,000		
〃 有価証券売却損	297,000		
〃 災害損失	1,180,000		
〃 法人税等	2,250,000		
〃 繰越利益剰余金	3,413,000		
	70,639,000		70,639,000

a	営業利益	¥	6,924,000	b	営業外収益の合計額	¥	242,000
c	営業外費用の合計額	¥	420,000	d	特別利益の合計額	¥	97,000
e	特別損失の合計額	¥	1,180,000	f	繰越利益剰余金	¥	3,733,000

形式別復習問題

36-8 下記の資料および長崎商事株式会社の損益計算書によって，

(1)長崎商事株式会社の次の金額および日数を求めなさい。ただし，1年間の日数は365日とする。

　　　a．売 上 原 価　　b．営 業 利 益　　c．平均在庫日数

(2)損益計算書の　ア　および　イ　の区分に記載される項目（科目）を次の語群から3つずつ選び，その番号を記入しなさい。

語　　群

1．支 払 地 代　　2．受 取 配 当 金　　3．雑　　　損　　4．固定資産売却益

5．消 耗 品 費　　6．発　送　費　　7．有価証券評価損　　8．仕 入 割 引

9．保証債務費用　　10．雑　　　益

(3)次の文の　　　　のなかに適当な比率を記入しなさい。また，{　}のなかから，いずれか適当な語を選び，その番号を記入しなさい。　　　　　　　　　　（第74回一部修正）

　長崎商事株式会社の総資本利益率は同種企業の平均値より低かった。そこで，長崎商事株式会社の総資本利益率を売上高純利益率と総資本回転率に分解し，その原因を調査した。その結果，売上高純利益率は　a　％と同種企業の平均値より高く，b {1．収益性　2．安全性} に問題はないといえる。しかし，総資本回転率は　c　回で同種企業の平均値より低いことから，資本が有効に利用されていないことが原因であるとわかった。

資　　料

i　長崎商事株式会社の財務比率

　売 上 原 価 率　　　　　　　　73.0%

　総資本利益率（当期純利益による）　8.0%

　商 品 回 転 率　　　　　　　　14.6回

ii　同種企業における財務比率の平均値

　総資本利益率（当期純利益による）　8.5%

　売上高純利益率（当期純利益による）　3.4%

　総 資 本 回 転 率　　　　　　　2.5回

損　益　計　算　書		
長崎商事株式会社　令和〇1年4月1日から令和〇2年3月31日まで（単位：円）		
I　売 上 高		46,100,000
II　売 上 原 価		（　　）
（　　）		（　　）
III　　ア		9,278,000
（　　）		（　　）
IV　　イ		279,000
V　営 業 外 費 用		285,000
（　　）		（　　）
VI　特 別 利 益		361,000
VII　特 別 損 失		451,000
税引前当期純利益		3,073,000
法人税・住民税及び事業税		1,229,000
当 期 純 利 益		1,844,000

(1)

a	売 上 原 価	¥ 33,653,000	b	営 業 利 益	¥ 3,169,000
c	平均在庫日数	25　日			

(2)

ア	1	5	6	イ	2	8	10

(3)

a	4.0　%	b	1	c	2.0　回

36-9 9月30日における当座預金出納帳の残高は¥1,118,000であり，銀行が発行した当座勘定残高証明書の金額は¥1,618,000であった。そこで，不一致の原因を調査したところ，次の資料を得た。よって，銀行勘定調整表を完成しなさい。

資　　料

①かねて買掛金支払いのために振り出した高崎商店あての小切手¥120,000が銀行で未払いであった。

②広告料支払いのために振り出した小切手¥180,000をまだ渡していなかった。

③太田商店から商品の注文の内金として当座振込¥200,000があったが，記帳されていなかった。

```
               銀 行 勘 定 調 整 表
                令和○年 9 月30日
                       当座勘定残高証明書        当座預金出納帳残高
  9 月30日現在残高        ¥      1,618,000     ¥      1,118,000
  加　算：(未 渡 小 切 手)                        ¥ (     180,000)
        (当　座　振　込)                         ¥ (     200,000)
                        ¥ (    1,618,000)    ¥ (    1,498,000)
  減　算：(未 取 付 小 切 手)
        (高　崎) 商　店    ¥ (     120,000)
  調　整　残　高          ¥ (    1,498,000)    ¥ (    1,498,000)
```

形式別復習問題

36-10 北東商事株式会社の第16期と第17期の比較貸借対照表と資料によって，

(1)第16期の次の金額および比率を求めなさい。
　　ａ．当座資産の合計　　ｂ．売上高総利益率
(2)第17期の次の金額および比率を求めなさい。
　　ａ．棚卸資産の合計　　ｂ．当期商品仕入高　　ｃ．流　動　比　率
　　ｄ．受取勘定（売上債権）回転率（売上債権の金額は期首と期末の平均を用いること。）
(3)次の文の￼のなかに適当な比率を記入しなさい。また，{　　}のなかから，いずれ
　か適当な語を選び，その番号を記入しなさい。　　　　　　　　　　（第76回一部修正）
　　第17期は第16期と比較して自己資本が増加している。そこで，自己資本比率を計算すると
　第16期末の42.5%に対して第17期末は￼ a ￼%と高くなり，企業のｂ {１．安全性　２．
　収益性} は高まったといえる。自己資本における各項目の増減変化の詳細は，ｃ {３．比較
　損益計算書　４．株主資本等変動計算書} を確認する必要があるが，比較貸借対照表から第
　17期に株式発行による資金調達をしたことがわかる。また，短期借入金が減少していること
　から，調達資金の多くを短期借入金の返済にあてたと考えられ，このことが自己資本比率だ
　けでなく当座比率や流動比率を高める結果となっている。しかし，期末の自己資本を用いて
　自己資本回転率を計算すると第16期の￼ d ￼回に対して第17期は4.8回に低下しており，増
　加した自己資本が営業活動に有効利用されているとはいえない。

比 較 貸 借 対 照 表　　　　（単位：円）

資　産	第16期	第17期	負債·純資産	第16期	第17期
現 金 預 金	648,000	581,000	支 払 手 形	700,000	830,000
受 取 手 形	950,000	1,020,000	買 掛 金	680,000	717,000
売 掛 金	814,000	996,000	短期借入金	1,200,000	200,000
商　品	1,100,000	1,350,000	未払法人税等	100,000	108,000
消 耗 品	72,000	79,000	長期借入金	2,000,000	2,000,000
前 払 費 用	34,000	55,000	退職給付引当金	380,000	420,000
建　物	2,850,000	2,700,000	資 本 金	2,500,000	3,500,000
備　品	360,000	240,000	資本剰余金	700,000	700,000
土　地	1,500,000	1,500,000	利益剰余金	540,000	525,000
投資有価証券	472,000	479,000			
	8,800,000	9,000,000		8,800,000	9,000,000

資　　料
ⅰ　売 上 高
　　第16期　¥23,188,000
　　第17期　¥22,680,000
ⅱ　売 上 原 価
　　第16期　¥17,391,000
　　第17期　¥16,443,000
ⅲ　第16期・第17期ともに
　　棚卸減耗損および商品評
　　価損は発生していない。

(1)	a	当座資産の合計	¥ 2,412,000	b	売上高総利益率	25 %
(2)	a	棚卸資産の合計	¥ 1,429,000	b	当期商品仕入高	¥ 16,693,000
	c	流 動 比 率	220 %	d	受取勘定回転率	12 回
(3)	a	52.5 %	b　1	c　4	d	6.2 回

36-11　神奈川商事株式会社の下記の資料によって，

(1)第7期末の次の金額を求めなさい。

　　　a．利益剰余金合計　　b．流動資産合計

(2)次の文の □□□□ のなかに適当な比率を記入しなさい。また，{　　}のなかから，いずれか適当な語を選び，その番号を記入しなさい。　　　　　　　　　　　（第81回一部修正）

　　　当座比率により即時の　ア{1．販売能力　2．支払能力}を判断すると，第7期の78%に対して，第8期は □イ□ %となり，一般に望ましいとされている100%を超えた。しかし，自己資本比率を調べてみると，第7期は □ウ□ %，第8期は30%である。よって，改善はされているものの，一般に望ましいとされているのは50%以上であるので，エ{3．財政状態　4．経営成績}に不安がある。

　　　また，固定資産の期末残高と売上高により固定資産回転率を調べてみると，第7期の1.6回に対して，第8期は □オ□ 回であり，固定資産の利用状況が　カ{5．良く　6．悪く}なっている。

　　　これらのことから，神奈川商事株式会社は，固定資産を減少させて，当座資産を増加させていることがわかる。

　　　資　　　料

　i　第7期の貸借対照表

貸借対照表

神奈川商事株式会社　　　令和○1年3月31日　　　（単位：円）

資　産	金　額	負債・純資産	金　額
現 金 預 金	310,000	買　掛　金	（　　　）
受 取 手 形	106,000	未払法人税等	20,000
売　掛　金	208,000	長 期 借 入 金	592,000
商　　品	（　　　）	退職給付引当金	588,000
前 払 費 用	4,000	資　本　金	600,000
建　　物	648,000	資 本 準 備 金	50,000
備　　品	（　　　）	利 益 準 備 金	30,000
土　　地	555,000	別 途 積 立 金	10,000
関係会社株式	180,000	繰越利益剰余金	80,000
長 期 貸 付 金	200,000		
	（　　　）		（　　　）

　ii　第7期の損益計算書に関する金額

　　　売　上　高　¥3,080,000

　　　当 期 純 利 益　¥　66,000

　iii　第7期の財務比率

　　　固 定 比 率　250%

　　　総資本利益率　2.4%

　　　（当期純利益による）

　iv　第8期の株主資本等変動計算書

株 主 資 本 等 変 動 計 算 書

神奈川商事株式会社　　　令和○1年4月1日から令和○2年3月31日まで　　　（単位：円）

	資 本 金	資本剰余金		利益剰余金				純資産合計
		資本準備金	資本剰余金合計	利益準備金	その他利益剰余金		利益剰余金合計	
					別途積立金	繰越利益剰余金		
当期首残高	600,000	50,000	（　　）	30,000	10,000	80,000	（　　）	770,000
当期変動額								
剰余金の配当				5,000		△55,000	△50,000	△50,000
別途積立金の積立					4,000	△4,000	—	—
当期純利益						60,000	60,000	60,000
当期変動額合計	—	—	—	（　　）	（　　）	（　　）	（　　）	（　　）
当期末残高	（　　）	（　　）	（　　）	（　　）	（　　）	（　　）	（　　）	（　　）

v　第8期の貸借対照表

貸　借　対　照　表

神奈川商事株式会社　　令和○2年3月31日　　（単位：円）

資　産	金　額	負債・純資産	金　額
現 金 預 金	819,000	買　掛　金	742,000
受 取 手 形	101,000	短 期 借 入 金	90,000
売　掛　金	（　　　）	未払法人税等	18,000
商　　品	218,000	長 期 借 入 金	506,000
前 払 費 用	5,000	退職給付引当金	464,000
建　　物	315,000	資　本　金	600,000
備　　品	285,000	資 本 準 備 金	50,000
土　　地	190,000	利 益 準 備 金	（　　　）
関係会社株式	180,000	別 途 積 立 金	（　　　）
長 期 貸 付 金	200,000	繰越利益剰余金	（　　　）
（　　　）	（　　　）	（　　　）	（　　　）

vi　第8期の損益計算書に関する金額
売　上　高　¥3,159,000
当 期 純 利 益　¥　60,000

(1)

a	利 益 剰 余 金 合 計　¥	120,000	b	流 動 資 産 合 計　¥	825,000

(2)

ア	イ	ウ	エ	オ	カ
2	142　%	28　%	3	2.7　回	5

36-12　下記の当期の資料から，売価還元法によって□□□のなかに入る適当な比率と金額を求めなさい。　（第87回）

①資料iから，前期の期末商品棚卸高の原価率は□ア□%である。
②前期よりも当期の原価率は低くなり，当期の期末商品棚卸高（原価）は¥□イ□である。

資　　料

	原　価	売　価
i　期首商品棚卸高	¥　612,000	¥　900,000
ii　純 仕 入 高	7,308,000	11,100,000
iii　期末商品棚卸高	イ	750,000

ア	68　%	イ	¥　495,000

36-13　次の4社の資料から，負債と自己資本との割合を示す比率を計算し，もっとも安全である会社名を答えなさい。

	A　社	B　社	C　社	D　社
流 動 資 産	¥ 4,500,000	¥ 3,200,000	¥ 2,800,000	¥ 1,800,000
固 定 資 産	3,500,000	2,800,000	1,700,000	3,100,000
流 動 負 債	1,800,000	1,200,000	800,000	800,000
固 定 負 債	2,200,000	800,000	1,200,000	600,000
純資産(自己資本)	4,000,000	4,000,000	2,500,000	3,500,000

D	社

36-14 A社とB社の下記の資料および当期の貸借対照表と損益計算書によって，次の文の▭▭▭のなかに適当な比率を記入しなさい。また，{　}のなかから，いずれか適当な語を選び，その番号を記入しなさい。　　　　　　　　　　　　　　（第85回一部修正）

【安全性の分析】

　　短期的な支払能力を調べるために，流動比率を計算すると，A社は▭ア▭％であり，B社は120％である。さらに当座比率を計算すると，A社は118％であり，B社は▭イ▭％である。また，長期の安全性を測るため，自己資本比率を計算すると，A社は▭ウ▭％で，B社は30％であることがわかる。このことから，安全性が高いのは　エ{1．A社　2．B社}である。

【収益性の分析】

　　総合的な収益性を調べるために，総資本利益率を期末の数値と税引後当期純利益を用いて計算すると，A社は▭オ▭％であり，B社の5.6％と比較して資本の利用状況が　カ{1．良い　2．悪い}ことがわかる。さらに，総資本利益率を売上高純利益率と総資本回転率に分解し，売上高純利益率を税引後当期純利益を用いて計算すると，A社は4.0％，B社は▭キ▭％であり，総資本回転率を期末の数値を用いて計算すると，A社が2.5回，B社は▭ク▭回である。

【成長性の分析】

　　企業の成長性を調べるために，売上高成長率（増収率）を計算すると，A社は▭ケ▭％であり，B社は20％となり，コ{1．A社　2．B社}のほうが高いことがわかる。

資　　料

i　A社とB社の金額および財務比率

	前　期	当　期	
	売　上　高	売上原価	商品回転率
A社	100,000千円	84,000千円	7回
B社	20,000千円	16,800千円	4回

商品回転率は期首と期末の商品有高の平均と売上原価を用いている。ただし，棚卸減耗損と商品評価損は発生していない。

ii　損益計算書の科目の細目は省略している。

貸　借　対　照　表
A社　　令和○2年3月31日　　（単位：千円）

資　産	金　額	負債・純資産	金　額
現 金 預 金	4,400	支 払 手 形	6,600
受 取 手 形	6,500	買 掛 金	7,800
売 掛 金	9,100	短 期 借 入 金	5,200
有 価 証 券	3,600	未払法人税等	400
商　品	11,800	長 期 借 入 金	1,300
短期貸付金	400	退職給付引当金	1,100
備　品	1,300	資 本 金	9,000
建　物	1,700	資本剰余金	5,400
土　地	1,800	利益剰余金	8,000
投資有価証券	4,200		
	44,800		44,800

損　益　計　算　書
A社　令和○1年4月1日から令和○2年3月31日まで（単位：千円）

費　用	金　額	収　益	金　額
期首商品棚卸高	12,200	売 上 高	112,000
当期商品仕入高	83,600	期末商品棚卸高	11,800
売上総利益	28,000		
	123,800		123,800
販 売 費	17,860	売上総利益	28,000
一般管理費	2,300	営業外収益	2,130
営業外費用	2,710	特別利益	390
特 別 損 失	1,250		
法 人 税 等	1,920		
当期純利益	4,480		
	30,520		30,520

<table>
<tr><td colspan="4" align="center">貸 借 対 照 表</td></tr>
<tr><td>B社</td><td colspan="2" align="center">令和○2年3月31日</td><td>（単位：千円）</td></tr>
<tr><td>資　産</td><td>金　額</td><td>負債・純資産</td><td>金　額</td></tr>
<tr><td>現 金 預 金</td><td>1,000</td><td>支 払 手 形</td><td>（　　　）</td></tr>
<tr><td>受 取 手 形</td><td>1,860</td><td>買 掛 金</td><td>3,200</td></tr>
<tr><td>売 掛 金</td><td>1,840</td><td>短期借入金</td><td>2,100</td></tr>
<tr><td>有 価 証 券</td><td>200</td><td>未払法人税等</td><td>300</td></tr>
<tr><td>商　品</td><td>（　　　）</td><td>長期借入金</td><td>750</td></tr>
<tr><td>備　品</td><td>300</td><td>退職給付引当金</td><td>650</td></tr>
<tr><td>建　物</td><td>700</td><td>資 本 金</td><td>1,800</td></tr>
<tr><td>土　地</td><td>600</td><td>資本剰余金</td><td>600</td></tr>
<tr><td>特 許 権</td><td>500</td><td>利益剰余金</td><td>1,200</td></tr>
<tr><td>投資有価証券</td><td>1,500</td><td></td><td></td></tr>
<tr><td>（　　　）</td><td></td><td>（　　　）</td><td></td></tr>
</table>

<table>
<tr><td colspan="4" align="center">損 益 計 算 書</td></tr>
<tr><td>B社</td><td colspan="2" align="center">令和○1年4月1日から令和○2年3月31日まで</td><td>（単位：千円）</td></tr>
<tr><td>費　用</td><td>金　額</td><td>収　益</td><td>金　額</td></tr>
<tr><td>期首商品棚卸高</td><td>4,900</td><td>売 上 高</td><td>24,000</td></tr>
<tr><td>当期商品仕入高</td><td>（　　　）</td><td>期末商品棚卸高</td><td>（　　　）</td></tr>
<tr><td>売上総利益</td><td>（　　　）</td><td></td><td></td></tr>
<tr><td>（　　　）</td><td></td><td></td><td></td></tr>
<tr><td>販 売 費</td><td>6,000</td><td>売上総利益</td><td>（　　　）</td></tr>
<tr><td>一般管理費</td><td>720</td><td>営業外収益</td><td>940</td></tr>
<tr><td>営業外費用</td><td>570</td><td>特 別 利 益</td><td>420</td></tr>
<tr><td>特 別 損 失</td><td>310</td><td></td><td></td></tr>
<tr><td>法 人 税 等</td><td>288</td><td></td><td></td></tr>
<tr><td>当期純利益</td><td>（　　　）</td><td></td><td></td></tr>
<tr><td>（　　　）</td><td></td><td>（　　　）</td><td></td></tr>
</table>

形式別復習問題

ア	イ	ウ	エ	オ
179 ％	70 ％	50 ％	1	10.0 ％
カ	キ	ク	ケ	コ
1	2.8 ％	2.0 回	12 ％	2

36-15 宮城産業株式会社の次の資料から，売価還元法によって期末商品棚卸高（原価）を求めなさい。　　　　　　　　　　　　　　　　　　　　　　　　　　　　　　　　（第95回）

資　料

		売　価	原　価
ⅰ	期首商品棚卸高	¥ 900,000	¥ 576,000
ⅱ	当期純仕入高	9,500,000	6,184,000
ⅲ	期末商品棚卸高	800,000	

期末商品棚卸高（原価）
¥　520,000

36-16 新潟商事株式会社は，令和○年3月31日に南西株式会社の発行する株式の75％を416,000千円で取得し支配した。よって，次の資料と貸借対照表により，投資と資本の相殺消去仕訳におけるのれんの金額を求めなさい。　　　　　　　　　　　　　　　（第82回一部修正）

資　料

土地の時価は270,000千円であり，その他の資産と負債の時価は帳簿価額と等しいものとする。

<table>
<tr><td colspan="4" align="center">貸 借 対 照 表</td></tr>
<tr><td>南西株式会社</td><td align="center">令和○年3月31日</td><td colspan="2">（単位：千円）</td></tr>
<tr><td>現 金 預 金</td><td>180,000</td><td>支 払 手 形</td><td>36,000</td></tr>
<tr><td>売 掛 金</td><td>94,000</td><td>買 掛 金</td><td>82,000</td></tr>
<tr><td>商　品</td><td>21,000</td><td>資 本 金</td><td>340,000</td></tr>
<tr><td>建　物</td><td>80,000</td><td>資本剰余金</td><td>167,000</td></tr>
<tr><td>備　品</td><td>17,000</td><td>利益剰余金</td><td>27,000</td></tr>
<tr><td>土　地</td><td>260,000</td><td></td><td></td></tr>
<tr><td></td><td>652,000</td><td></td><td>652,000</td></tr>
</table>

の れ ん の 金 額　8,000　千円

36-17　長崎産業株式会社の下記の資料と比較損益計算書および比較貸借対照表によって，次の文の▢▢▢▢のなかに入る適当な金額または比率を求めなさい。また，[　　]のなかに入るもっとも適当な語を，下記の語群のなかから選び，その番号を記入しなさい。ただし，同じ語を何度使用してもよい。

(第80回一部修正)

　長崎産業株式会社は，競争力強化のため第7期初頭に西商店を取得した。その結果，第7期の貸借対照表には，あらたに [　ア　] に区分される のれん が¥　イ　と記載されている。そこで，取得後の状況を調べると，第7期の売上高は¥　ウ　となり，第6期と比べて大幅に [　エ　] した。また，自己資本利益率を期末の金額と当期純利益を用いて計算すると，第6期の4%に対して第7期は　オ　%と [　カ　] した。さらに，商品回転率を商品有高の平均と売上原価を用いて計算すると，第6期の8回に対して第7期は　キ　回となり，商品の平均在庫期間が [　ク　] なった。しかし，受取勘定（売上債権）回転率を期末の金額を用いて計算すると，第6期の　ケ　回に対して第7期は5回となり，回収期間が [　コ　] なった。

語　群
1．増　加　　2．長　く　　3．無形固定資産
4．減　少　　5．短　く　　6．投資その他の資産

資　料
i　第7期初頭に西商店を取得した。
　西商店の年平均利益額は¥*48,000*　同種企業の平均利益率を8%として収益還元価値を求め，その金額を取得代金として支払った。なお，取得直前の西商店の資産総額は¥*1,290,000*　負債総額は¥*890,000*であり，資産と負債の時価は帳簿価額に等しいものとする。また，のれんは20年にわたって定額法で償却している。
ii　第6期の期首商品棚卸高は¥*877,000*である。
iii　第6期・第7期ともに棚卸減耗損および商品評価損は発生していない。
iv　第7期の財務比率　売上高総利益率　　30%
　　　　　　　　　　　当座比率　　　　130%
　　　　　　　　　　　流動比率　　　　180%

比較損益計算書 (単位：円)

項　目	第6期	第7期
売上高	9,940,000	(　ウ　)
売上原価	7,456,000	9,072,000
売上総利益	2,484,000	(　　　)
販売費及び一般管理費	2,129,000	3,274,000
営業利益	355,000	(　　　)
営業外収益	43,000	69,000
営業外費用	162,000	(　　　)
経常利益	236,000	486,000
特別損失	92,000	98,000
税引前当期純利益	144,000	(　　　)
法人税・住民税及び事業税	36,000	97,000
当期純利益	108,000	(　　　)

比較貸借対照表 (単位：円)

資　産	第6期	第7期	負債・純資産	第6期	第7期
現金預金	720,000	172,000	支払手形	894,000	612,000
受取手形	742,000	1,310,000	買掛金	786,000	1,489,000
売掛金	678,000	1,282,000	未払法人税等	20,000	(　　　)
有価証券	70,000	70,000	長期借入金	767,000	(　　　)
商品	987,000	(　　　)	退職給付引当金	393,000	431,000
前払費用	16,000	61,000	資本金	1,750,000	1,750,000
備品	460,000	550,000	資本剰余金	343,000	343,000
土地	1,375,000	1,375,000	利益剰余金	607,000	817,000
特許権	48,000	(　　　)			
のれん	──	(　イ　)			
長期貸付金	464,000	464,000			
	5,560,000	6,545,000		5,560,000	6,545,000

ア	イ	ウ	エ
3	¥ *190,000*	¥ *12,960,000*	1

オ	カ	キ	ク	ケ	コ
10 %	1	9 回	5	7 回	2

 合併・取得に関する問題

解答 ▶ p.73

37-1　横浜商事株式会社は，東西商事株式会社を吸収合併することになり，株式200株を1株¥70,000で発行し，東西商事株式会社の株主に交付した。なお，この合併により，横浜商事株式会社において増加する資本金は¥10,000,000　資本準備金は¥3,000,000とする。ただし，東西商事株式会社の資産と負債の時価は，貸借対照表価額に等しいものとする。

よって，次の両社の合併直前の貸借対照表をもとに，

(1)横浜商事株式会社の合併時の仕訳を示しなさい。

(2)合併後の貸借対照表を完成しなさい。

横浜商事株式会社　　　　貸　借　対　照　表　　　　（単位：円）

現　金　預　金	3,500,000	支　払　手　形	2,300,000
受　取　手　形	6,000,000	買　　掛　　金	3,500,000
売　　掛　　金	5,400,000	資　　本　　金	28,000,000
商　　　　　品	4,400,000	利　益　準　備　金	1,000,000
建　　　　　物	8,000,000		
土　　　　　地	7,500,000		
	34,800,000		34,800,000

東西商事株式会社　　　　貸　借　対　照　表　　　　（単位：円）

現　金　預　金	2,200,000	支　払　手　形	1,300,000
受　取　手　形	3,000,000	買　　掛　　金	1,900,000
売　　掛　　金	2,900,000	資　　本　　金	10,000,000
商　　　　　品	2,100,000	利　益　準　備　金	1,000,000
建　　　　　物	4,000,000		
	14,200,000		14,200,000

(1)

現　金　預　金	2,200,000	支　払　手　形	1,300,000
受　取　手　形	3,000,000	買　　掛　　金	1,900,000
売　　掛　　金	2,900,000	資　　本　　金	10,000,000
繰　越　商　品	2,100,000	資　本　準　備　金	3,000,000
建　　　　　物	4,000,000	その他資本剰余金	1,000,000
の　　れ　　ん	3,000,000		

(2)　横浜商事株式会社　　　　貸　借　対　照　表　　　　（単位：円）

現　金　預　金	5,700,000	支　払　手　形	3,600,000
受　取　手　形	9,000,000	（買　　掛　　金）	5,400,000
売　　掛　　金	8,300,000	資　　本　　金	38,000,000
（商　　　　　品）	6,500,000	資　本　準　備　金	3,000,000
建　　　　　物	12,000,000	その他資本剰余金	1,000,000
土　　　　　地	7,500,000	（利　益　準　備　金）	1,000,000
（の　　れ　　ん）	3,000,000		
	52,000,000		52,000,000

37-2 兵庫商事株式会社（発行済株式数400株）は，瀬戸内商店（個人企業）を令和○年４月１日に取得したが，取得直前の貸借対照表および取得に関する資料は，次のとおりであった。よって，取得直後の兵庫商事株式会社の勘定式貸借対照表を完成しなさい。ただし，会社計算規則によること。

資　料

①兵庫商事株式会社と瀬戸内商店の貸借対照表に示されている資産と負債の帳簿価額は時価に等しいものとする。

②瀬戸内商店の平均利益額は￥198,000　同種企業の平均利益率を９％として収益還元価値を求め，その金額を取得代金とした。

③取得代金は小切手を振り出して支払った。

④兵庫商事株式会社の短期貸付金のうち￥800,000は，瀬戸内商店に対するものである。

貸借対照表

兵庫商事株式会社　　令和○年４月１日　　（単位：円）

現金預金	6,143,000	支払手形	2,850,000
受取手形 4,800,000		買掛金	3,900,000
貸倒引当金 48,000	4,752,000	未払法人税等	960,000
売掛金 9,600,000		退職給付引当金	1,315,000
貸倒引当金 96,000	9,504,000	資本金	20,000,000
商品	3,128,000	資本準備金	2,100,000
短期貸付金	1,800,000	利益準備金	1,450,000
備品 7,500,000		別途積立金	942,000
減価償却累計額 2,250,000	5,250,000	繰越利益剰余金	1,750,000
投資有価証券	4,690,000		
	35,267,000		35,267,000

貸借対照表

瀬戸内商店　　令和○年４月１日　　（単位：円）

受取手形 1,200,000		支払手形	870,000
貸倒引当金 12,000	1,188,000	買掛金	1,690,000
売掛金 1,500,000		短期借入金	800,000
貸倒引当金 15,000	1,485,000	資本金	2,000,000
商品	2,303,000		
備品 600,000			
減価償却累計額 216,000	384,000		
	5,360,000		5,360,000

貸借対照表

兵庫商事株式会社　　　　　　　令和○年４月１日　　　　　　　（単位：円）

資　産	金　額	負債及び純資産	金　額
Ⅰ（流動資産）		Ⅰ（流動負債）	
現金預金	3,943,000	支払手形	3,720,000
受取手形（ 6,000,000）		（買掛金）	5,590,000
貸倒引当金（ 60,000）	5,940,000	未払法人税等	960,000
売掛金（ 11,100,000）		Ⅱ　固定負債	
貸倒引当金（ 111,000）	10,989,000	（退職給付引当金）	1,315,000
商品	5,431,000	負債合計	11,585,000
短期貸付金	1,000,000	Ⅰ　株主資本	
Ⅱ　固定資産		(1)資本金	20,000,000
(1)(有形固定資産)		(2)(資本剰余金)	
備品（ 8,100,000）		1.資本準備金	2,100,000
減価償却累計額（ 2,466,000）	5,634,000	(3)(利益剰余金)	
(2)無形固定資産		1.利益準備金	1,450,000
（のれん）	200,000	2.その他利益剰余金	
(3)(投資その他の資産)		①　別途積立金	942,000
投資有価証券	4,690,000	②　繰越利益剰余金	1,750,000
		純資産合計	26,242,000
資産合計	37,827,000	負債及び純資産合計	37,827,000

38 文章・用語に関する問題

解答 ▶ p.74

38-1 次の各文の□□□□□にあてはまるもっとも適当な語を，下記の語群のなかから選び，その番号を記入しなさい。

a．企業会計は，すべての取引について ア の原則に従って，正確な会計帳簿を作成しなければならない。この原則は，すべての取引を秩序正しく，明瞭に記帳することを要求しており，そのための記帳方法として イ がもっとも適している。

b．法律的に独立している二つ以上の企業が経済的な関係で集団を形成している場合には，企業集団の財政状態や経営成績を総合的に報告するために ウ を作成する必要があり，企業集団のなかで他の企業を支配している エ がこれを作成する。

c．1会計期間の売上高と オ のように個別的に対応するものや，営業外収益に対する営業外費用のように期間的に対応するものは損益計算書に対応表示しなければならない。これは カ の原則によるものである。

語群
1．発生主義　2．継続記録法　3．当期商品仕入高　4．個別財務諸表　5．売上原価
6．明瞭性　7．連結財務諸表　8．費用収益対応　9．費用配分　10．複式簿記
11．親会社　12．実現主義　13．子会社　14．正規の簿記

a		b		c	
ア	イ	ウ	エ	オ	カ
14	10	7	11	5	8

38-2 次の各文の□□□□□にあてはまるもっとも適当な語を，下記の語群のなかから選び，その番号を記入しなさい。

a．子会社株式の期末評価は ア で評価する。ただし，時価が著しく下落したときは，回復の見込みがあると認められる場合を除き， イ によって評価しなければならない。

b．有形固定資産の減価のうち，企業経営上，当然発生する減価を ウ 減価という。これには，使用または時の経過などにともない生じる物質的減価と，陳腐化や不適応化によって生じる エ 減価がある。
（第89回）

c．企業会計は，財務諸表によって オ に対し，必要な会計事実を明瞭に表示し，企業の状況に関する判断を誤らせないようにしなければならない。これを カ の原則という。

d．特許権や鉱業権などの法律上の権利は，貸借対照表では キ に分類され，有効期間にわたって一定の減価償却の方法により，その取得原価を各会計期間に割り当てる必要がある。これは ク の原則によるものである。
（第79回）

語群
1．単一性　2．機能的　3．建物　4．時価　5．明瞭性
6．構築物　7．正規の簿記　8．利害関係者　9．偶発的　10．ディスクロージャー
11．取得原価　12．経常的　13．費用配分　14．投資その他の資産　15．無形固定資産

a		b		c		d	
ア	イ	ウ	エ	オ	カ	キ	ク
11	4	12	2	8	5	15	13

形式別復習問題

38-3 次の各文の□□□□にあてはまるもっとも適当な語を，下記の語群のなかから選び，その番号を記入しなさい。

a．通常の営業取引の過程にある負債は，　ア　によって流動負債に分類し，それ以外の負債は　イ　によって流動負債か固定負債に分類する。

b．商品売買業においては原則として，商品の引き渡しとともに，代金として現金や　ウ　などの貨幣性資産を取得したとき，売上収益を計上する。これは，不確実な収益は計上しないという　エ　の考え方によるものである。

c．ある企業集団において，P社がS社の議決権の　オ　を所有しているなど，S社の意思決定機関を実質的に支配している場合，P社を　カ　といい，連結財務諸表はこの企業によって作成される。

語群
1．販売基準　　2．商　　　品　　3．子会社　　4．営業循環基準　　5．総額主義
6．発生主義　　7．親会社　　8．過半数　　9．売掛金　　10．4分の1
11．現金主義　　12．実現主義　　13．1年基準　　14．10分の1

	a		b		c	
	ア	イ	ウ	エ	オ	カ
	4	13	9	12	8	7

38-4 次の各文の□□□□にあてはまるもっとも適当な語を，下記の語群のなかから選び，その番号を記入しなさい。

a．企業が社会的責任を果たす目的で，自社に関する情報を開示することを　ア　という。会社法では，債権者や株主の保護および利害調整を目的として計算書類等の作成と報告を義務づけており，金融商品取引法では，投資家保護を目的として　イ　の開示を義務づけている。　　　　　　　　　　　　　　　　　　　　　　　　　　　　　　（第95回）

b．損益計算書の費用および収益は，費用の項目と収益の項目を相殺して，その差額だけを表示してはならない。これを　ウ　の原則といい，たとえば，　エ　¥20,000と受取利息¥30,000を相殺して，受取利息¥10,000として表示してはならない。　　　　　（第82回）

c．商品の価格上昇のとき，払出単価の決定方法について，移動平均法を採用すると，先入先出法に比べて，　オ　は小さくなり，　カ　は減少する。

d．企業会計の実務のなかに　キ　として発達したもののなかから，一般に公正妥当と認められたものを要約したのが　ク　である。これは，すべての企業が会計を処理するにあたって尊重しなければならない基準である。

e．企業会計には，企業外部の利害関係者に情報を提供する　ケ　会計と，企業内部の経営者などに情報を提供する　コ　会計がある。

語群
1．附属明細書　　　2．期末商品棚卸高　　3．企業会計原則　　4．売　　上　　高
5．管　　　理　　　6．支払利息　　　　　7．ディスクロージャー　8．総額主義
9．会社計算規則　　10．貸借対照表　　　11．慣　　　習　　　　12．売上原価
13．売上総利益　　　14．法　　　令　　　15．アカウンタビリティ　16．財　　　務
17．損益計算書　　　18．支払手形　　　　19．実現主義　　　　　20．有価証券報告書

	a		b		c		d		e	
	ア	イ	ウ	エ	オ	カ	キ	ク	ケ	コ
	7	20	8	6	2	13	11	3	16	5

38-5 次の用語をあらわす，もっとも適切なものを下記の語群から選び，その番号を記入しなさい。

ア．財務諸表　　イ．当期純利益　　ウ．利害関係者
エ．企業会計基準委員会　　オ．国際財務報告基準

語群
1．income　　　　　2．Balance Sheet　　　3．profit for the year
4．stakeholder　　　5．Financial Statements　6．entity
7．IFRS　　　　　　8．IASB　　　　　　　9．ASBJ

ア	イ	ウ	エ	オ
5	3	4	9	7

38-6 次の簿記に関する英語を日本語にしなさい。ただし，もっとも適当な語を下記の語群から選び，その番号を記入しなさい。

ア．gross profit　　イ．financial position　　ウ．current assets

語群
1．流動資産　　　　2．経営成績　　　　3．売上総利益
4．固定資産　　　　5．営業利益　　　　6．財政状態

ア	イ	ウ
3	6	1

38-7 次の簿記に関する用語を英語にした場合，もっとも適当な語を下記の語群から選び，その番号を記入しなさい。

ア．経営成績　　イ．営業循環基準　　ウ．の　れ　ん　　エ．資本剰余金
オ．発生主義　　カ．法人税　　キ．商品回転率　　ク．連結財務諸表

語群
1．operating-cycle rule　　2．inventory turnover　　3．financial performance
4．goodwill　　　　　　　5．accrual basis　　　　6．corporate income tax
7．share premium　　　　8．consolidated financial statements

ア	イ	ウ	エ	オ	カ	キ	ク
3	1	4	7	5	6	2	8

38-8 次の簿記に関する用語を英語にした場合，もっとも適当な語を下記の語群から選び，その番号を記入しなさい。

ア．1年基準　　イ．売上債権　　ウ．減価償却　　エ．引　当　金
オ．利益剰余金　　カ．自己株式　　キ．吸収合併　　ク．仕入割引
ケ．外貨建取引　　コ．注　　記　　サ．流動比率　　シ．自己資本利益率

語群
1．depreciation　　　2．current ratio　　　3．treasury shares
4．purchase discount　5．provision　　　　6．foreign currency transactions
7．merger　　　　　8．one-year rule　　　9．Return On Equity
10．retained earnings　11．notes　　　　　12．trade receivables

ア	イ	ウ	エ	オ	カ	キ	ク	ケ	コ	サ	シ
8	12	1	5	10	3	7	4	6	11	2	9

39 財務諸表に関する問題

解答 ▶ p.75

39-1 次の決算整理事項によって，精算表を完成しなさい。

    a．期末商品棚卸高：帳簿棚卸数量2,000個　原価@¥700　実地棚卸数量2,000個　正味売却価額@¥680　ただし，商品評価損は売上原価の内訳項目とする。

    b．貸倒見積高：受取手形と売掛金の期末残高に対し，それぞれ1％と見積もり，貸倒引当金を設定する。

    c．売買目的有価証券評価高：帳簿価額¥800,000　時価¥760,000　時価基準を採用する。

    d．備品減価償却高：定額法により，残存価額は零（0）　耐用年数は6年とする。

    e．手数料前受高：¥10,000　保険料前払高：¥23,000　家賃未払高：¥37,000

    f．法人税・住民税及び事業税額：¥580,000

精 算 表

(単位：千円)

勘定科目	残高試算表 借方	残高試算表 貸方	整理記入 借方	整理記入 貸方	損益計算書 借方	損益計算書 貸方	貸借対照表 借方	貸借対照表 貸方
現 金 預 金	850						850	
受 取 手 形	800						800	
売 掛 金	1,200						1,200	
貸 倒 引 当 金		10		10				20
売買目的有価証券	800			40			760	
繰 越 商 品	1,420		1,400	1,420			1,360	
				40				
仮払法人税等	300			300				
備 品	1,800						1,800	
備品減価償却累計額		600		300				900
支 払 手 形		1,480						1,480
資 本 金		3,000						3,000
繰越利益剰余金		160						160
売 上		11,000				11,000		
受 取 手 数 料		115	10			105		
仕 入	7,800		1,420	1,400	7,860			
			40					
支 払 家 賃	495		37		532			
保 険 料	900			23	877			
	16,365	16,365						
商 品 評 価 損			40	40				
貸倒引当金繰入			10		10			
有価証券評価損			40		40			
減 価 償 却 費			300		300			
前 受 手 数 料				10				10
前 払 保 険 料			23				23	
未 払 家 賃				37				37
未払法人税等				280				280
法 人 税 等			580		580			
当 期 純 利 益					906			906
			3,900	3,900	11,105	11,105	6,793	6,793

39-2 岡山商事株式会社の総勘定元帳勘定残高と付記事項および決算整理事項によって，報告式の貸借対照表を完成しなさい。

(第90回改題)

ただし，ⅰ　会社計算規則によること。

ⅱ　会計期間は令和○1年4月1日から令和○2年3月31日までとする。

元帳勘定残高

現　　　　金	¥ 1,612,000	当 座 預 金	¥ 2,125,000	電子記録債権	¥ 2,200,000
売 　掛　 金	3,150,000	貸 倒 引 当 金	15,000	売買目的有価証券	1,170,000
繰 越 商 品	2,340,000	仮払法人税等	450,000	建　　　　物	7,500,000
建物減価償却累計額	1,650,000	備　　　　品	3,500,000	備品減価償却累計額	1,260,000
土　　　　地	3,185,000	建 設 仮 勘 定	4,800,000	満期保有目的債券	1,944,000
支 払 手 形	701,000	買 　掛　 金	2,102,000	長 期 借 入 金	4,000,000
退職給付引当金	1,067,000	資　 本　 金	14,000,000	資 本 準 備 金	1,900,000
利 益 準 備 金	1,300,000	別 途 積 立 金	830,000	繰越利益剰余金	564,000
売　　　　上	78,389,000	受 取 地 代	480,000	受 取 配 当 金	102,000
有価証券利息	20,000	有価証券売却益	140,000	仕　　　　入	61,218,000
給　　　　料	8,127,000	発 　送　 費	874,000	広 　告　 料	1,592,000
支 払 家 賃	1,416,000	消 耗 品 費	102,000	保 　険　 料	540,000
租 税 公 課	273,000	雑　　　　費	174,000	支 払 利 息	88,000
固定資産除却損	140,000				

付 記 事 項

①広島商店に対する売掛金¥150,000を期日前に受け取り，契約によって割引をおこない，割引額を差し引いた金額を同店振り出しの小切手¥147,000で受け取っていたが，未記帳であった。

②所有する満期保有目的の債券について，期限の到来した利札¥20,000が記入もれになっていた。

決算整理事項

a. 期末商品棚卸高

	帳簿棚卸数量	実地棚卸数量	原　　価	正味売却価額
A 品	1,500個	1,400個	@¥920	@¥1,200
B 品	1,300〃	1,300〃	〃〃800	〃〃 750

ただし，棚卸減耗損および商品評価損は売上原価の内訳項目とする。

b. 貸 倒 見 積 高　　　電子記録債権と売掛金の期末残高に対し，それぞれ1％と見積もり，貸倒引当金を設定する。

c. 有 価 証 券 評 価 高　　売買目的有価証券：山口産業株式会社　300株　時価　1株　¥4,000

d. 投資有価証券評価高　　投資有価証券はすべて満期保有目的債券であり，償却原価法によって¥1,952,000に評価する。なお，満期日は令和○8年3月31日である。

e. 減 価 償 却 高　　　建物：取得原価¥7,500,000　残存価額は零(0)　耐用年数は50年とし，定額法により計算している。

　　　　　　　　　　　　備品：取得原価¥3,500,000　毎期の償却率を20％とし，定率法により計算している。

f. 保 険 料 前 払 高　　　¥ 60,000

g. 利 息 未 払 高　　　　長期借入金に対する利息は，利率年2.4％で，2月末と8月末に経過した6か月分を支払う契約となっており，未払高を計上する。

h. 退職給付引当金繰入額　　¥802,000

i. 法人税・住民税及び事業税額　　¥954,000

貸　借　対　照　表

岡山商事株式会社　　　　　　　　　　　令和○2年3月31日　　　　　　　　　　（単位：円）

資　産　の　部

I　流　動　資　産
1. 現　金　預　金　　　　　　　　　　　　　　　　（　　3,904,000）
2. 電　子　記　録　債　権　　　　（　　2,200,000）
　　　貸　倒　引　当　金　　　　　（　　　22,000）　（　　2,178,000）
3. 売　　　掛　　　金　　　　　　（　　3,000,000）
　　　貸　倒　引　当　金　　　　　（　　　30,000）　（　　2,970,000）
4. (有　価　証　券)　　　　　　　　　　　　　　　（　　1,200,000）
5. (商　　　　　　品)　　　　　　　　　　　　　　（　　2,263,000）
6. (前　払　費　用)　　　　　　　　　　　　　　　（　　　60,000）
　　　流　動　資　産　合　計　　　　　　　　　　　　　　　　　　（　　12,575,000）
II　固　定　資　産
(1) 有　形　固　定　資　産
1. 建　　　　　　物　　　　　　　7,500,000
　　　減価償却累計額　　　　　　　（　　1,800,000）　（　　5,700,000）
2. 備　　　　　　品　　　　　　　3,500,000
　　　減価償却累計額　　　　　　　（　　1,708,000）　（　　1,792,000）
3. 土　　　　　　地　　　　　　　3,185,000
4. 建　設　仮　勘　定　　　　　　4,800,000
　　　有形固定資産合計　　　　　　　　　　　　（　　15,477,000）
(2) 投資その他の資産
1. 投　資　有　価　証　券　　　　　　　　　　　（　　1,952,000）
　　　投資その他の資産合計　　　　　　　　　　（　　1,952,000）
　　　固　定　資　産　合　計　　　　　　　　　　　　　　　　　（　　17,429,000）
　　　資　　産　　合　　計　　　　　　　　　　　　　　　　　　（　　30,004,000）

負　債　の　部

I　流　動　負　債
1. 支　払　手　形　　　　　　　　701,000
2. 買　　　掛　　　金　　　　　　2,102,000
3. (未　払　費　用)　　　　　　　　　　　　　　（　　　8,000）
4. (未　払　法　人　税　等)　　　　　　　　　　（　　504,000）
　　　流　動　負　債　合　計　　　　　　　　　　　　　　　　　（　　3,315,000）
II　固　定　負　債
1. 長　期　借　入　金　　　　　　4,000,000
2. (退　職　給　付　引　当　金)　　　　　　　　（　　1,869,000）
　　　固　定　負　債　合　計　　　　　　　　　　（　　5,869,000）
　　　負　　債　　合　　計　　　　　　　　　　　（　　9,184,000）

純　資　産　の　部

I　株　主　資　本
(1) 資　　本　　金　　　　　　　　　　　　　　　14,000,000
(2) 資　本　剰　余　金
1. 資　本　準　備　金　　　　　　1,900,000
　　　資　本　剰　余　金　合　計　　　　　　　　1,900,000
(3) 利　益　剰　余　金
1. 利　益　準　備　金　　　　　　1,300,000
2. その他利益剰余金
　① 別　途　積　立　金　　　　　830,000
　② 繰　越　利　益　剰　余　金　（　　2,790,000）
　　　利　益　剰　余　金　合　計　　　　　　　（　　4,920,000）
　　　株　主　資　本　合　計　　　　　　　　　（　　20,820,000）
　　　純　資　産　合　計　　　　　　　　　　　（　　20,820,000）
　　　負債及び純資産合計　　　　　　　　　　　（　　30,004,000）

39-3 福島商事株式会社の総勘定元帳勘定残高と付記事項および決算整理事項によって，報告式の損益計算書を完成しなさい。　　　　　　　　　　　　　　　　　　　　　　（第81回改題）

　　　ただし，i　会社計算規則によること。
　　　　　　　ii　会計期間は令和○1年4月1日から令和○2年3月31日までとする。

元帳勘定残高

現　　　　金	¥　289,000	当 座 預 金	¥　1,478,000	受 取 手 形	¥　2,700,000
売　 掛　 金	2,524,000	貸倒引当金	26,000	売買目的有価証券	1,680,000
繰 越 商 品	3,104,000	仮　 払　 金	3,000,000	仮払法人税等	948,000
備　　　　品	2,400,000	備品減価償却累計額	600,000	土　　　　地	2,616,000
ソフトウェア	1,500,000	子 会 社 株 式	2,560,000	支 払 手 形	1,900,000
買　 掛　 金	2,059,000	短 期 借 入 金	2,800,000	退職給付引当金	1,426,000
資　　 本　 金	9,000,000	資 本 準 備 金	800,000	利 益 準 備 金	545,000
新 築 積 立 金	1,000,000	別 途 積 立 金	260,000	繰越利益剰余金	293,000
売　　　　上	67,800,000	受 取 地 代	408,000	受 取 配 当 金	96,000
仕　　　　入	47,125,000	給　　　　料	6,654,000	発　 送　 費	1,653,000
広　 告　 料	2,680,000	支 払 家 賃	3,120,000	通　 信　 費	1,540,000
保　 険　 料	360,000	租 税 公 課	350,000	雑　　　　費	137,000
手 形 売 却 損	75,000	固定資産除却損	520,000		

付 記 事 項

　①売掛金のうち¥24,000は，西商店に対する前期末のものであり，同店はすでに倒産しているので，貸し倒れとして処理する。

　②仮払金¥3,000,000は，建設中の本社建物に対する建設代金の一部である。なお，この建物はまだ完成していない。

決算整理事項

　a. 期末商品棚卸高

	帳簿棚卸数量	実地棚卸数量	原　　価	正味売却価額
A 品	3,400個	3,400個	@¥800	@¥950
B 品	960〃	700〃	〃〃500	〃〃400

　　　　　　　　　　　ただし，棚卸減耗損および商品評価損は売上原価の内訳項目とする。

　b. 貸 倒 見 積 高　　　受取手形と売掛金の期末残高に対し，それぞれ2％と見積もり，貸倒引当金を設定する。

　c. 売買目的有価証券評価高　　売買目的で保有する株式は次のとおりである。

	株　数	1株の帳簿価額	1株の時価
甲運輸株式会社	250株	¥　4,400	¥　4,900
乙建設株式会社	200〃	〃　2,900	〃　2,600

　d. 備 品 減 価 償 却 高　　定率法により，毎期の償却率を25％とする。

　e. ソフトウェア償却高　　ソフトウェアは，当期首に自社利用の目的で購入したものであり，購入のときから5年間にわたって定額法によって償却している。

　f. 保 険 料 前 払 高　　保険料¥360,000は，令和○1年4月1日から3年分の保険料として支払ったものであり，前払高を次期に繰り延べる。

　g. 利 息 未 払 高　　¥　35,000

　h. 退職給付引当金繰入額　　¥　429,000

　i. 法人税・住民税及び事業税額　　¥1,092,000

損　益　計　算　書

福島商事株式会社　　　　令和○1年4月1日から令和○2年3月31日まで　　　　　（単位：円）

I	売　　上　　高		67,800,000
II	売　上　原　価		
	1. 期首商品棚卸高	3,104,000	
	2. 当期商品仕入高	(47,125,000)	
	合　　計	(50,229,000)	
	3. 期末商品棚卸高	(3,200,000)	
		(47,029,000)	
	4.(棚 卸 減 耗 損)	(130,000)	
	5.(商 品 評 価 損)	(70,000)	(47,229,000)
	売 上 総 利 益		(20,571,000)
III	販売費及び一般管理費		
	1. 給　　　　料	6,654,000	
	2. 発　　送　　費	1,653,000	
	3. 広　　告　　料	2,680,000	
	4. 貸倒引当金繰入	(102,000)	
	5.(ソフトウェア償却)	(300,000)	
	6. 減 価 償 却 費	(450,000)	
	7.(退 職 給 付 費 用)	(429,000)	
	8. 支　払　家　賃	3,120,000	
	9. 通　　信　　費	(1,540,000)	
	10. 保　　険　　料	(120,000)	
	11. 租　税　公　課	(350,000)	
	12. 雑　　　　費	(137,000)	(17,535,000)
	営 業 利 益		(3,036,000)
IV	営 業 外 収 益		
	1. 受　取　地　代	408,000	
	2. 受 取 配 当 金	96,000	
	3.(有価証券評価益)	(65,000)	(569,000)
V	営 業 外 費 用		
	1. 支　払　利　息	(35,000)	
	2.(手 形 売 却 損)	(75,000)	(110,000)
	経 常 利 益		(3,495,000)
VI	特　別　損　失		
	1.(固定資産除却損)	(520,000)	(520,000)
	税 引 前 当 期 純 利 益		(2,975,000)
	法人税・住民税及び事業税		(1,092,000)
	当 期 純 利 益		(1,883,000)

39-4　四国商事株式会社の残高試算表と付記事項および決算整理事項によって，報告式の損益計算書を完成しなさい。

ただし，i　会社計算規則によること。

ii　会計期間は令和○1年4月1日から令和○2年3月31日までとする。

残 高 試 算 表
令和○2年3月31日

借　方	元丁	勘 定 科 目	貸　方
839,000		現　　　　　金	
3,417,000		当 座 預 金	
4,600,000		受 取 手 形	
5,800,000		売 　 掛 　 金	
		貸 倒 引 当 金	27,000
3,700,000		売買目的有価証券	
6,250,000		繰 越 商 品	
1,080,000		仮 払 法 人 税 等	
4,600,000		備　　　　　品	
		備品減価償却累計額	1,100,000
9,000,000		土　　　　　地	
3,000,000		満期保有目的債券	
		支 払 手 形	3,110,000
		買 　 掛 　 金	4,120,000
	省	長 期 借 入 金	4,000,000
		退職給付引当金	1,360,000
		資 　 本 　 金	19,000,000
		利 益 準 備 金	950,000
		新 築 積 立 金	1,100,000
	略	繰越利益剰余金	320,000
		売　　　　　上	72,300,000
		受 取 配 当 金	180,000
		雑 　 　 　 益	62,000
		固定資産売却益	70,000
56,100,000		仕 　 　 　 入	
4,580,000		給 　 　 　 料	
1,678,000		発 　 送 　 費	
824,000		広 　 告 　 料	
67,000		修 　 繕 　 費	
1,020,000		支 払 家 賃	
510,000		保 　 険 　 料	
346,000		雑 　 　 　 費	
128,000		支 払 利 息	
160,000		固定資産除却損	
107,699,000			107,699,000

付 記 事 項

①当期中に備品の現状を維持するための修理をおこない，現金￥200,000を支払ったとき，誤って，次のように仕訳していた。

（借）備　　　品　200,000

（貸）現　　　金　200,000

②雑費のうち￥100,000は，商品を仕入れたさいの引取費用であることがわかった。

決算整理事項

a．期 末 商 品 棚 卸 高

帳簿棚卸数量　　　900個

原　　　価　　@￥7,200

実地棚卸数量　　　880個

正味売却価額　　@￥7,000

ただし，棚卸減耗損および商品評価損は売上原価の内訳項目とする。

b．外貨建取引の円換算

当社が保有している外貨建取引による買掛金は，取引日の為替レートで円換算しており，為替予約はおこなっていない。

取引額	取引日の為替レート	決算日の為替レート
10,000ドル	1ドル145円	1ドル148円

c．貸 倒 見 積 高

受取手形の期末残高と売掛金の期末残高に対し，それぞれ1％と見積もり，貸倒引当金を設定する。

d．売買目的有価証券評価高

売買目的で保有する次の株式について，時価によって評価する。

徳島産業株式会社　500株

帳簿価額　1株　￥7,400

時　価　1株　￥7,600

e．備 品 減 価 償 却 高

定率法により，毎期の償却率を25％とする。

f．利 息 未 払 高

長期借入金に対する利息は，毎年5月末と11月末に，経過した6か月分として￥96,000を支払うことになっており，未払高を計上する。

g．保 険 料 前 払 高　　￥　150,000

h．退職給付引当金繰入額　　￥　180,000

i．法人税・住民税及び事業税額　　￥2,105,000

損　益　計　算　書

四国商事株式会社　　　　令和○1年4月1日から令和○2年3月31日まで　　　　（単位：円）

Ⅰ　売　　上　　高		（　　72,300,000）
Ⅱ　売　上　原　価		
1．期首商品棚卸高	（　　6,250,000）	
2．当期商品仕入高	（　　56,200,000）	
合　　　　計	（　　62,450,000）	
3．期末商品棚卸高	（　　6,480,000）	
	（　　55,970,000）	
4．(棚 卸 減 耗 損)	（　　144,000）	
5．(商 品 評 価 損)	（　　176,000）	（　　56,290,000）
売 上 総 利 益		（　　16,010,000）
Ⅲ　販売費及び一般管理費		
1．給　　　　　　料	（　　4,580,000）	
2．発　　送　　費	（　　1,678,000）	
3．広　　告　　料	（　　824,000）	
4．(貸 倒 引 当 金 繰 入)	（　　77,000）	
5．(減 価 償 却 費)	（　　825,000）	
6．(修　　繕　　費)	（　　267,000）	
7．(支 払 家 賃)	（　　1,020,000）	
8．(保　険　料)	（　　360,000）	
9．(退 職 給 付 費 用)	（　　180,000）	
10．(雑　　　　　費)	（　　246,000）	（　　10,057,000）
営 業 利 益		（　　5,953,000）
Ⅳ　営 業 外 収 益		
1．(受 取 配 当 金)	（　　180,000）	
2．(有 価 証 券 評 価 益)	（　　100,000）	
3．(雑　　　　　益)	（　　62,000）	（　　342,000）
Ⅴ　営 業 外 費 用		
1．支 払 利 息	（　　192,000）	
2．(為 替 差 損)	（　　30,000）	（　　222,000）
経 常 利 益		（　　6,073,000）
Ⅵ　特 別 利 益		
1．(固 定 資 産 売 却 益)	（　　70,000）	（　　70,000）
Ⅶ　特 別 損 失		
1．(固 定 資 産 除 却 損)	（　　160,000）	（　　160,000）
税 引 前 当 期 純 利 益		（　　5,983,000）
法人税・住民税及び事業税		（　　2,105,000）
(当 期 純 利 益)		（　　3,878,000）

39-5 近畿商事株式会社の総勘定元帳勘定残高と付記事項および決算整理事項によって，報告式の貸借対照表・損益計算書を完成しなさい。

ただし，i 会社計算規則によること。

　　　　ii 会計期間は令和○1年4月1日から令和○2年3月31日までとする。

形式別復習問題

元帳勘定残高

現　　　金	¥ 364,000	当 座 預 金	¥ 3,889,000	受 取 手 形	¥ 2,500,000
売 　 掛 　 金	3,500,000	貸 倒 引 当 金	21,000	売買目的有価証券	5,950,000
繰 越 商 品	4,210,000	仮払法人税等	580,000	備　　　品	2,500,000
備品減価償却累計額	900,000	リ ー ス 資 産	600,000	リース資産減価償却累計額	120,000
長 期 貸 付 金	1,200,000	その他有価証券	750,000	支 払 手 形	2,308,000
買 　 掛 　 金	2,580,000	手 形 借 入 金	1,170,000	リ ー ス 債 務	360,000
退職給付引当金	1,972,000	資 　 本 　 金	10,000,000	資 本 準 備 金	1,200,000
利 益 準 備 金	450,000	別 途 積 立 金	440,000	繰越利益剰余金	347,000
売 　 　 　 上	53,860,000	受 取 利 息	36,000	受 取 配 当 金	329,000
固定資産売却益	70,000	仕 　 　 　 入	41,780,000	給 　 　 　 料	4,253,000
発 　 送 　 費	1,430,000	広 　 告 　 料	464,000	支 払 家 賃	1,760,000
保 　 険 　 料	90,000	雑 　 　 　 費	168,000	支 払 利 息	175,000

付記事項

　①リース債務¥360,000は，令和○5年3月31日までリース契約をしているコピー機に対するものであり，決算日の翌日から1年以内の部分は流動負債として表示する。

決算整理事項

　a. 期末商品棚卸高　　帳簿棚卸数量　1,500個　　原　　　価　@¥3,200
　　　　　　　　　　　　実地棚卸数量　1,450〃　　正味売却価額　〃〃3,100
　　　　　　　　　　　　ただし，棚卸減耗損および商品評価損は売上原価の内訳項目とする。

　b. 貸 倒 見 積 高　　受取手形の期末残高と売掛金の期末残高に対し，それぞれ3％と見積もり，貸倒引当金を設定する。

　c. 有 価 証 券 評 価 高　　保有する株式は次のとおりであり，時価によって評価する。

	銘柄	株数	1株の帳簿価額	1株の時価
売買目的有価証券	滋賀物産株式会社	100株	¥59,500	¥60,000
その他有価証券	神戸物産株式会社	15株	¥50,000	¥53,000

　d. 備 品 減 価 償 却 高　　定率法により，毎期の償却率を20％とする。

　e. リース資産減価償却高　　見込現金購入額¥600,000　残存価額は零(0)　耐用年数は5年（リース期間）とし，定額法により計算している。

　f. 家 賃 前 払 高　　家賃4か月分¥440,000が前払いである。

　g. 利 息 未 収 高　　長期貸付金は，7月1日に貸し付けたもので，利息は毎年12月末と6月末に受け取ることになっている。12月末に受け取った半年分の利息は¥36,000であり，未収高を月割りで計上する。

　h. 退職給付引当金繰入額　　¥ 160,000

　i. 法人税・住民税及び事業税額　　¥1,396,000

貸　借　対　照　表

近畿商事株式会社　　　　　　　　　　　令和○2年3月31日　　　　　　　　　　　　（単位：円）

資　産　の　部

Ⅰ　流　動　資　産
1．現　金　預　金　　　　　　　　　　　　　　（　　4,253,000）
2．(受　取　手　形)　　　（　　2,500,000）
　　(貸　倒　引　当　金)　（　　　75,000）　（　　2,425,000）
3．(売　　掛　　金)　　　（　　3,500,000）
　　(貸　倒　引　当　金)　（　　　105,000）　（　　3,395,000）
4．(有　価　証　券)　　　　　　　　　　　　　（　　6,000,000）
5．(商　　　　品)　　　　　　　　　　　　　（　　4,495,000）
6．(前　払　費　用)　　　　　　　　　　　　（　　　440,000）
7．(未　収　収　益)　　　　　　　　　　　　（　　　18,000）
　　　　流　動　資　産　合　計　　　　　　　　　　　　　　（　　21,026,000）
Ⅱ　固　定　資　産
(1)　有　形　固　定　資　産
1．(備　　　　品)　　　　（　　2,500,000）
　　(減価償却累計額)　　　（　　1,220,000）　（　　1,280,000）
2．(リ　ー　ス　資　産)　（　　　600,000）
　　(減価償却累計額)　　　（　　　240,000）　（　　　360,000）
　　　　有　形　固　定　資　産　合　計　　　　（　　1,640,000）
(2)　投　資　そ　の　他　の　資　産
1．(長　期　貸　付　金)　　　　　　　　　　（　　1,200,000）
2．(投　資　有　価　証　券)　　　　　　　　（　　　795,000）
　　　　投資その他の資産合計　　　　　　　　（　　1,995,000）
　　　　固　定　資　産　合　計　　　　　　　　　　　　　　（　　3,635,000）
　　　　資　産　合　計　　　　　　　　　　　　　　　　　　（　　24,661,000）

負　債　の　部

Ⅰ　流　動　負　債
1．支　払　手　形　　　　　　　　　　　　　（　　2,308,000）
2．(買　　掛　　金)　　　　　　　　　　　　（　　2,580,000）
3．(短　期　借　入　金)　　　　　　　　　　（　　1,170,000）
4．(リ　ー　ス　債　務)　　　　　　　　　　（　　　120,000）
5．(未　払　法　人　税　等)　　　　　　　　（　　　816,000）
　　　　流　動　負　債　合　計　　　　　　　　　　　　　　（　　6,994,000）
Ⅱ　固　定　負　債
1．(リ　ー　ス　債　務)　　　　　　　　　　（　　　240,000）
2．(退　職　給　付　引　当　金)　　　　　　（　　2,132,000）
　　　　固　定　負　債　合　計　　　　　　　　　　　　　　（　　2,372,000）
　　　　負　債　合　計　　　　　　　　　　　　　　　　　　（　　9,366,000）

純　資　産　の　部

Ⅰ　株　主　資　本
(1)　資　　本　　金　　　　　　　　　　　　　　　　　　（　　10,000,000）
(2)　資　本　剰　余　金
1．資　本　準　備　金　　　　　　　　　　　（　　1,200,000）
　　　　資　本　剰　余　金　合　計　　　　　　　　　　　　（　　1,200,000）
(3)　利　益　剰　余　金
1．利　益　準　備　金　　　　　　　　　　　（　　　450,000）
2．その他利益剰余金
① 別　途　積　立　金　　　　　　　　　　　（　　　440,000）
② 繰　越　利　益　剰　余　金　　　　　　　（　　3,160,000）
　　　　利　益　剰　余　金　合　計　　　　　　　　　　　　（　　4,050,000）
　　　　株　主　資　本　合　計　　　　　　　　　　　　　　（　　15,250,000）
Ⅱ　評価・換算差額等
1．その他有価証券評価差額金　　　　　　　　（　　　45,000）
　　　　評価・換算差額等合計　　　　　　　　　　　　　　　（　　　45,000）
　　　　純　資　産　合　計　　　　　　　　　　　　　　　　（　　15,295,000）
　　　　負債及び純資産合計　　　　　　　　　　　　　　　　（　　24,661,000）

損 益 計 算 書

近畿商事株式会社　　　　令和○1年4月1日から令和○2年3月31日まで　　　　　（単位：円）

I 売　　上　　高		(	53,860,000)
II 売　上　原　価			
1.期首商品棚卸高	(4,210,000)		
2.当期商品仕入高	(41,780,000)		
合　　　計	(45,990,000)		
3.期末商品棚卸高	(4,800,000)		
	(41,190,000)		
4.(棚 卸 減 耗 損)	(160,000)		
5.(商 品 評 価 損)	(145,000)	(	41,495,000)
売 上 総 利 益		(	12,365,000)
III 販売費及び一般管理費			
1.給　　　　　　料	(4,253,000)		
2.発　　送　　費	(1,430,000)		
3.広　　告　　料	(464,000)		
4.(貸 倒 引 当 金 繰 入)	(159,000)		
5.(減 価 償 却 費)	(440,000)		
6.(支 払 家 賃)	(1,320,000)		
7.(保　　険　　料)	(90,000)		
8.(退 職 給 付 費 用)	(160,000)		
9.雑　　　　　費	(168,000)	(	8,484,000)
営 業 利 益		(	3,881,000)
IV 営 業 外 収 益			
1.(受 取 利 息)	(54,000)		
2.(受 取 配 当 金)	(329,000)		
3.(有 価 証 券 評 価 益)	(50,000)	(	433,000)
V 営 業 外 費 用			
1.支　払　利　息	(175,000)	(	175,000)
経 常 利 益		(	4,139,000)
VI 特　別　利　益			
1.(固 定 資 産 売 却 益)	(70,000)	(	70,000)
税 引 前 当 期 純 利 益		(	4,209,000)
法人税・住民税及び事業税		(	1,396,000)
(当 期 純 利 益)		(	2,813,000)

簿記実務検定第1級模擬試験問題

会　計（制限時間　1時間30分）

1　次の各問いに答えなさい。

(1)各文の　　　　　にあてはまるもっとも適当な語を，下記の語群のなかから選び，その番号を記入しなさい。

a．企業会計は，すべての取引につき，　ア　の原則にしたがって，正確な会計帳簿を作成しなければならない。ただし，重要性の乏しいものについては，本来の厳密な会計処理によらないで他の簡便な方法によることも認められる。

b．有形固定資産において使用開始後に生じた支出のうち，耐用年数の延長や設備増設等の支出については，　イ　支出となり，　ウ　の勘定で処理をする。

c．企業集団において，ほかの企業を支配している企業を　エ　といい，連結財務諸表はこの企業によって作成される。

語群
1．費　　　用　　2．親　会　社　　3．正規の簿記　　4．負　　　債　　5．収　益　的
6．固定資産　　7．資　本　的　　8．単　一　性　　9．重　要　性　　10．子　会　社

ア	イ	ウ	エ
3	7	6	2

(2)次の財務諸表に関する用語の英語表記を，下記の語群のなかから選び，その番号を記入しなさい。

　　ア．貸借対照表　　　　イ．売上原価　　　　ウ．の　れ　ん

語群
1．depreciation　　　　2．cost of goods sold　　　　3．fixed assets
4．provision　　　　　5．goodwill　　　　　　　　6．Balance Sheet

ア	イ	ウ
6	2	5

2　次の各問いに答えなさい。

(1)　次の例において，当期に計上する工事収益の金額をそれぞれ求めなさい。なお，工事収益を計上しない場合は解答欄に 0 を記入すること。

a．建物の建設を引き受け，工事収益総額￥230,000,000で工事契約し，工事原価総額を￥150,000,000と見積もった。当期中の工事原価は￥57,000,000であった。期末に，工事進行基準によって工事収益を計上した。

b．建物の建設を引き受け，工事収益総額￥122,000,000で工事契約したが，工事原価総額については見積もることができなかった。よって，期末に原価回収基準により工事収益を計上することとした。なお，当期中の工事原価は￥30,670,000である。

c．建物の建設を引き受け，工事収益総額￥83,000,000で工事契約し，工事原価総額を￥64,000,000と見積もった。当期中の工事原価は￥40,320,000であったが，次期に完成予定であるため，工事完成基準によって工事収益を計上することとした。

a	￥	87,400,000	b	￥	30,670,000	c	￥	0

(2) 岡山商事株式会社の決算日における当座預金出納帳の残高は¥945,000であり，銀行が発行した当座勘定残高証明書の金額は¥1,280,000であった。そこで，不一致の原因を調査したところ，次の資料を得た。よって，銀行勘定調整表を完成し，当座預金出納帳の次月繰越高を求めなさい。

資　　料
　　1．かねて福井商店あてに振り出した小切手¥310,000が銀行でまだ支払われていなかった。
　　2．通信費¥40,000が当座預金口座から引き落とされていたが，当社ではまだ記帳していなかった。
　　3．決算日に預け入れた現金¥55,000が営業時間外のため銀行では翌日付の入金として扱われていた。
　　4．買掛金支払いのための小切手¥120,000を作成して記帳していたが，仕入先に未渡しであった。

銀　行　勘　定　調　整　表
令和5年3月31日

当座預金出納帳残高		¥	945,000
（加算）　［　未取付小切手　］	（¥　310,000）		
［　未渡小切手　　］	（¥　120,000）	（¥	430,000）
（減算）　［　通信費の未記入　］	（¥　40,000）		
［　時間外の預け入れ　］	（¥　55,000）	（¥	95,000）
当座勘定残高証明書		¥	1,280,000

> 当座預金出納帳　次月繰越高　¥　　　1,025,000

(3) 青森株式会社と大分株式会社の次の資料によって，
　①青森株式会社の次の比率を求めなさい。
　　　　a．当座比率　　　b．固定比率
　　　c．商品回転率（商品有高の平均と売上原価を用いること。）
　②大分株式会社の次の比率を求めなさい。
　　　　a．流動比率　　　b．売上高総利益率
　　　c．受取勘定回転率（期首と期末の平均を用いること。）
　③次の文の ［　　　　　］ のなかに入る適当な比率を記入しなさい。また，{　　　} の中から，いずれか適当な語を選び，その番号を記入しなさい。
　　　　投下された資本が効率的に運用されているかを比較するため，自己資本利益率を計算してみると，青森株式会社が ［　ア　］ %に対して，大分株式会社は11.2％であり，青森株式会社の方が高かった。しかし，総資本利益率を計算してみると，青森株式会社が6.0％に対して大分株式会社は ［　イ　］ %であり，青森株式会社の方が低かった。これは青森株式会社の総資本に占める　ウ {1. 自己資本　　2. 他人資本} の割合が高いことが原因である。

資　　料

青森株式会社　　連結貸借対照表　　（単位：円）

資　産	金　額	負債・純資産	金　額
現 金 預 金	1,191,500	支 払 手 形	1,010,000
受 取 手 形	869,000	買 掛 金	1,432,000
売 掛 金	657,000	未払法人税等	58,000
有 価 証 券	720,000	長 期 借 入 金	2,000,000
商　　品	1,343,000	退職給付引当金	805,000
短 期 貸 付 金	409,500	資 本 金	3,500,000
建　　物	1,500,000	資 本 剰 余 金	900,000
車 両 運 搬 具	690,000	利 益 剰 余 金	600,000
備　　品	300,000	新 株 予 約 権	423,000
土　　地	1,670,000	非支配株主持分	272,000
の れ ん	280,000		
投資有価証券	825,000		
関係会社株式	472,700		
繰延税金資産	72,300		
	11,000,000		11,000,000

青森株式会社　連結損益計算書　（単位：円）

項　目	金　額
売 上 高	25,000,000
売 上 原 価	17,735,680
売 上 総 利 益	7,264,320
販売費および一般管理費	6,140,000
営 業 利 益	1,124,320
営 業 外 収 益	615,680
営 業 外 費 用	600,000
経 常 利 益	1,140,000
特 別 利 益	38,000
特 別 損 失	72,000
税金等調整前当期純利益	1,106,000
法人税等合計	342,000
当期純利益	764,000
非支配株主に帰属する当期純利益	104,000
親会社株主に帰属する当期純利益	660,000

大分株式会社　　連結貸借対照表　　（単位：円）

資　産	金　額	負債・純資産	金　額
現 金 預 金	782,000	支 払 手 形	536,000
受 取 手 形	689,000	買 掛 金	749,000
売 掛 金	582,500	未払法人税等	115,000
有 価 証 券	658,400	退職給付引当金	358,000
商　　品	306,500	資 本 金	3,700,000
建　　物	980,000	資 本 剰 余 金	840,000
車 両 運 搬 具	723,000	利 益 剰 余 金	460,000
備　　品	280,000	非支配株主持分	242,000
土　　地	850,000		
の れ ん	154,000		
関係会社株式	918,000		
繰延税金資産	76,600		
	7,000,000		7,000,000

大分株式会社　連結損益計算書　（単位：円）

項　目	金　額
売 上 高	18,000,000
売 上 原 価	12,834,000
売 上 総 利 益	5,166,000
販売費および一般管理費	3,564,000
営 業 利 益	1,602,000
営 業 外 収 益	352,000
営 業 外 費 用	661,000
経 常 利 益	1,293,000
特 別 利 益	543,000
特 別 損 失	653,000
税金等調整前当期純利益	1,183,000
法人税等合計	377,300
当期純利益	805,700
非支配株主に帰属する当期純利益	245,700
親会社株主に帰属する当期純利益	560,000

ⅰ　青森株式会社の期首商品棚卸高　　¥ 1,428,200
ⅱ　大分株式会社の期首売上債権　　¥ 1,228,500

①	a	137.5　%	b	116.2　%	c	12.8　回
②	a	215.6　%	b	28.7　%	c	14.4　回
③	ア	13.2　%	イ	8.0　%	ウ	2

3 南国商事株式会社の総勘定元帳勘定残高と付記事項および決算整理事項は，次のとおりであった。よって，報告式の損益計算書および報告式の貸借対照表を完成しなさい。

ただし，i 会社計算規則によること。

　　　　ii 会計期間は令和○4年4月1日から令和○5年3月31日までとする。

元帳勘定残高

現　　　　金	¥ 2,997,410	当 座 預 金	¥ 4,832,180	受 取 手 形	¥ 3,500,000
売　掛　金	5,300,000	貸倒引当金	26,000	売買目的有価証券	2,430,000
繰越商品	3,310,600	仮払法人税等	287,000	建　　　物	8,500,000
建物減価償却累計額	3,060,000	リース資産	600,000	リース資産減価償却累計額	120,000
土　　　地	4,134,000	その他有価証券	2,000,000	支 払 手 形	1,930,000
買　掛　金	2,861,700	長期借入金	1,475,600	退職給付引当金	6,194,330
リース債務	360,000	資　本　金	15,000,000	資本準備金	2,050,000
利益準備金	1,200,000	別途積立金	800,000	繰越利益剰余金	805,500
売　　　上	34,375,640	受 取 家 賃	179,000	受 取 配 当 金	76,000
固定資産売却益	212,000	仕　　　入	18,769,960	給　　　料	9,685,420
発　送　費	998,550	広　告　料	788,000	通　信　費	557,400
消 耗 品 費	95,450	保　険　料	1,368,000	租 税 公 課	226,860
雑　　　費	180,740	支 払 利 息	92,900	手形売却損	71,300

付記事項

　①リース債務¥360,000は令和○8年3月31日までリース契約をしているコピー機に対するものであり，決算日の翌日から1年以内の部分は流動負債として表示する。

決算整理事項

　a．期末商品棚卸高　　帳簿棚卸数量　3,400個　　　原　　価　@¥900

　　　　　　　　　　　実地棚卸数量　3,350〃　　　正味売却価額　〃〃870

　　　　　　　　　　　ただし，棚卸減耗損および商品評価損は売上原価の内訳項目とする。

　b．外貨建取引の円換算　当社が保有している外貨建取引による売掛金および買掛金は，取引日の為替レートで円換算しており，為替予約は行っていない。

	取引額	取引日の為替レート	決算日の為替レート
売掛金	20,000ドル	1ドル109円	1ドル114円
買掛金	10,000ドル	1ドル111円	1ドル114円

　c．貸 倒 見 積 高　　売上債権の期末残高に対し，それぞれ1%と見積もり，貸倒引当金を設定する。

　d．有 価 証 券 評 価 高　保有する株式は次のとおりである。

	銘　　柄	株　　数	1株の帳簿価額	1株の時価
売買目的有価証券	東商事株式会社	400株	¥4,200	¥4,450
	西物産株式会社	300株	¥2,500	¥2,300
その他有価証券	南産業株式会社	1,000株	¥2,000	¥2,030

　e．減 価 償 却 高　　建　　　物：取得原価¥8,500,000　残存価額は取得原価の10%　耐用年数は50年とし，定額法により計算している。

　　　　　　　　　　　リース資産：見積現金購入価額¥600,000　残存価額は零（0）　耐用年数は5年（リース期間）とし，定額法により計算している。

　f．保 険 料 前 払 高　保険料のうち¥900,000は，令和○4年11月1日から3年分の保険料として支払ったものであり，前払高を次期に繰り延べる。

　g．利 息 未 払 高　　¥　25,600

　h．退職給付引当金繰入高　¥　452,600

　i．法人税・住民税及び事業税　¥　537,980

損　益　計　算　書

南国商事株式会社　　　令和○4年4月1日から令和○5年3月31日まで　　　（単位：円）

I 売　上　高		(	34,375,640)
II 売　上　原　価			
1. 期首商品棚卸高	3,310,600		
2. 当期商品仕入高	18,769,960		
合　計	22,080,560		
3. 期末商品棚卸高	(3,060,000)		
	(19,020,560)		
4.(棚卸減耗損)	(45,000)		
5. 商品評価損	(100,500)	(	19,166,060)
売上総利益		(	15,209,580)
III 販売費及び一般管理費			
1. 給　料	9,685,420		
2. 発送費	998,550		
3. 広告料	788,000		
4.(貸倒引当金繰入)	(63,000)		
5.(減価償却費)	(273,000)		
6.(退職給付費用)	(452,600)		
7. 通信費	(557,400)		
8. 消耗品費	(95,450)		
9. 保険料	(593,000)		
10. 租税公課	(226,860)		
11.(雑費)	(180,740)	(	13,914,020)
営業利益		(	1,295,560)
IV 営業外収益			
1. 受取家賃	179,000		
2. 受取配当金	76,000		
3.(有価証券評価益)	(40,000)		
4.(為替差益)	(70,000)	(	365,000)
V 営業外費用			
1.(支払利息)	(118,500)		
2. 手形売却損	71,300	(	189,800)
経常利益		(	1,470,760)
VI 特別利益			
1. 固定資産売却益	212,000		212,000
税引前当期純利益		(	1,682,760)
法人税・住民税及び事業税			537,980
当期純利益		(	1,144,780)

貸 借 対 照 表

南国商事株式会社　　　　　　　令和〇5年3月31日　　　　　　　　（単位：円）

資 産 の 部

Ⅰ 流 動 資 産
　1. 現 金 預 金　　　　　　　　　　　　7,829,590
　2. 受 取 手 形　　　　（　　3,500,000）
　　　　貸 倒 引 当 金　（　　　35,000）（　　3,465,000）
　3. 売 掛 金　　　　　　（　　5,400,000）
　　　　貸 倒 引 当 金　（　　　54,000）（　　5,346,000）
　4.（有 価 証 券）　　　　　　　　　　（　　2,470,000）
　5.（商　　　　　品）　　　　　　　　　（　　2,914,500）
　6.（前 払 費 用）　　　　　　　　　　（　　　300,000）
　　　　流 動 資 産 合 計　　　　　　　　　　　　　　（　22,325,090）
Ⅱ 固 定 資 産
　(1) 有 形 固 定 資 産
　1. 建　　　　　物　　　　　　8,500,000
　　　　減 価 償 却 累 計 額（　3,213,000）（　　5,287,000）
　2. リ ー ス 資 産　　　　（　　600,000）
　　　　減 価 償 却 累 計 額（　240,000）（　　　360,000）
　3. 土　　　　　地　　　　　（　4,134,000）
　　　　有 形 固 定 資 産 合 計（　9,781,000）
　(2) 投 資 そ の 他 の 資 産
　1.（投 資 有 価 証 券）　　　　　　（　　2,030,000）
　2.（長 期 前 払 費 用）　　　　　　（　　　475,000）
　　　　投資その他の資産合計（　2,505,000）
　　　　固 定 資 産 合 計　　　　　　　　　　　（　12,286,000）
　　　　　資 産 合 計　　　　　　　　　　　　　（　34,611,090）

負 債 の 部

Ⅰ 流 動 負 債
　1. 支 払 手 形　　　　　　　　　　（　　1,930,000）
　2. 買 掛 金　　　　　　　　　　　　（　　2,891,700）
　3. リ ー ス 債 務　　　　　　　　　（　　　120,000）
　4. 未 払 費 用　　　　　　　　　　（　　　25,600）
　5. 未 払 法 人 税 等　　　　　　　　（　　250,980）
　　　　流 動 負 債 合 計　　　　　　　　　　　　（　5,218,280）
Ⅱ 固 定 負 債
　1.（長 期 借 入 金）　　　　　　　1,475,600
　2. 退 職 給 付 引 当 金　　　　　　（　6,646,930）
　3. リ ー ス 債 務　　　　　　　　（　240,000）
　　　　固 定 負 債 合 計　　　　　　　　　　　（　8,362,530）
　　　　　負 債 合 計　　　　　　　　　　　　　（　13,580,810）

純 資 産 の 部

Ⅰ 株 主 資 本
　(1) 資 本 金　　　　　　　　　　　　　　15,000,000
　(2) 資 本 剰 余 金
　1. 資 本 準 備 金　　　　　　　2,050,000
　　　　資 本 剰 余 金 合 計　　　　　　　　　　2,050,000
　(3) 利 益 剰 余 金
　1. 利 益 準 備 金　　　　　　　1,200,000
　2. そ の 他 利 益 剰 余 金
　　① 別 途 積 立 金　　　　　　　800,000
　　② 繰 越 利 益 剰 余 金　　　（　1,950,280）
　　　　利 益 剰 余 金 合 計　　　　　　　　　（　3,950,280）
　　　　株 主 資 本 合 計　　　　　　　　　　（　21,000,280）
Ⅱ 評 価・換 算 差 額 等
　1. その他有価証券評価差額金　　　　（　　30,000）
　　　　評 価・換 算 差 額 等 合 計　　　　　（　　30,000）
　　　　　純 資 産 合 計　　　　　　　　　　（　21,030,280）
　　　　負債および純資産合計　　　　　　　　　34,611,090

4 　下記の取引の仕訳を示しなさい。ただし，勘定科目は，次のなかからもっとも適当なものを使用すること。

当 座 預 金	電 子 記 録 債 権	クレジット売掛金	売買目的有価証券
構 築 物	備品減価償却累計額	ソ フ ト ウ ェ ア	ソフトウェア仮勘定
繰 延 税 金 資 産	電 子 記 録 債 務	繰 延 税 金 負 債	資 本 金
資 本 準 備 金	自 己 株 式	新 株 予 約 権	売 上
役 務 収 益	有 価 証 券 利 息	有 価 証 券 売 却 益	役 務 原 価
支 払 手 数 料	旅 費	減 価 償 却 費	手 形 売 却 損
電子記録債権売却損	有 価 証 券 売 却 損	株 式 交 付 費	法 人 税 等 調 整 額

a．かねて自社利用目的として制作を依頼していたソフトウェアが完成し，引き渡しを受けたので，契約代金¥6,300,000のうち，すでに支払ってある金額を差し引いて，残額¥2,700,000は小切手を振り出して支払った。

b．電子記録債権¥570,000を取引銀行で割り引くために電子債権記録機関に譲渡記録の請求をおこない，割引料を差し引かれた手取金¥553,000が当社の当座預金口座に振り込まれた。

c．売買目的で保有している神奈川産業株式会社の社債　額面¥3,000,000のうち¥1,000,000を額面¥100につき¥98.82で売却し，端数利息¥28,000とともに小切手で受け取り，ただちに当座預金とした。ただし，この額面¥3,000,000の社債は，当期に額面¥100につき¥96.50で買い入れたものであり，同時に買入手数料¥18,000及び端数利息¥12,000を支払っている。

d．決算において，次の資料により備品の減価償却費を計上した。なお，間接法により記帳し，法定実効税率を30％とした税効果会計を適用している。

　　資　　　料
　　取得・使用開始日　令和○3年4月1日　　決 算 日　令和○4年3月31日
　　取得原価　　　　　¥1,200,000　　　　　耐用年数　3年（税法上の耐用年数5年）
　　残存価額　　　　　零（0）　　　　　　　償却方法　定額法

e．九州物流株式会社は，次の条件で発行した新株予約権のうち10個の権利行使があったので，新株20株を発行し，権利行使価額の払込金を当座預金とした。ただし，会社法に規定する最高限度額を資本金に計上しないことにした。

　　発 行 条 件
　　発 行 総 数　30個（新株予約権1個につき2株を付与）
　　払 込 金 額　新株予約権1個につき¥50,000
　　権利行使価額　1株につき¥90,000
　　権利行使期間　令和○4年9月1日から令和○5年8月31日

f．旅行業を営む埼玉観光株式会社は，本日国内旅行のツアーを実施し，サービスの提供をともなう費用¥412,000を小切手を振り出して支払った。

g．東京百貨店は，商品¥500,000をクレジットカード払いの条件で販売した。なおクレジット会社への手数料は（販売代金の3％）を計上した。

	借　　　　方		貸　　　　方	
a	ソ フ ト ウ ェ ア	6,300,000	ソフトウェア仮勘定	3,600,000
			当　座　預　金	2,700,000
b	当　座　預　金	553,000	電 子 記 録 債 権	570,000
	電子記録債権売却損	17,000		
c	当　座　預　金	1,016,200	売買目的有価証券	971,000
			有 価 証 券 売 却 益	17,200
			有 価 証 券 利 息	28,000
d	減 価 償 却 費	400,000	備品減価償却累計額	400,000
	繰 延 税 金 資 産	48,000	法 人 税 等 調 整 額	48,000
e	当　座　預　金	1,800,000	資　本　金	1,150,000
	新 株 予 約 権	500,000	資 本 準 備 金	1,150,000
f	役　務　原　価	412,000	当　座　預　金	412,000
g	クレジット売掛金	485,000	売　上	500,000
	支 払 手 数 料	15,000		

模擬試験問題

日　本　語	英　語　表　記
1年基準	one-year rule
ＣＲ（カレント・レート）	Current Rate
ＦＲ（フォワード・レート）	Forward Rate
ＨＲ（ヒストリカル・レート）	Historical Rate
一時差異	temporary difference
売上原価	cost of sales または cost of goods sold（CGS）
売上債権	trade receivables
売上総利益	gross profit
売上高	net sales
売上高純利益率	net profit margin
売上高総利益率	gross profit margin
売上割引	sales discount
営業循環基準	operating-cycle rule
営業利益	operating profit
オペレーティング・リース取引	operating lease
外貨建取引	foreign currency transactions
開示（ディスクロージャー）	disclosure
課税所得	taxable profit
株主資本等変動計算書	Statement of changes in Shareholders' equity（S/S）
為替差益	foreign currency transaction gain
為替差損	foreign currency transaction loss
勘定式	account form
管理会計	management accounting
企業会計基準委員会	Accounting Standards Board of Japan（ASBJ）
企業実体	entity
企業集団	group of enterprises
企業の社会的責任	Corporate Social Responsibility（CSR）
キャッシュ・フロー計算書	Statement of Cash Flows または Cash Flow Statement
吸収合併	merger
経営成績	financial performance

あ

か

経済的資源	economic resource
継続企業	going concern
減価償却	depreciation
減価償却費	depreciation charge (depreciation expense)
現金主義	cash basis
国際会計基準委員会	International Accounting Standards Committee (IASC)
国際会計基準審議会	International Accounting Standards Board (IASB)
国際財務報告基準	International Financial Reporting Standards (IFRS)
固定資産	fixed assets
固定資産回転率	fixed asset turnover
固定負債	fixed liabilities
個別財務諸表	separate financial statements
㋑ 財政状態	financial position
財務会計	financial accounting
財務諸表	Financial Statements (F/S)
財務諸表分析	financial statement analysis
仕入割引	purchase discount
事業税	business tax
自己株式	treasury shares
自己資本比率	equity ratio
自己資本利益率	Return On Equity (ROE)
資産	assets
資本金	share capital
資本剰余金	share premium
収益	income または revenue
住民税	inhabitant taxes
純資産	net assets
純利益	net income
商品回転率	inventory turnover
将来加算一時差異	taxable temporary difference
将来減算一時差異	deductible temporary difference
新設合併	consolidation

	生産高比例法	units of production method
	税引前当期純利益	profit before tax
	説明責任	accountability
	総資本利益率	Return On Assets（ROA）
	ソフトウェア	software
	損益計算書	Profit and Loss Statement（P/L）または Income Statement（I/S）
た	貸借対照表	Balance Sheet（B/S）
	棚卸資産	inventories
	注記	notes
	長期借入金	long-term debt
	定額法	straight-line method
	定率法	diminishing balance method
	当期純利益	profit for the year
	当期商品仕入高	net purchase
	当座比率	quick ratio
な	のれん	goodwill
は	発生主義	accrual basis
	販売費及び一般管理費	selling,general and administrative expenses（SGA）
	引当金	provision
	費用	expenses
	費用収益対応の原則	matching principle
	ファイナンス・リース取引	finance lease
	負債	liabilities
	負債比率	debt ratio
	報告式	report form
	法人税	corporate income tax
や	有形固定資産	property,plant and equipment（PPE）
ら	利益剰余金	retained earnings
	利害関係者（ステークホルダー）	stakeholder
	流動資産	current assets
	流動比率	current ratio
	流動負債	current liabilities
	連結財務諸表	consolidated financial statements